Vida após a morte

DEEPAK CHOPRA

Vida após a morte

Tradução de
Marisa Motta

Rocco

Título original
LIFE AFTER DEATH

Copyright © 2006 *by* Deepak Chopra
Todos os direitos reservados.

Edição brasileira publicada mediante acordo com
Harmony Books, um selo da Random House,
uma divisão da Penguin Random House LLC

Direitos para a língua portuguesa reservados
com exclusividade para o Brasil à
EDITORA ROCCO LTDA.
Rua Evaristo da Veiga, 65 — 11º andar
Passeio Corporate — Torre 1
20031-040 — Rio de Janeiro — RJ
Tel.: (21) 3525-2000 — Fax: (21) 3525-2001
rocco@rocco.com.br
www.rocco.com.br

Printed in Brazil/Impresso no Brasil

preparação de originais
FÁTIMA FADEL

CIP-Brasil. Catalogação na publicação.
Sindicato Nacional dos Editores de Livros, RJ.

C476v Chopra, Deepak, 1946-
    Vida após a morte / Deepak Chopra; tradução de Marisa Motta.
    – Rio de Janeiro: Rocco, 2010.

    Tradução de: Life after death
    ISBN 978-85-325-2557-4

    1. Vida eterna. I. Título. II. Série.

10-1292   CDD-202.3
                                                   CDU-2-187

O texto deste livro obedece às normas do
Acordo Ortográfico da Língua Portuguesa.

Para meus amados pais

SUMÁRIO

Agradecimentos 9
Memórias: a vida no além 11

PARTE I
VIDA APÓS A MORTE 31

1. A morte à porta 33
2. A cura para a morte 48
3. A morte concede três desejos 59
4. A fuga da armadilha 71
5. O caminho do inferno 86
6. Fantasmas 98
7. O fio invisível 110
8. Vendo a alma 126
9. Duas palavras mágicas 139
10. Sobrevivendo à tempestade 160
11. Guias e mensageiros 177
12. O sonho continua 193

PARTE II
O ÔNUS DA PROVA 217

13. Akasha é real? 223
14. Pensando além do cérebro 242
15. A mecânica da criação 267

Epílogo: Maha Samadhi 282
Notas de leitura 287

AGRADECIMENTOS

Meu editor de longa data, Peter Guzzardi, estimulou-me a escrever um livro sobre a morte e o ato de morrer, que resultou neste livro. Como sempre, suas intuições revelaram-se perspicazes e ele foi um guia inestimável em cada etapa do caminho.

David, Carolyn, Felicia e toda a equipe do Chopra Center, lembro todos os dias a dedicação e gentileza de vocês. Obrigado.

À minha família, pelo amor devotado que jamais conseguirei retribuir ao longo da vida.

MEMÓRIAS: A VIDA NO ALÉM

Enquanto escrevia este livro sobre a vida após a morte lembrei-me de histórias que ouvi em minha infância na Índia. Parábolas são um meio poderoso para ensinar às crianças e muitas delas que me contaram perduraram em minha lembrança ao longo da vida. Então decidi entremear este livro com os relatos que ouvi em casa, ao redor dos templos e na escola, na expectativa que o leitor se sinta atraído por um mundo onde os heróis lutam contra a escuridão para emergir na luz.

Neste caso o herói é uma mulher, Savitri, e o inimigo que ela precisa derrotar é Yama, o Senhor da Morte. Certo dia, Yama apareceu no pátio da frente de sua casa à espera de seu marido, quando ele voltasse do trabalho como lenhador. Savitri ficou aterrorizada. Qual seria a estratégia para desviar a morte de sua missão inexorável?

Eu não tive dificuldade em imaginar esses personagens. Temi por Savitri e fiquei ansioso para descobrir como sua luta de sabedoria com a morte terminaria. O mundo deles fluía com facilidade no meu, porque a Índia de minha infância ainda tinha raízes na antiga Índia. Quero fazer uma pausa para explicar o que a morte e o mundo no além significavam na época. Poderia ser um lugar muito esotérico. Portanto, pode-

-se voltar a ele após ler o texto principal do livro. No entanto, apesar de misterioso e exótico, este foi meu ponto de partida.

O que havia de mais mágico em minha infância era a transformação. A morte em si era uma parada breve de uma jornada da alma interminável, que poderia transformar um camponês num rei e vice-versa. Com a possibilidade de vidas infinitas estendendo-se para frente e para trás, uma alma pode vivenciar centenas de céus e infernos. A morte não conclui nada; ela desvenda aventuras ilimitadas. Porém, em um nível mais profundo, é típico do indiano não desejar a permanência. Uma gota de água converte-se em vapor, que é invisível, mas o vapor materializa-se em nuvens enormes, e das nuvens cai a chuva na terra, formando rios caudalosos que podem ser absorvidos pelo mar. A gota de água morreu ao longo desse processo? Não, ela assume uma nova característica em cada etapa. Do mesmo modo, a ideia que tenho de um corpo fixo encerrado no espaço e no tempo é uma miragem. Qualquer gota de água dentro do meu corpo pode ter sido oceano, nuvem, rio ou fonte, no dia anterior. Lembro-me desse fato quando os compromissos do cotidiano me oprimem.

No Ocidente, a vida após a morte tem sido vista como um lugar semelhante ao mundo material. O céu, o inferno e o purgatório situam-se em alguma região distante além do céu e sob a terra. Na Índia de minha infância, a vida após a morte não era um lugar, mas um estado de consciência.

O cosmo que você e eu vivenciamos agora, com árvores, plantas, pessoas, casas, carros, estrelas e galáxias, é apenas a consciência exprimindo-se em uma frequência especial. Em qualquer lugar do espaço, planos diferentes coexistem. Se houvesse perguntado à minha avó onde estava o céu, ela teria apontado a casa em que vivíamos, não só porque era cheia de amor, como também porque fazia sentido para ela que muitos mundos poderiam habitar confortavelmente o mesmo lugar. Por analogia, ao ouvir o concerto de uma orquestra, verá que existem centenas de instrumentos tocando, cada um deles ocupando o mesmo lugar no espaço e no tempo. Você pode ouvir uma sinfonia como um todo ou, se quiser, pode prestar atenção num instrumento específico. É possível até mesmo separar as notas individuais tocadas por esse instrumento. A presença de uma frequência não desloca as outras.

Eu desconhecia isso quando criança, mas quando passeava pelo mercado superpopuloso de Déli, onde havia mais pessoas amontoadas dentro de um bazar do que seria possível imaginar, o mundo que eu não podia ver era ainda mais superpopuloso. O ar que eu respirava continha vozes, barulho de carros, cantos de pássaros, ondas de rádio, raios X, raios cósmicos e uma quantidade quase infinita de partículas subatômicas. Realidades infindáveis rodeavam-me.

Cada frequência na natureza existe simultaneamente, no entanto, só vivenciamos o que vemos. É natural temer o invisível e, em razão de não vermos mais uma pessoa após sua morte, nossa reação é de medo. É claro que não sou imune a isso. Fico ansioso e triste com a morte de um animal de estimação; a morte de meu avô, que aconteceu de repente no meio da noite, foi devastadora. Meu irmão mais novo ficou andando pela casa lamentando-se: "Onde ele está?" "Onde ele está?". Levei anos para perceber que a resposta correta teria sido: "Aqui e em toda parte."

Planos diferentes da existência representam frequências diferentes de consciência. O mundo da matéria física é só uma expressão de uma frequência particular. (Décadas depois fiquei fascinado ao ler que, segundo os médicos, existe um zumbido no fundo do universo que é tão específico como o som do si bemol, embora vibre milhões de vezes mais baixo que o ouvido possa captar.) Na Índia uma criança nunca escutaria uma ideia quase científica tão complicada, mas aprendi os cinco elementos, ou *Mahabhutas*: terra, água, fogo, ar e espaço. Esses elementos combinam-se para formar tudo na existência, o que soa tosco para alguém versado na ciência ocidental, porém contém uma verdade valiosa: todas as transformações advêm desses simples elementos.

No século XX, a ciência ocidental concluiu que todos os objetos sólidos são, na realidade, constituídos de vibrações invisíveis. Na minha infância, objetos sólidos eram vistos como uma grande parte do elemento terra. Em outras palavras, os elementos sólidos têm vibrações densas, ou vibrações num plano inferior. Elementos vaporosos têm uma vibração delicada, num plano mais elevado.

Assim como existem diferentes planos de coisas materiais, há também diversos planos espirituais, uma concepção chocante para os padres católicos devotos, sobretudo, para os irlandeses que foram meus professores na escola. Para eles, o único espírito era o Espírito Santo que vive no céu. As crianças eram espertas o suficiente para não discordar, mas em nosso cosmo só faz sentido se a Terra for um mundo espiritual denso, com planos espirituais mais elevados conhecidos como *Lokas*, que nos círculos místicos do Ocidente são chamados de "planos astrais". Existe um número quase infinito de planos astrais, divididos em um mundo astral superior e inferior, e mesmo os mais baixos vibram numa frequência mais elevada que o mundo material.

Há muito tempo o Ocidente desistiu de tentar ouvir a música das esferas, mas na Índia acredita-se que uma pessoa com uma consciência bem apurada pode fazer uma introspecção e ouvir a vibração dos diversos planos mais elevados. No plano astral é possível ver seu próprio corpo, por exemplo; contudo, ele pode mudar de idade a cada momento.

Nos planos astrais inferiores encontramos clarividência, telepatia e outros refinamentos dos cinco sentidos, assim como fantasmas, almas desencarnadas ou espíritos que por uma razão ou outra estão "presos". Quando criança, eu tinha certeza de que se um gato ou um cachorro parasse de respirar, eles veriam algo que eu não conseguiria. Então não me surpreendi ao ler mais tarde em vários livros sobre o Oriente e o Ocidente que os planos astrais inferiores pressentidos às vezes por seres humanos em estados elevados de consciência são quase sempre sentidos por animais. Tampouco me surpreendi quando um psiquiatra residente contou-me que se o quarto do hospital estivesse com uma luz bem fraca, ele via, no limite da visibilidade, quando a alma deixava o corpo de um moribundo. Todas as crianças indianas devoram histórias em quadrinhos sobre as façanhas de diversos heróis que lutam nos distantes Lokas. A fuga ou o retorno para a existência material era nossa viagem para o espaço externo. Em nossas histórias em quadrinhos, os heróis deparavam-se com formas e nuvens imaginárias, corpos astrais viajando durante o sono, cores astrais e auras. Tudo isso eram vibrações no plano astral inferior.

Na tradição indiana, todos os corpos físicos são acompanhados por um corpo astral. O corpo astral é um espelho do corpo físico; tem coração, fígado, braços, pernas, um rosto etc., porém, como funciona numa frequência mais elevada, a maioria das pessoas não o percebe. Ao longo da vida, o corpo físico fornece um invólucro para a alma; ele aparenta situar-se no mundo material. Na morte, quando o corpo físico começa a desintegrar-se, a alma que parte entra num plano astral que corresponde à sua existência no plano material, à frequência que corresponde mais à sua antiga vida.

Então a noção de que partimos para o lugar ao qual pertencemos impregnou-se com facilidade em minha mente. Eu imaginei cachorros indo para o céu de cães, e pessoas que gostavam de cachorros reunindo-se a eles. Pensei em pessoas más que não poderiam ferir mais ninguém ao ficarem isoladas em uma espécie de jaula cármica. Isso era consolador, uma certeza de que as boas pessoas que me amaram viviam em um lugar de bondade. Mas minha visão tinha limites. Nunca tive certeza se meu sábio avô encontrou seu sábio avô na vida após a morte, que o orientou como conduzir-se, ou se essa orientação foi realizada por anjos ou espíritos iluminados. Bem mais tarde, quando comecei a pesquisar o carma, descobri que depois de nossa morte permanecemos automotivados. A alma move-se segundo seu desejo de um plano astral para outro, projetando como num sonho opiniões e pessoas, guias e entidades astrais necessários para seu aprimoramento.

Todos esses planos são imaginados pelo Espírito, assim como ele imagina o mundo material. A palavra indiana para Espírito é *Brahman*, que é Tudo, a única consciência que preenche cada plano da existência. Mas os indianos são negligentes em relação à terminologia, como condiz a uma cultura muito antiga. Nós dizemos Deus. Rama. Shiva. Maheshwara. O importante não é o nome e sim o conceito de uma única consciência que cria tudo e continua a criar em dimensões infinitas numa velocidade infinita. Nos planos astrais o Espírito continua a exercer papéis. Lá, podemos ver imagens de deuses e deusas, anjos e demônios. No entanto, elas são ilusões porque cada plano astral reflete a experiência do Espírito. Aqui, em nosso plano, vivenciamos o Espírito como matéria, solidez. Nos planos astrais, vivenciamos seres sutis e as paisagens que habitam – o que poderíamos chamar de sonhos.

O cosmo não é uma área delimitada; ou seja, ele não pode ser mapeado como um local. Após a morte nós aos poucos deixamos de ser um espaço definido. Passamos a nos ver como de fato somos a partir da perspectiva da alma: todos os lugares ao mesmo tempo. Essa integração harmônica talvez seja o maior obstáculo que encontraremos nos planos astrais. Agora, você está no centro do universo porque o infinito estende-se em todas as direções, mas alguém do outro lado do mundo também está no centro do universo, visto que o infinito também se estende para ele. Se ambos são centros do universo, portanto, estão no mesmo lugar. O fato de que parecem estar em diferentes lugares é um artifício sensorial, que se baseia em visões e sons, que são acontecimentos locais. Você não é um acontecimento local.

De modo similar, cada momento é o centro do tempo, porque a eternidade estende-se ao redor de cada instante em todas as direções. Assim, cada momento é igual ao outro. O cosmo, por não ser um local específico, não tem uma área superior ou inferior, norte ou sul, leste ou oeste. Isso são apenas pontos de referência convenientes à nossa frequência particular (isto é, dentro de um corpo). O processo de transformação após a morte não é um movimento para outro lugar ou tempo; é apenas uma mudança na qualidade de nossa atenção. Só podemos ver o que vibramos.

Um dos meus tios gostava de viajar e visitar os santos e sábios que povoavam densamente a Índia. Algumas vezes, para meu fascínio, ele me levava nessas viagens. Eu vi pessoas dedicadas à contemplação espiritual que sentavam na mesma postura durante anos, outros que quase não respiravam. Sei agora que meus olhos me iludiram. Eu só vi uma crisálida dentro da qual transformações maravilhosas aconteciam. Silenciosamente, essas pessoas estavam sintonizando-se em frequências diferentes além do mundo externo. Por meio de uma mudança de atenção eles podiam falar com Rama (ou Buda, ou Cristo, embora isso fosse menos provável na Índia). A meditação profunda não era um estado inerte; era um caminho para a consciência. Na sala de emergência de um hospital, quando alguém morre de um ataque de coração e ressuscita relatando a experiência de quase morte, ele ou ela usa um caminho diferente. Em ambos os casos houve uma alteração na qualidade da atenção.

A grande diferença é que, quando um paciente cardíaco encaminha-se para a luz, sua jornada é involuntária. Os iogues silenciosos de meu passado exercitavam um propósito. Em razão de terem um desejo num nível profundo de consciência, eles percorriam um processo paralelo à morte. Os sentidos desvaneciam-se um a um. (O último a desaparecer quando uma pessoa morre é o som, que é o primeiro a manifestar-se no nascimento. Isso condiz com a concepção indiana de que os cinco elementos vêm e vão em uma ordem específica; como o som é o equivalente da vibração que une o corpo, faz sentido que seja o último a desaparecer.)

Quando os sentidos não apurados entorpecem-se, os sentidos sutis aguçam-se. Podemos ver e ouvir após a morte, mas agora os objetos não são físicos. Eles consistem em tudo que queremos ver no plano astral: visões e sons celestiais, seres celestes e luzes brilhantes. Nas experiências de quase morte as manifestações mais comuns são rostos, vozes ou uma presença emocional. Em outras culturas as pessoas podem encontrar fantasmas ou animais. Com frequência, uma pessoa agonizante sente algo sutil ao seu redor – um calor, uma forma e um som tênue antes de deixar o corpo. De algum modo essa sensação pode ser acessada pela frequência vibrátil do moribundo. Qualquer pessoa que tenha acompanhado outras à morte sabe que elas às vezes dizem que uma esposa falecida ou um ser amado que há muito partiu reúnem-se a elas no quarto. Algum tipo de contato astral é feito na zona de transição do físico para o sutil.

Na morte, o complemento astral do corpo físico separa-se dele. Segundo os ensinamentos védicos, a alma que parte dorme por algum tempo na região astral, o que eu traduzo como um período de incubação. Novas ideias permeiam a mente antes de agir e algo similar acontece com a alma. Em geral, a alma dorme em paz, mas se uma pessoa morre de repente ou prematuramente, ou se tem muitos desejos frustrados, esse sono pode ser inquieto e intranquilo. Os horrores de uma morte violenta continuam a ecoar, assim como tormentos mais mundanos como amor não correspondido ou sofrimento. Os suicidas vivenciam a mesma dor íntima que os levou a se matarem.

Desejos não realizados não necessariamente são negativos. O desejo de prazer também representa uma incapacidade de partir. Meu tio espiritualizado ouviu muitos relatos detalhados de almas presas em planos astrais inferiores. Dias, meses e anos não são padrões de medidas da perspectiva da alma. Quando as pessoas morrem de repente ou de modo não natural, não têm tempo de trabalhar seu carma pessoal; até que processem totalmente seus apegos e obrigações, elas permanecerão num plano mais denso.

Santos e sábios têm a vantagem de serem capazes de viajar em liberdade pelos planos astrais, desprendidos de desejos. Almas perturbadas permanecem presas entre dois mundos, e se os seres amados que deixaram para trás continuarem a invocar a alma com preces, sofrimento, amor frustrado ou com tentativas de contatar os mortos, a alma continuará desequilibrada. A alma deve dormir no corpo astral como dormiu no útero, e a morte pacífica torna isso possível.

Depois existe a sensação de ver sua vida passar num relance diante dos olhos. Como isso é vivenciado por pessoas à beira da morte, tais como vítimas de afogamento, faz parte de uma transição, sem conexão com a morte em si. Nunca me disseram isso quando eu era criança, mas encontrei um médico mais tarde que me contou que quase se afogara na Grande Barreira de Coral, na Austrália. Ele descreveu o fato como uma experiência pacífica acompanhada de uma rápida sequência de imagens mostrando sua vida – mais semelhante a uma projeção de slides que um filme, disse. (Pensei se ele teria se tornado uma alma inquieta, se os salva-vidas não o tivessem alcançado a tempo.)

Os swamis falam longamente sobre a vida após a morte e, de acordo com alguns deles, ver sua vida passar num relance diante dos olhos é um processo cármico específico. O carma está tecido ao redor da alma como um fio ao redor de um tear. Quando uma pessoa é exposta à possibilidade de uma morte súbita, o fio desenrola-se rapidamente e vemos imagens de acontecimentos passados. Nessa sequência só momentos cármicos significativos tornam-se visíveis.

Nos casos em que alguém está à morte por semanas e meses, o carma desenrola-se devagar. A pessoa pode ficar intensamente absorvida no passado, refletindo sobre ele. No momento da morte, a entrada no plano astral é acompanhada por um resumo cármico rápido, com imagens que se desdobram como um filme se desenrolando na bobina.

No entanto, os puristas na Índia veem essa imagem como uma ilusão pura. O fenômeno de ver a vida passar diante de alguém em uma partícula de segundo, dizem, é uma demonstração que cada segundo contém toda a eternidade. Durante o sono profundo da alma entre nascimentos, todas as lembranças dos acontecimentos do passado no corpo físico imprimem-se na alma, formando um software cármico que originará a vida futura.

Uma prática espiritual que ainda realizo é, ao deitar-me na cama e antes de adormecer, reexaminar os eventos do dia. Faço isso de trás para frente, porque o carma desenrola-se dessa forma: para entender e tranquilizar-me com o que me aconteceu. Creio que se deve dar a mesma oportunidade a um moribundo.

O período de inatividade da alma varia de acordo com sua evolução no momento da morte. A principal razão para o sono da alma é desprender-se de seus vínculos. A força desses vínculos determinará o tempo de desprendimento. Quando a alma desperta ela só pode entrar num plano de existência familiar. Caso entre num plano mais elevado que seu nível de evolução, ela se sentirá confusa e desconfortável. Do mesmo modo, não podemos retroceder em nossa evolução: só podemos progredir.

Uma espécie de casulo envolve a alma adormecida. Quando ela acorda, sai de sua casca que, por fim, desaparece. Durante a jornada astral, as almas encontram outras almas que vibram num nível similar de evolução. Você pode deparar-se com algumas almas que encontrou no mundo físico se elas estiverem em sua frequência. A maioria das pessoas deseja profundamente unir-se aos seres amados na vida após a morte. As almas deles não estão vagando na atmosfera astral, estão direcionadas pelo amor. O amor é uma vibração mais antiga que a humanidade. Mas o princípio de direcionamento é muito humano: somos levados aonde nos conduzem nossos desejos mais profundos.

Quando o Espírito move-se no mundo de objetos físicos, sua vibração é muito lenta e densa, quase imobilizada pelo invólucro do corpo. Ao operar numa vibração muito elevada, o Espírito também se imobiliza porque vivencia só uma consciência límpida, em outras palavras, a si mesmo. Entre os dois extremos situa-se todo o âmbito da criação. No mundo astral, a alma pode visitar planos de vibração inferior à vontade, porém só poderá visitar planos mais elevados por meio da evolução, tal como quando peneiramos partículas através de peneiras cada vez mais finas, qualquer partícula pode voltar a um nível mais espesso, mas só avançará no momento em que atingir o nível correto de refinamento.

Os irmãos cristãos que me ensinaram gostavam de falar como seria a vida no céu, para eles a morada de Deus era tão real e sólida como qualquer prédio em Déli. Os swamis e iogues concordam com isso, mas só porque acreditam que o Espírito permeia todos os planos da existência. Dependendo do nível de consciência, você faz com que seu céu, inferno e purgatório funcionem no plano físico, assim como nos planos astrais. No mundo físico, se quiser construir uma casa, você precisa reunir os tijolos, empilhá-los e assim em diante. No mundo astral, você pode imaginar a casa da maneira que quiser e ela aparecerá tão real e sólida como a do mundo físico.

No plano astral, o sofrimento e a alegria acontecem na imaginação, mesmo quando parecem reais. Ironicamente, alguém que tenha uma visão cética do mundo terá uma visão cética nos planos astrais; ele não percebe que está no lugar no qual não acredita. O corpo que você habita no mundo astral identifica-se com a vida física anterior. Por ser um corpo imaginário, podemos conservá-lo ou mudá-lo durante nossa vida astral. A evolução tanto nos planos físicos quanto nos astrais é gradual e demorada.

Meus professores católicos gostavam da ideia de que todos os desejos se concretizariam no céu e mais uma vez os swamis concordam com essa premissa. O desejo é ainda essencial após a morte. A evolução é o processo de realizar esse desejo. No mundo astral você realiza e refina os desejos de sua última vida física. Também aprimora o conhecimento e as experiências do mundo material. O astral é como uma escola de pós-graduação de sua encarnação física anterior. Lá a alma também guarda energia para os seus desejos mais elevados e evoluídos que possam ser realizados em sua próxima visita ao plano físico quando habitar um novo corpo.

Não tenho certeza de como as pessoas morrem no esquema cristão. Algumas morrem cheias de culpa, como criminosos que concluíram suas más ações; ao passo que outras morrem para encontrar Deus, ansiosas porque o tempo por fim chegara. Na Índia uma pessoa morre após atingir a evolução máxima destinada à sua vida; ela atingiu o final dos ensinamentos de seu carma. O mesmo acontece no espelho do mundo astral. O ciclo fecha-se para produzir um renascimento, o que me parecia natural quando criança. Tão natural, que não me ocorreu pensar como esse processo poderia ser misterioso. De alguma forma a alma encontra pais adequados para que possa renascer e continuar sua evolução. Graças ao que aconteceu no plano astral, a reencarnação ocorre em um nível mais elevado que o anterior. Os cálculos específicos são feitos pelo universo ou, como alguns escritos alegam, pelos senhores do carma.

Quando criança, eu imaginava a cena como um tribunal onde juízes sábios sentavam e consideravam cada caso, tão sábios que conheciam todas as vidas que uma alma tivera. Com total imparcialidade distribuíam os acontecimentos que surgiriam na próxima vida. O objetivo deles não era recompensar ou punir, e sim dar oportunidades à evolução. Mais tarde, ocorreu-me que não há necessidade de senhores do carma, porque o universo já é correlato não só em todas as vidas, como também com todos os eventos da natureza. A cena do tribunal é um símbolo de nossa clareza de julgamento. Entre os períodos de vidas podemos fazer nossas escolhas evolucionárias para o futuro, porque para os grandes sábios e santos nada acontece no inconsciente. Eles lembram as experiências das vidas passadas com tanta clareza como você ou eu relembramos os acontecimentos do dia anterior. No entanto, para aqueles que não têm essa consciência liberada, só resta uma tênue lembrança dos fatos passados.

Nascer significa alcançar um novo nível de insight e criatividade. O processo repete-se sem cessar, cada momento progredindo para um ligeiro plano superior. Quando seu carma tiver trabalhado o suficiente, você atingirá o limite máximo desse plano, sua alma volta à inatividade e o ciclo continua.

A trajetória da alma é sempre ascendente. Qualquer sofrimento no plano astral, mesmo o inferno mais tormentoso, é só um desvio temporário. Ao aprimorar-se, seu carma age para que suas ações sejam sempre melhores na próxima vez. Sei que isso contradiz a crença popular que a reencarnação pode rebaixar uma pessoa ao nível de um animal ou de um inseto, se suas ações merecerem isso. A Índia é uma cultura muito antiga e complexa, e à medida que eu crescia surpreendia-

-me ao descobrir como nossos ensinamentos espirituais são contraditórios – crenças que mudavam entre as cidades, assim como a comida. Os indianos são onívoros. Em determinados momentos eles acreditaram em tudo. Meus professores católicos eram apenas o último item de um cardápio secular. Por fim, concluí que a única maneira de aprender qualquer coisa em relação a questões espirituais era vivenciá-las e estudá-las o máximo possível.

Na Índia de minha infância, não escolhíamos nossa próxima encarnação voluntariamente, porém um elemento de escolha exercia um papel. O grau de escolha depende da clareza com que nos vemos no plano astral. Essa aptidão, chamada testemunho, compara-se ao que vivenciamos aqui e agora. Aqueles que têm a mínima liberdade de escolha são movidos por obsessões, compulsões, vícios e impulsos inconscientes. À medida que nos liberamos deles teremos mais escolhas. O mesmo aplica-se a uma alma que contempla sua próxima encarnação física.

Santos e sábios são testemunhas lúcidas de suas vidas. Dizem que Buda era capaz de fechar os olhos e em um instante ver milhares de suas encarnações passadas em minúcias. Porém, a maioria das pessoas está tão imbuída de desejo que quando tentam ver a si mesmas como de fato são só veem um nevoeiro ou uma desolação.

Ao desenvolver a habilidade de observar, de ter consciência de sua situação, você será capaz de influenciar as vidas que encarnará. Poderá também acelerar o processo de trabalhar seu carma. Do mesmo modo, você desenvolve aptidões e talentos no plano astral. (Isso explica, entre outras coisas, por que grandes artistas e músicos exibem suas habilidades em idades incomuns, quase sempre antes de fazer três anos; nascer com talento não é acidental. Ao nascer, você traz os talentos que desenvolveu em todas as suas existências anteriores.)

Os vínculos das almas ocorrem no plano astral, assim como acontecem no mundo físico. Os relacionamentos no plano astral significam que você está vibrando em consonância com a alma de outra pessoa e, portanto, nutre um sentimento elevado de amor, união e bem-aventurança. Esse não é um relacionamento em termos espaciais ou físicos, porque o mundo astral está povoado só por formas mentais. Quando a alma desencarnada sintoniza-se na frequência de um ser amado no plano físico, essa pessoa pode sentir a presença de quem partiu; duas almas podem se comunicar mesmo quando uma vibra no plano material e a outra no plano astral.

A motivação da alma de voltar ao plano material é dupla: realizar desejos e reunir-se às almas familiares. Nós nos relacionamos agora com as pessoas cujas almas tivemos relações no passado; terminamos relacionamentos com pessoas cujas almas não mais vibram com as nossas.

Quando eu era um menino, a única coisa que me deixava confuso quanto a essa estrutura era como a história terminaria. No Ocidente, há muito tempo as pessoas anseiam pela próxima vida mais do que pela atual. Desde a Idade Média nos tornamos firmemente apegados ao desejo de permanência. A Índia sempre foi mais ambivalente. Há sofrimento suficiente na vida que a perspectiva de repeti-lo para sempre cria ansiedade. Como libertar-se da roda do carma?

Em uma versão de uma crença indiana, quando uma alma termina de trabalhar todos os seus carmas, perde os desejos terrenos. Ela transcendeu os objetos materiais e os vínculos para se iluminar. E assim que se liberta do carma, não há necessidade de renascer nos planos físicos ou astrais. Essa alma continua a subir em espiral em sua evolução, mas em planos que não podemos imaginar. Na filosofia oriental eles são conhecidos como planos causais; aqui, a consciência assume uma forma tão sutil que não oferece uma imagem virtual para nos apegarmos. Conheceremos o mundo causal só quando estivermos prontos para vivenciá-lo e esse momento é diferente em cada pessoa. Podemos vislumbrá-lo em uma epifania, mas residiremos nele apenas quando a vibração for elevada o suficiente para sustentá-lo.

Em outra variação indiana, o carma é infinito e renova-se constantemente. A tentativa de chegar ao final de seu carma seria como esvaziar água de um barco com uma das mãos e despejá-la com a outra, portanto, a evolução funciona de um modo diferente nesse enfoque. No momento em que você alcança a autorrealização, não mais se identifica com seu corpo, mente, ego ou desejos. Torna-se uma testemunha pura, e nesse estado pode escolher transcender o carma. No entanto, o final do carma não significa o término da vida. É como pagar as dívidas e ficar livre para gastar dinheiro sem restrição.

O impulso de liberação aumentou e diminuiu em mim, bem como em todas as pessoas. Na tradição indiana, renascemos por uma razão positiva, para exprimir e exaurir a força do desejo. Mesmo quando menino, eu sabia que os irmãos cristãos não concordavam com isso, porque a única boa razão para nascer neste mundo de pecado era encontrar um caminho para Jesus. O ideal cristão tem tanta pressa de se redimir que renuncia a este mundo, como muitos santos cristãos e indianos fizeram.

A Índia está impregnada de antigas culturas que precederam há muito tempo a ascensão do hinduísmo, e mesmo sob a influência dos conquistadores muçulmanos e cristãos manteve sua convicção na eternidade. Na concepção indiana não há término para os reinos celestiais que pertencem a frequências mais elevadas da existência, mas, como vimos, num certo nível elevado de evolução algumas almas podem escolher concluir seus caminhos. Assim que uma alma atingir esses níveis não desejará, em geral, reencarnar num ser humano, exceto para dedicar-se a um serviço especial, porém essas almas são exceções. O budismo chama essas almas de "bodhisattvas", aqueles que não retornam à Terra impelidos pela força da evolução e, em vez disso, escolhem voltar para servir à causa da iluminação. Quando perguntei a um lama tibetano o que era um bodhisattva, ele disse: "Imagine que você não esteja mais sonhando e, embora goste de estar acordado, também gosta de ajudar pessoas que ainda dormem."

É claro que a maioria das pessoas não tem consciência disso e para elas o ciclo cármico continua espontaneamente. Estamos sempre rodeados por uma infinidade de planos. Se você conseguir mudar sua percepção para uma frequência mais alta, poderá ficar na companhia de anjos no mesmo instante, caso queira. No campo das possibilidades infinitas, você existe em todos esses níveis ao mesmo tempo. Porém no nível da experiência você só existe em um deles. De acordo com alguns ensinamentos indianos, desejamos tanto esses outros planos que viajamos até eles à noite em nosso sono. Quando o corpo astral sai do corpo físico, ele permanece preso por um filamento que o traz de volta. Se o filamento romper-se, o caminho de volta está perdido. É também perigoso ocupar-se com os planos astrais inferiores se você não os compreende. No entanto, assim que apreender o esquema dos mundos imaginado pelo Espírito, dos inferiores aos superiores, dos demônios aos anjos, não existirá nada de perigoso na criação.

Nessa visão geral, eu tentei imergi-lo no mundo em que vivi há 60 anos. Essa foi a perspectiva védica que compreendi. É um vasto oceano espiritual e, na maneira característica indiana, você está convidado a mergulhar sua xícara nele e retirar o que quiser. É quase impossível para uma sociedade abraçar o infinito, e a Índia não é uma exceção. As pessoas lá se perturbam com a ideia da morte tanto quanto aqui, e existem aqueles que viraram de costas para o oceano de conhecimento que banha seus pés. No Ocidente, temos uma versão desse fenômeno. Negamos que qualquer pessoa saiba o que existe além da morte, o que fecha convenientemente a porta da ansiedade por algum tempo. Ou dizem que o conhecimento espiritual é relativo; tudo que importa é a fé, não em que você tem fé.

São essas limitações que este livro esforça-se para superar. Quando o questionamento: "O que acontece após nossa morte?" cede à pergunta: "O que acontece após minha morte?", a questão torna-se pessoal, emocional e inexorável. Se um devoto muçulmano for para um céu cristão (ou vice-versa) ele será muito infeliz: a eternidade não realizará suas expectativas. Eu tive sorte quando menino, porque o esquema simples ao qual fui introduzido – e com o qual elaborei essa visão geral – permite que todas as almas encontrem o lar a que pertencem.

Também retive certos temas que destacarei neste livro:

A vida após a morte é um lugar de uma nova clareza.
A vida após a morte não é estática. Continuamos a evoluir e crescer depois da morte.
A escolha não termina com a morte; ela expande-se.
Carregamos imagens terrenas na vida após a morte (vemos o que nossa cultura nos condicionou a ver), mas a alma dá saltos criativos que abrem novos rumos.

Decidi examinar quão verossímeis são essas premissas porque elas vão muito além da história cristã de céu e inferno que a maioria das crianças aprende no Ocidente. Uma cultura antiga abre espaço para o amor e a morte juntos, não como inimigos, e sim como aspectos entrelaçados de uma única vida. O grande poeta bengali Rabindranath Tagore escreveu:

A noite beija o dia que desaparece
Com um sussurro.
"Eu sou a morte, sua mãe,
De mim você renascerá."

A concepção da vida após a morte na qual cresci tem um final aberto, como a própria vida. A antiga sabedoria espiritual impregnou-me por décadas, modificada pela experiência e reflexão. A única noção de morte que faz sentido para mim permite que vivenciemos qualquer coisa. Agora, espero dar aos leitores a oportunidade dessa mesma liberdade, aqui e em qualquer mundo futuro.

PARTE I
VIDA APÓS A MORTE

1
A MORTE À PORTA

Há muito tempo, nas densas florestas que certa vez rodearam a cidade sagrada de Benares, havia muito trabalho para lenhadores. Um deles era o belo Satyavan, que era ainda mais belo porque amava profundamente sua mulher, Savitri. Em muitas manhãs Satyavan tinha dificuldade de partir de sua cabana para trabalhar nos bosques.

Um dia Savitri estava deitada na cama pensando em sua felicidade que parecia completa. De repente, ela viu uma figura sentada de pernas cruzadas na clareira que servia de pátio fronteiro da casa. Um monge errante, ela pensou. Colocou arroz e legumes numa tigela e apressou-se a oferecê-los ao homem santo, porque a hospitalidade era um dever sagrado.

– Eu não preciso de comida – disse o estranho, afastando a tigela que Savitri colocara na terra levemente sombreada. – Eu esperarei aqui.

Savitri recuou horrorizada porque percebeu quem era seu hóspede. Não era um monge errante, mas o emissário da Morte, conhecido na Índia como lorde Yama.

– Quem você espera? – perguntou ela, com a voz trêmula.

– Por alguém chamado Satyavan – disse o Senhor da Morte polidamente. Ele se acostumara a ter total autoridade sobre os mortais e aproximava-se deles com arrogância.

– Satyavan! – gritou Savitri. Por pouco ela não desmaiou ao ouvir o nome do marido. – Mas ele é forte e saudável, e nos amamos muito. Por que ele tem de morrer?

Yama encolheu os ombros.

– Tudo será como deverá ser – disse ele com indiferença.

– Porém, se você se importa tão pouco – disse Savitri, recuperando sua vivacidade. – Por que, então, não leva outra pessoa? Existem pessoas doentes e infelizes suplicando pela libertação da morte. Visite-as e deixe minha casa em paz.

– Esperarei aqui – repetiu Yama, impassível perante sua súplica e pelas lágrimas que escorriam dos olhos de Savitri. No rosto de Yama ela viu um mundo onde tudo era anônimo e impiedoso.

A jovem esposa correu para dentro de casa. Andou de um lado para outro freneticamente porque o marido voltaria para casa e se depararia com sua condenação. Os tigres temiam os golpes do machado do corajoso Satyavan, mas este era um inimigo que nenhuma lâmina tocaria. Então Savitri teve uma ideia nascida do desespero. Jogando uma capa nos ombros ela saiu pela porta de trás em direção à floresta.

Savitri ouvira falar que havia um lugar sagrado na montanha, um espaço na terra tão grande como uma caverna formado pelas raízes de uma gigantesca figueira-de-bengala. Um homem santo renomado vivia lá. Savitri suplicaria sua ajuda, porém ela não conhecia o caminho e logo começou a andar por trilhas de cervos e leitos de riachos ressecados. O medo a impeliu para frente com o vigor que o fôlego e a força permitiram, e Savitri andou a esmo, subindo cada vez mais, até ficar exausta. Ela caiu no chão e dormiu, porém não soube dizer por quanto tempo.

Quando um raio de sol abriu seus olhos, Savitri viu que estava no sopé de uma gigantesca figueira-de-bengala. Ela espiou ansiosa o buraco cavernoso entre as raízes. Antes que reunisse coragem para entrar uma voz vinda de dentro disse: – Vá embora! – Era tão alta e repentina que ela sobressaltou-se.

– Eu não posso ir embora – respondeu Savitri com uma voz trêmula. Ela explicou sua situação desesperada, mas a voz vinda da escuridão disse:

– Por que você seria diferente de qualquer outra pessoa? A morte está a dois passos atrás de nós do berço ao túmulo.

Lágrimas jorraram dos olhos de Savitri.

– Se você é mais sábio que as pessoas comuns, deve ter algo mais a me oferecer.

A voz disse:

– Você quer barganhar com a morte? Todos que tentaram falharam.

Savitri recompôs-se com dignidade.

– Então deixe Yama me levar no lugar do meu marido. O que todos dizem é verdade. A morte é absoluta. Minha única esperança é que ele me mate e poupe alguém que não merece morrer.

A voz soou mais gentil dessa vez.

– Fique calma. Existe uma saída.

Savitri ouviu um movimento na escuridão e o homem santo saiu da caverna. Ele era um asceta, o corpo magro vestido com uma tanga e um xale de seda de monge jogado nos ombros. Contudo, era surpreendentemente jovem e disse a Savitri que se chamava Ramana.

– Você conhece uma maneira de derrotar a morte? Conte para mim – implorou Savitri.

O monge Ramana semicerrou os olhos na luz do sol, ignorando-a por um momento. Ele tinha um olhar incompreensível, e inclinou-se para pegar uma velha flauta de junco no chão.

– Venha – disse ele. – Talvez você seja capaz de aprender. Não prometo nada, porém você está muito desesperada.

Como se a tivesse esquecido, Ramana começou a tocar a flauta e seguiu uma trilha de cervos próxima. Savitri parou por um momento, desalentada e confusa, mas quando as notas da flauta desapareceram na floresta ela não teve outra escolha a não ser correr atrás delas.

O MILAGRE DA MORTE

Todas as vidas consistem em dois mistérios. Um deles, o nascimento, é considerado um milagre. Se você for uma pessoa religiosa, o nascimento traz uma nova alma ao mundo de sua casa com Deus. Se não for, o milagre explica-se pelo fato de que uma única célula fertilizada no útero da mãe pode dividir-se e subdividir-se de novo 50 vezes para produzir um novo ser. Uma gota de proteína e água transforma-se em olhos, mão, pele e cérebro.

A transformação desses nove meses mantém-se acelerada e, no final, um milhão de células cerebrais novas aparece a cada minuto. Quando a criança nasce, como uma nave espacial soltando-se da nave principal, cada sistema que precisa funcionar independentemente – coração, pulmões, cérebro e aparelho digestivo – percebe que este é o momento e não o instante seguinte. Os órgãos separam-se da total dependência da mãe e com uma precisão surpreendente começam a agir como se sempre tivessem sido independentes. Em um instante uma segunda vida escolhe viver.

O outro mistério que acontece, em geral décadas depois, a morte, é muito diferente. Ela encerra tudo que o nascimento lutou tanto para realizar. Um batimento cardíaco fraco cruza uma linha invisível e imobiliza-se. Os pulmões, que haviam pulsado uns 700 milhões de vezes, recusam-se a pulsar mais uma vez. Uma centena de bilhões de neurônios para de explodir; milhões de bilhões de células no corpo inteiro recebem a notícia que sua missão acabou. No entanto, esse final abrupto é tão misterioso como o nascimento, porque no momento em que a vida termina 99 por cento de nossas células ainda funcionam e os 3 bilhões de códons, as letras individuais no livro do DNA humano, permanecem intactos.

A morte sobrevém sem a milagrosa coordenação do nascimento. Algumas células não recebem informações durante algum tempo. Se a pessoa morta reviver em uns 10 minutos, antes que o cérebro destrua-se devido à hipóxia, a máquina do corpo voltará a funcionar como se nada houvesse acontecido. Na verdade, a morte é um acontecimento tão obscuro que as pálpebras continuam a piscar 10 ou 12 vezes depois que a cabeça é decapitada de um corpo (um fato terrível descoberto pela guilhotina na Revolução Francesa).

A religião não considera a morte um milagre. No cristianismo, a morte vincula-se ao pecado e ao demônio, o equivalente ocidental do Senhor da Morte. A morte é o inimigo e Deus nos salva de suas garras. Mas com a ajuda de Deus a morte é a porta para um fato muito mais importante, o início da vida após a morte. Para uma mente religiosa, a morte aproxima a presença de Deus, e testemunhas ao longo da história alegam ter visto a alma partir. (Nem todas essas testemunhas são religiosas. Eu conheço um psiquiatra proeminente cujo ateísmo foi muito abalado na faculdade de medicina, quando ele entrou no quarto de um paciente com câncer no momento de sua morte e viu uma forma fantasmagórica e luminosa sair do corpo e desaparecer.) Existe uma lenda arraigada segundo a qual 21 gramas de massa desaparecem quando morremos, o que deve ser o peso da alma.[1] Porém, esse fato não acontece.

Quaisquer que sejam os acontecimentos no momento da morte, creio que ela merece ser chamada de milagre. O milagre, por ironia, é que não morremos. A interrupção das funções do corpo é uma ilusão e, como um mágico abrindo uma cortina, a alma revela o que existe além. Os místicos há muito tempo entenderam a alegria desse momento. Como o grande poeta persa Rumi diz: "A morte é nosso casamento com a eternidade." Mas não só os místicos perceberam a ilusão da morte. O eminente filósofo do século XX Ludwig Wittgenstein escreveu: "Para a vida no presente não existe morte. A morte não é um acontecimento na vida. Ela não é um fato no mundo."

Eu acredito que a morte realiza as seguintes coisas milagrosas:

Substitui o tempo pelo infinito.
Expande as fronteiras do espaço para a infinitude.
Revela a fonte da vida.
Traz um novo conhecimento sobre o que existe além do alcance dos cinco sentidos.
Revela a inteligência implícita que organiza e sustenta a criação (nesse momento não usamos a palavra "Deus", porque em muitas culturas um único criador não faz parte da morte ou da vida após a morte).

Em outras palavras, a morte é a realização de nosso propósito na Terra. Cada cultura tem uma fé profunda na verdade dessa premissa, mas a nossa requer uma prova mais elevada. Creio que essa prova existe, porém não pode ser física, visto que por definição a morte encerra a vida física. A fim de ver essa prova, é preciso expandir as fronteiras da consciência para nos conhecermos melhor. Se você se conhecer como alguém além do tempo e do espaço, sua identidade terá de se expandir para incluir a morte. Os seres humanos buscam a realização além das estrelas porque sentem que o mistério deles está lá, não aqui no reino da limitação física.

A ETERNIDADE AGORA

Por ser um milagre invisível a morte é extremamente evasiva. Porém, existem indícios fantásticos que o que existe do "outro lado" está muito próximo a nós agora. As pessoas não compreendem a importância desse fato em termos da vida após a morte. A própria palavra "após" implica que o tempo não mudou no momento da morte, que ainda se move numa linha reta, levando uma pessoa do tempo terreno para um tempo celestial. Isso é errado por dois motivos. Primeiro, a eternidade não é uma função do tempo. No cristianismo, os pecadores destinados eternamente ao inferno não serão punidos por um tempo longo. Eles serão punidos *além* do tempo. As pessoas boas que encontram a salvação também vivem nessa mesma região onde os relógios nunca fazem tique-taque. Por isso, nosso senso comum de tempo não tem relevância para o que vem "após".

Segundo, nosso senso de tempo cotidiano baseia-se na eternidade. O universo surgiu há 14 bilhões de anos e deu partida ao relógio cósmico. Nossos corpos vivenciam o tempo por causa das vibrações atômicas no nível de hidrogênio, oxigênio, nitrogênio e carvão, os blocos construtores de substâncias químicas. Medimos os eventos externos usando o relógio interno do cérebro, que consiste nessas substâncias químicas. O relógio do cérebro clica tão devagar que leva cinco segundos entre a passagem de um evento e o surgimento de um novo. Nesses cinco segundos, você pode pegar uma lesma e movê-la três metros, e a lesma teria a sensação que fora transportada através do espaço. O cérebro humano pulsa rápido o suficiente para que possamos sentir os acontecimentos durarem só um milésimo de segundo (o movimento rápido de um mosquito e das asas de um beija-flor), mas é lento demais para observar a trajetória de uma bala ou os milhões de neutrinos que perfuram nossos corpos a cada minuto.

Antes do Big Bang o tempo era imensurável; um segundo era igual à eternidade. Nós supomos isso porque a física quântica desvendou a ilusão do tempo ao separar o relógio atômico para aprofundar-se na estrutura da natureza. No nível mais profundo as vibrações cessam. O universo não apresenta atividade elétrica como um cérebro morto. Entretanto, a aparência de morte é ilusória, porque a fronteira onde todas as atividades terminam marca o começo de uma nova região, conhecida como realidade virtual, onde matéria e energia existem como puro potencial. A base dessa realidade virtual é complexa, porém, em termos simples, uma região não física precisa existir para provocar o nascimento do universo físico. Essa região é um vácuo, mas não está vazia. Do mesmo modo que no momento em que você cochila no sofá sua mente está vazia, ela pode despertar instantaneamente para uma infinidade de escolhas de pensamentos, o reino virtual desperta para um reino infinito de novos eventos.

A criação sai do vácuo para a plenitude, assim como a eternidade sai do infinito para a plenitude do tempo.

Caso a eternidade esteja conosco agora, subjacente a toda a existência física, ela está implícita em você e em mim. A ilusão do tempo nos diz que caminhamos numa linha reta do nascimento à morte quando, na verdade, estamos dentro de uma bolha espumosa solta pela eternidade.

A morte nunca esteve tão longe e o limite fixo entre vida e morte não é impenetrável. Uma pessoa que conheço chamada May é uma mulher divorciada de 50 anos do Novo México. Quando adolescente, ela sofreu o choque de perder seu adorado irmão mais velho num acidente de carro.

– Eu tinha 15 anos e ele 19, e ele foi a única pessoa que eu de fato adorei. Ele morreu tão de repente que não consegui compreender sua morte – disse May. Ela sentiu essa dor intensa por vários anos.

– Recolhi-me completamente. Afastei-me das pessoas. Perguntava sem cessar: "Por quê? Eu quero uma resposta. Diga algo." Os dias se passavam e não havia resposta. – Quando May teve um filho ela decidiu voltar à sociedade por causa do bebê. – Eu sabia que não seria bom para ele crescer como um recluso e, portanto, decidi ver algumas pessoas.

Na primeira reunião social que ela foi, May sentiu uma sensação estranha e repentina.

– Eu estava conversando com alguém com um copo de vinho na mão quando percebi que meus pés tinham ficado dormentes. A dormência logo se espalhou para as pernas e eu tive um lampejo. *É isso.* Imediatamente a sala desapareceu e eu comecei a voar através do espaço mais rápido que poderia imaginar. Era como se tudo estivesse incrivelmente comprimido e se expandisse ao mesmo tempo. Não tenho a menor ideia de quanto tempo fiquei ausente. A festa era em uma fazenda longe da cidade e a ambulância levou 50 minutos para chegar. Mas quando chegou eu já havia me recuperado; meus amigos disseram que sentiram o pulso fraco o tempo inteiro. Ninguém sabia se eu desmaiara ou se tivera um acidente cardiovascular.

Eu lhe perguntei como ela interpretava essa experiência.

– Ainda está aqui – disse ela, segurando a palma da mão a 30 centímetros do peito –, a essa distância.

– O que ainda está aqui? – perguntei.

– Eternidade. Tenho certeza de que foi isso que eu vivenciei, e o sentimento nunca me abandonou. Ele me tranquiliza porque sei que existo fora de meu corpo. Aos trinta e poucos anos passei por um momento difícil com um câncer de seio, porém não senti medo de morrer, nem por um minuto. Como poderia? Eu havia visto a eternidade.

VEDANTA – RESPOSTAS DA ALMA

Eu quero humanizar a imortalidade antes de chegarmos à ciência que a apoia. Os fatos são inúteis se não os relatamos pessoalmente e nada é mais pessoal que a morte. Na Índia antiga a ideia que a eternidade poderia ser vivenciada era aceita amplamente. Assim vamos nos aventurar nela para constatar como isso era possível. Há milhares de anos, existiram pessoas que buscavam respostas nas profundezas do espírito, sem ofender Deus ou violar seu domínio. Elas eram os rishis, ou sábios da Índia védica que adquiriram proeminência nos primórdios do hinduísmo, talvez há 4 mil anos ou, mais recentemente, há mil anos. Os nomes pelos quais os rishis são conhecidos, tal como Vyassa, Brighu e Vasistha, podem ser ou não históricos, porém eles legaram trabalhos de milhares de páginas. Muitos escritos são anônimos, como o Antigo Testamento, porém o ensinamento dos rishis, conhecido como Vedanta, não é uma religião.

A paisagem espiritual da Índia era repleta de deuses e deusas; havia inúmeros Lokas, ou mundos não físicos. Existiam também hierarquias de anjos e demônios que não ficavam aquém dos personagens de Dante. Diante dessa diversidade tão atordoante, os rishis não ofereciam um só Deus. Eles propunham uma realidade que abrangia todas as experiências possíveis, tanto na vida como no além. Postulavam que todos os níveis da existência eram um estado de consciência. Outros mundos – todos os mundos, de fato – eram formados na consciência. Portanto, como criadores desses mundos, podíamos vivenciá-los e influenciá-los à vontade. Essa é a essência do Vedanta. O que os rishis sugeriam era mais que uma filosofia; era um convite a participar de uma experiência infinita. O objetivo dessa experiência era testar a verdade da realidade ao explorá-la dentro de si mesmo.

O convite ainda está aberto. Se você ou eu o aceitarmos, ficaremos ligados aos rishis védicos pelo que Aldous Huxley chamou "a perene filosofia", que retorna a cada época para satisfazer as demandas de uma nova geração. Seria inútil transportar uma tradição antiga ao presente, se ela não se aplica a nós, mas não para o Vedanta. Hoje, a confusão espiritual talvez não seja tão exótica como a produção de templos e deuses na antiga Índia, porém ouça as frases que circulam ao nosso redor:

> *Eu estava na ala de pacientes com Alzheimer, quando meu avô morreu. Ele era uma pessoa totalmente diferente no final de seus dias – perdera a consciência, dopado ao máximo com morfina. Era o mesmo que observar a morte de um vegetal. Nada mudou quando parou de respirar.*

Meu ex-marido é um grande patife. Eu lhe disse que quando morrer ganharia um bilhete direto para o inferno. Primeira classe.
Sou budista. Quando deixar meu corpo, me converterei em pura consciência. Sou indiano. Já sou pura consciência.
Quem eles estão querendo enganar? Ao morrer, não mais existiremos. Ponto final.

Esta última frase é a expressão do materialismo, que considera a morte como um ato final porque só vê a vida no corpo físico. Podemos alegar que o fato de negar a vida após a morte é uma premissa científica, mas, na verdade, apenas indica uma crença no materialismo. Os rishis acreditavam que o conhecimento não é externo a quem o conhece, e sim que se entrelaça dentro da consciência. Portanto, não tinham necessidade de um Deus externo para solucionar o enigma da vida e da morte. Em vez disso, os rishis tinham a si mesmos e, felizmente, nós também. Cada pessoa é consciente. Cada pessoa tem um eu. Cada pessoa tem certeza da existência, isto é, de estar vivo. Com esses ingredientes básicos, o Vedanta declara que qualquer pessoa pode ter um conhecimento obtido de uma observação ou experiência direta a respeito de tudo, mesmo de um mistério profundo.

Então, por que não o temos? Talvez porque não contatamos nossa parte mais profunda, que os rishis chamavam *Atman*. A palavra mais próxima que a equivale em inglês é "alma". Alma e Atman são a centelha divina, um componente divino e invisível, que traz a presença de Deus com a forma humana. Nos ensinamentos do Vedanta a alma não é separada de Deus. Ao contrário da alma cristã, Atman não vem de Deus ou retorna para ele. Existe uma unidade entre o humano e o divino; a consciência dessa unidade é o passo necessário para o despertar da realidade.

Dizer "eu sou Deus" é algo natural com Atman. Porém é menos natural para nós. Há alguns anos, tive um amigo que era capaz de realizar intensas experiências espirituais como sair do corpo e ver uma luz branca em seu coração, ou isso era o que ele dizia. Eu lhe disse que nunca tivera pessoalmente essas experiências. "Nem eu", respondeu. "Eu as tenho impessoalmente."

Nesse momento tive a percepção que algo eterno, ilimitado e imutável *não pode ser pessoal*. Por hábito dizemos "minha" alma, mas isso é um erro. A alma não me pertence como minha casa, não é uma posse, ou como meus filhos que são uma extensão do meu corpo. Ela não me pertence como minha personalidade ou minhas lembranças, porque a senilidade e a perturbação mental podem incapacitar o cérebro e fazê-las desaparecer.

A morte não se refere ao que eu possuo, mas ao que posso me tornar. Hoje me vejo como uma criança temporal. No entanto, posso transformar-me numa criança eterna. Vejo meu lugar na Terra, porém posso fazer uma jornada pelo universo. Seres humanos têm uma profunda intuição que o destino deles é infinito, no entanto, tememos a morte porque ela põe à prova nossos desejos e sonhos. Temos medo de sermos testados, porque se estivermos errados todas as nossas aspirações se sentirão vazias. Em minha carreira médica vi como as pessoas têm medo do final. A morte não é mais real que qualquer outro momento, porém é mais definitiva. Não importa quão rico e bem-dotado você seja, a morte é um grande nivelador. (Eu me lembro da palestra de um famoso guru, na qual ele disse que a absorção pela luz era a última recompensa espiritual. A mulher sentada ao meu lado ficou nervosa; inclinou-se e sussurrou em meu ouvido: "Parece muito com a morte para mim.")

Para que a vida após a morte tenha significado, ela precisa ser tão satisfatória como a vida atual. Extinguir o dinheiro, poder, sexo, família, realizações e prazer físico não é uma coisa trivial. Muito do que amamos e dependemos se desvanecerá com o término desta vida. Porém, podemos trazer algo para esse momento. Há muitos anos, quando eu era um médico residente e inexperiente em Boston, um casal idoso internou-se no hospital. O marido estava com câncer terminal de cólon após uma longa batalha contra a doença. A mulher, embora tivesse um histórico de doença cardíaca, estava em melhores condições físicas. Os dois dividiam um quarto e, nos poucos dias que eu os visitei, percebi como eram afeiçoados um ao outro.

O marido ficou à morte durante dias, alternando estados de consciência e inconsciência, e sentindo muita dor. A mulher sentava ao seu lado segurando sua mão, horas a fio. Certa manhã entrei no quarto e vi a cama dela vazia; ela havia morrido subitamente de uma parada cardíaca à noite. O marido estava lúcido e eu lhe dei a notícia, com relutância, porque temia o choque que teria. Mas ele pareceu muito calmo.

– Creio que vou agora – disse. – Eu estava esperando.

– Esperando o quê? – perguntei.

– Um cavalheiro sempre deixa uma senhora ir primeiro – disse ele.

Ele voltou ao estado de inconsciência e morreu naquela tarde.

Esse homem me faz lembrar o que podemos trazer para a morte. Bênção, calma, uma aceitação paciente do que acontecerá: essas são qualidades que podem ser cultivadas e, caso sejam, a morte será um teste infalível. Nosso erro não é temer a morte, e sim não respeitá-la como um milagre. Os temas mais profundos – amor, verdade, compaixão, nascimento e morte – são iguais. Eles pertencem ao nosso destino, mas também à nossa vida atual. O objetivo deste livro é trazer a morte para o presente e, por meio disso, igualá-la ao amor.

Neste momento, continuarei a história de Savitri, uma mulher que pensou em usar o amor para ludibriar a morte, como um interlúdio em nossa discussão da vida após a morte. Na plenitude do amor há um segredo que ela aprendeu e que precisamos reaprender. Tagore exprime isso de uma maneira muito bela no seguinte poema.

O QUE VOCÊ OFERECERÁ?

O que você oferecerá
Quando a morte bater à sua porta?

A plenitude da minha vida.
O vinho doce dos dias de outono e das noites de verão,
Minha pequena reserva amealhada ao longo dos anos,
E as horas enriquecidas com a vida.

Este será o meu presente.
Quando a morte bater à minha porta.

2
A CURA PARA A MORTE

À medida que eles subiam a montanha, Savitri ficou cada vez mais ansiosa, mas Ramana não lhe deu atenção. Ele saiu da trilha dos cervos, seguiu um atalho entre enormes seixos e desapareceu. Andando rápido atrás dele, Savitri viu um riacho e ao lado o monge sentado. Ele pegou a flauta que pusera dentro da túnica cor de açafrão e começou a tocar.

– Minha música não a faz sorrir? – perguntou ao notar o olhar ansioso de Savitri. Seus pensamentos concentravam-se no Senhor da Morte esperando-a em casa.

– Temos tão pouco tempo – implorou ela. – Ensine-me o que você puder.

– E se eu lhe ensinasse a cura para a morte? – perguntou Ramana.

Savitri ficou atônita.

– Claro que todas as pessoas morrem.

– Então você acredita em boatos. E se eu lhe disser que nunca foi feliz? Você acreditaria em mim?

– É claro que não. Eu sentia-me feliz essa manhã antes dessa infelicidade – respondeu Savitri.

Ramana fez um aceno com a cabeça.

– Nós nos lembramos de termos sido felizes e ninguém pode nos tirar essa recordação. Por isso, vou lhe fazer outra pergunta. Você lembra-se de algum momento em que *não* estivesse viva?

– Não – disse Savitri hesitante.

– Esforce-se. Pense quando você era muito, muito pequena. Esforce-se o máximo possível para se lembrar de algum momento em que *não* estivesse viva. Isso é importante, Savitri.

– Tudo bem. – Savitri fez um esforço enorme, mas não tinha essa lembrança.

– Talvez você não se lembre que *não* estivesse viva porque sempre esteve – disse Ramana. Ele apontou para um gafanhoto preso num galho acima da cabeça dela. – Se você vir um gafanhoto sair da terra depois de 7 anos de hibernação, isso significa que ele estava morto?

Savitri balançou a cabeça.

– No entanto, a única razão para acreditar que você nasceu é que seus pais viram-na sair do útero. Eles pensam que testemunharam o começo de sua existência e, então, espalharam o boato que você nascera.

Savitri ficou perplexa com essa linha de raciocínio.

Ramana insistiu.

– Olhe esse riacho. Você só vê um trecho pequeno dele, mas poderia dizer onde o riacho começa ou termina? Atenção, Savitri. Você aceita a morte porque aceita o nascimento. Os dois acontecimentos devem ficar juntos. Esqueça os boatos de seu nascimento. Essa é a única cura para a morte.

Ramana levantou-se e pôs a flauta dentro da túnica; estava pronto para continuar a andar.

– Você acredita em mim?

– Eu quero acreditar, porém ainda estou com medo – admitiu Savitri.

– Então continuaremos a caminhar.

Ramana começou a andar e Savitri o seguiu, refletindo sobre o que ele dissera. Parecia irrefutável o fato de que, como não nascera, jamais morreria. Seria verdade?

Ramana captou seus pensamentos.

– Não podemos basear a realidade no que não lembramos, só no que fazemos. Todos se lembram da existência; ninguém se lembra da não existência.

Após um momento ela tocou gentilmente o braço dele.

– Toque um pouco mais para mim, por favor. Quero lembrar-me de ter sido feliz.

A TRAVESSIA

O pressuposto védico de que a alma está sempre próxima faz com nos deparemos com o fenômeno fascinante das experiências de quase morte que se converteram em uma crença popular. (Em uma pesquisa Gallup realizada em 1991, 13 milhões de americanos, cerca de 5 por cento da população, relataram que haviam tido a experiência de quase morte.) A quase morte é um contato momentâneo com outra realidade, ou assim parece para aqueles que contam a experiência. Uma pessoa está deitada na sala de emergência ou na unidade de tratamento intensivo. Seu coração para e ela morre. No entanto, alguns desses pacientes, sobretudo aqueles que sofrem uma parada cardíaca, podem ser ressuscitados. Ao serem ressuscitados quase 20 por cento relatam pelo menos alguns sintomas familiares da EQM (sigla da experiência de quase morte na literatura médica) – sair do próprio corpo, olhar para baixo e se ver no leito de cirurgia observando os procedimentos médicos e as tentativas para reiniciar o coração; depois entrar num túnel em direção a uma luz brilhante, com a sensação da presença de um poder mais elevado, e ouvir ou ver seres amados acenando para eles.

Dr. Pim van Lommel, o cardiologista que realizou a maior pesquisa holandesa sobre esse tema, ficou surpreso ao constatar que pacientes vivenciaram a EQM, depois que o cérebro havia cessado qualquer atividade elétrica, até ressuscitarem. De repente, a morte revestiu-se de um milagre. Como uma pessoa viveria qualquer acontecimento depois que o relógio do cérebro parasse? Outras culturas, no entanto, aventuraram-se além do infinito e afirmam que o tempo pode terminar, mas não a consciência.

Uma mulher chamada Dawa Drolma sentou-se imóvel dentro de uma tenda de feltro preto na base do Himalaia. Essa é sua casa, porém há pouca privacidade porque inúmeros visitantes entram e saem o dia inteiro para fazer perguntas e pedir sua bênção. Dawa Drolma é uma figura famosa no leste do Tibete desde que voltou dos mortos. Tinha 16 anos quando sua morte ocorreu após uma súbita doença e durante cinco dias seu cadáver não foi tocado pela família ou pelos sacerdotes. Depois desse período, Dawa reentrou em seu corpo com uma nítida lembrança do que acontecera no *Bardo*, o mundo sutil da vida após a morte no budismo tibetano.

Nesses cinco dias Dawa percorreu muitos céus e infernos. (Esses são termos cristãos, mas correspondem a lugares descritos no budismo quando os justos são recompensados, e os maus, punidos.) A deusa da sabedoria incumbiu-se de mostrar todos os lugares a Dawa, indicando quem estava lá e o motivo da permanência deles. Ela sentiu o êxtase dessas almas para as quais a família rezava. Ouviu os gritos torturados de súplicas de perdão dos maus que cometeram pecados na Terra. Dawa encontrou o deus da morte que lhe transmitiu mensagens para os seres vivos. Ele sabia, tanto quanto ela, que Dawa retornaria à vida. Na verdade, sua morte não foi um acontecimento casual, ela fez a jornada em plena consciência, ciente de todos os riscos e perigos. Os lamas locais a haviam aconselhado a não fazê-la, porém Dawa tinha a convicção de que sua vida giraria inteiramente sobre sua morte.

Ano após ano ela repetia sua história; demorou muito tempo para convencer as pessoas. A cultura tibetana não estava preparada para dar destaque espiritual a uma mulher, exceto sob condições extraordinárias. Mas o conhecimento direto que Dawa trouxe do Bardo e da "Luz Pura" que existe além era incontestável. Ela mostrou às pessoas onde encontrar ouro enterrado. Conhecia os segredos da vida particular de cada um e detalhes sobre parentes mortos que ninguém poderia imaginar. Debateu com lamas estudiosos e os igualou ou os superou na teologia budista.

O caso de Dawa Drolma não é o único no Tibete. Pessoas que ressuscitaram são chamadas de "delogs" (ou *deloks*) e uma delas, a famosa Lingza Chokyi, deixou um relato vivo no século XVI. "Eu ainda estava no quarto, mas em vez de estar doente deitada na cama saí do corpo e flutuei até o teto. Vi meu corpo como um porco morto vestido com minhas roupas. Meus filhos choravam debruçados sobre mim e isso me causou uma intensa dor. Tentei falar com minha família, porém ninguém conseguia ouvir-me. Quando comiam, eu gritava e ficava zangada porque eles não me alimentavam. Mas quando rezaram por mim eu me senti de repente muito melhor."[2]

ESTÁGIOS DO DESPERTAR

Um fato surpreendente em relação aos delogs é sua coerência; a experiência de Dawa Drolma no século XX reflete a de Lingza Chokyi 400 anos antes. Elas viram os mesmos cinco níveis do Bardo, foram guiadas pela Tara Branca, a deusa da sabedoria, e receberam mensagens para transmitir aos seres vivos. Essas mensagens concentravam-se em ser um budista tibetano piedoso (assim como as aparições da Virgem Maria ao longo dos séculos concentram-se em ser um bom católico praticante).

Especialistas em experiências de quase morte encontram muitas coisas em comum entre as EQMs e os delogs. Ambos descrevem a partida do corpo físico, olhar para si mesmos e os ambientes, serem incapazes de falar com pessoas que veem e depois viajar para outro lugar com o poder do pensamento. Quando os delogs contam que no outro mundo tiveram "um corpo da idade dourada", ou seja, jovens e perfeitos, lembro-me das pessoas que vivenciaram a experiência de quase morte e relataram que logo após a morte retornaram ao auge da forma física, em torno dos 20 anos ou início dos 30. Parentes mortos surgem do outro lado, numa região que os tibetanos chamam de "o Bardo de iniciação". Quando a pessoa recém-falecida tenta reunir-se a eles, é puxada de volta para o mundo físico com uma sensação de que esse não é o momento certo ou de que, de algum modo, um erro fora cometido. Em ambos os casos há uma sensação profunda de contatar Deus ou a Luz suprema e, após essa vivência, o medo da morte não exerce mais poder.

Existem paralelos significativos entre a EQM e os delogs do Tibete. Como os delogs fornecem relatos mais detalhados e extensos, parece justo presumir que a EQM é o início do despertar que impulsiona a pessoa moribunda através de todos os estágios necessários para revelar a alma. Se traçarmos a geografia específica do céu cristão, do Bardo budista e dos inúmeros Lokas, ou reinos divinos do hinduísmo, o primeiro estágio da vida após a morte surge de determinados eventos coerentes.

"A TRAVESSIA"
O despertar da vida após a morte

1. O corpo físico para de funcionar. A pessoa à beira da morte pode não ter consciência disso, mas, por fim, percebe que as funções físicas extinguiram-se.
2. O mundo físico desaparece. Isso pode acontecer aos poucos; talvez haja uma sensação de flutuar ou de olhar para lugares familiares à medida que eles recuam.
3. O moribundo sente-se mais leve, com uma sensação repentina de estar livre de limitações.
4. A mente e às vezes os sentidos continuam a funcionar. Aos poucos, no entanto, o que é percebido torna-se não físico.
5. Uma presença divina aumenta. Essa presença pode estar envolta numa luz ou no corpo de anjos e deuses. Ela pode comunicar-se com a pessoa que está morrendo.
6. A personalidade e a memória começam a diminuir, mas a sensação do "eu" permanece.
7. Esse "eu" tem uma sensação avassaladora de deslocar-se para outra fase da existência.

Essas sete etapas do despertar não equivalem a ir para o céu. Os pesquisadores chamam isso com frequência de fase "intervida", uma transição entre o estado mental de estar vivo e o da percepção da morte. Existem muitas especificidades que mudam de pessoa para pessoa. Nem todas as EQMs "entram na luz". Alguns pacientes relatam viagens a diversos planetas no espaço ou para outros mundos segundo suas crenças religiosas. Alguns presenciam uma cena de julgamento que pode ser muito cruel ou mesmo diabólica; mas, também, que pode ser ótima.

A natureza da pessoa exerce um grande papel. Uma criança pode retornar do céu e contar que estava cheio de animaizinhos brincando, um paciente cardíaco pode relatar que, ao sentar no colo do Todo-Poderoso, ele lhe disse que deveria voltar para a Terra, e um delog vê todos os detalhes da teologia tibetana. Essas imagens dependem da cultura que refletem. Huston Smith, um especialista em religiões mundiais, diz: "Tudo que vivenciamos nos Bardos é um reflexo de nossas maquinações mentais." Pode-se substituir "vida após a morte" por Bardos, porque cristãos veem imagens cristãs e não budistas, e muçulmanos veem imagens islâmicas.

A travessia é apenas uma transição. A realidade total da alma ainda não se revelou. Para os delogs ainda há a experiência da "natureza pura da mente", como os budistas a chamam. Os delogs dizem que eles não foram a nenhum lugar, cada nível da jornada existe só na consciência. O que é de fato real não é o céu nem o inferno, mas a "Luz Pura" que jaz além. Dawa visitou essa luz branca brilhante antes de descer para os mundos intermediários em seu retorno à existência física.

Como seu filho escreveu: "Apesar do fato de que os reinos da existência cíclica são no sentido absoluto vazios de natureza, ou seja, meras projeções [das] ilusões da mente, em um nível relativo, o sofrimento dos seres presos lá é inegável." Os ocidentais discutem se a vida após a morte pode ser tão real como o mundo físico; os orientais dizem que ambos são projeções mentais. Os ocidentais limitam o ciclo da vida humana ao curto período entre o nascimento e a morte; os orientais veem um ciclo eterno de nascimento, morte e renascimento.

Portanto, existe um enorme espaço para a variação na mesma jornada: "Como num sonho ou alucinação, seres flutuam dentro e fora da percepção de Dawa Drolma como flocos de neve. Em determinado momento, ela encontra uma pessoa conhecida sofrendo os mais terríveis tormentos do inferno; no seguinte, se depara com uma pessoa virtuosa no caminho para um reino puro. Às vezes, ela vê procissões de seres do Bardo partindo para os reinos puros, guiados por um grande lama... que pelo poder de suas aspirações altruísticas veio salvá-[los]."

A PROFUSÃO DE EXPECTATIVAS

Se culturas diferentes veem coisas diferentes após a morte, devemos admitir a possibilidade de que criamos nossa vida após a morte. Talvez as imagens vívidas que surgem para as pessoas à morte sejam projeções, o modo de a mente ajudá-las a adaptarem-se antes de deixar para trás os cinco sentidos. Creio que a vida após a morte é criada na consciência. No entanto, um renomado biólogo me disse com um suspiro há pouco tempo: "No instante em que começar a usar a palavra 'consciência', você será imediatamente excluído da ciência." Li numa revista *Time* recente a seguinte declaração do professor Eric Cornell, prêmio Nobel de física: "A ciência não se volta para o conhecimento da mente de Deus; ela dedica-se a entender a natureza e as razões dos fatos. O emocionante é que nossa ignorância excede nosso conhecimento."[3]

Tenho certeza de que muitas pessoas concordariam com ele, sem perceber que a "compreensão da natureza" tem um valor limitado quando não entendemos a natureza humana. Por que nos absteríamos da experiência?

Quando a consciência não é uma possibilidade viável, as explicações surgem apenas do materialismo. As drogas (por exemplo, a maconha, o haxixe, o LSD, a cetamina e a mescalina) podem induzir o cérebro a vivenciar tanto a luz branca como o efeito do túnel. O mesmo acontece ao se pôr alguém numa centrífuga e girá-lo com grande velocidade para pressionar o sangue nos lóbulos frontais – astronautas e pilotos de teste tiveram essa experiência ao serem treinados em centrífugas. Um estresse extremo pode causar alucinações; pacientes hospitalizados no CTI depois de um ataque de coração são muito propensos a isso.

É possível que a medicina tenha todas as respostas? Dr. Van Lommel, que realizou a pesquisa holandesa sobre experiências de quase morte, não concorda. Ele examinou 344 pacientes que haviam sido submetidos a uma cardioversão (para tratamento do equilíbrio do ritmo cardíaco) no hospital. Ao conversar com eles dias depois de serem reanimados, Van Lommel descobriu que a anestesia ou os medicamentos não haviam afetado a experiência deles. Contudo, o que o maravilhou mais foram os relatos de consciência na ausência da atividade cerebral. Anos após a pesquisa, esse paradoxo ainda o surpreendia: "Neste momento as pessoas não só estão conscientes; a consciência delas expande-se. Elas conseguem pensar com extrema clareza, têm lembranças da tenra infância e vivenciam uma conexão intensa com tudo e todos ao seu redor. Mas o cérebro está inativo!"[4]

Essas observações refutam a teoria materialista de morte cerebral, porque o cérebro parara de funcionar antes do início da EQM, nesse limbo de 4 a 10 minutos quando o ressuscitamento é possível sem dano cerebral permanente. Van Lommel também destacou que qualquer explicação fisiológica, caso verdadeira, não se aplica a todas as pessoas. Ele descobriu que 82 por cento dos pacientes ressuscitados não lembravam a experiência de quase morte; por que o cérebro inativo dessas pessoas as privou da EQM, ao passo que o cérebro de 18 por cento dos pacientes teve essas experiências?

Talvez a consciência não esteja no cérebro. Essa é uma possibilidade assustadora, mas coerente com as tradições espirituais mais antigas do mundo. E se a EQM for um passo para a vida após a morte ainda governada por lembranças e expectativas?

Não há dúvida que o céu é a grande expectativa de muitas pessoas na sociedade ocidental e, por isso, temos de examinar suas promessas, a fim de refletir se o paraíso é a escolha que de fato queremos fazer.

3

A MORTE CONCEDE TRÊS DESEJOS

Depois de duas horas de caminhada pela floresta, Savitri e Ramana chegaram a uma encruzilhada.

– Se formos por esse lado chegaremos ao castelo de Yama. Você sabia que a morte vive tão perto? – disse ele.

Savitri encolheu os ombros.

– Estou feliz por não saber.

– De verdade? – Ramana parecia genuinamente surpreso. – Encontrei o castelo certo dia quando perambulava pela floresta. Eu estava muito curioso de deparar-me com a morte.

Savitri ficou assustada ao se lembrar de algo que a aterrorizara tanto. Ramana aproximou-se dela e pegou sua mão.

– Vamos, vou lhe contar a história no caminho. – Ele tinha um aperto de mão forte, e Savitri sentiu-se mais calma, como se a força dele estivesse penetrando-a.

"Logo percebi que chegara à casa de Yama", continuou Ramana, "porque havia caveiras enfiadas em estacas ao redor do portão. Então, sentei-me e esperei meu anfitrião aparecer. Esperei o dia inteiro e o próximo. No dia seguinte Yama voltou para casa. Quando me viu ficou constrangido."

– Eu o fiz esperar fora do meu portão durante três dias – disse. – Nem mesmo a morte pode quebrar o voto sagrado da hospitalidade. Portanto, lhe concederei três desejos, um para cada dia.

– Isso me agrada muito – respondi – porque há muito tempo queria conhecê-lo, o homem mais sábio de todos os seres na criação. – Yama fez uma mesura régia. – Meu primeiro desejo é saber o caminho de volta para casa. Eu não sou tolo e não quero ficar com você para sempre.

Yama sorriu e apontou para o leste.

– Você encontrará o caminho de volta se seguir em direção ao local onde o sol nasce.

– Meu segundo desejo é saber se você alguma vez se apaixonou – disse eu.

Yama não pareceu tão contente desta vez, mas respondeu com relutância.

– O papel do amor é criar; o meu é destruir. Por isso, não preciso de amor. – Ao ouvir isso senti pena de Yama, porém ele parecia muito orgulhoso, menosprezando qualquer tentativa de compaixão. Ele disse: – Agora se apresse e diga seu terceiro desejo.

– Os grandes sábios declaram que a alma sobrevive à morte. Isso é verdade? – Uma nuvem negra toldou o semblante de Yama. Ele ficou furioso, porém não tinha alternativa a não ser responder.

– Eu lhe contarei a verdade – disse ele. – Existem dois caminhos na vida, o caminho da sabedoria e o da ignorância. O caminho da sabedoria procura o self, o eu. O caminho da ignorância procura o prazer. O prazer, por ter nascido dos sentidos, é temporário, e qualquer coisa temporária cai sob o domínio da morte. Assim, o ignorante cai em minhas garras. Mas o eu é a luz da imortalidade. Ela brilha para sempre. Poucos são sábios o suficiente para ver essa luz, mesmo que ela esteja dentro deles e em nenhum outro lugar. O eu é a luz da alma. Agora vá. Yama terá prazer em jamais rever seu rosto. – E afastou-se para alimentar sua raiva.

Savitri achou a história fascinante, mas ficou intrigada.

– Por que não encontramos a alma, se sua luz brilha dentro de nós?

Ramana parou e olhou em torno. Viu uma poça com água da chuva no caminho e levou Savitri até ela.

– Você vê o reflexo do sol na poça?

– Sim – disse Savitri.

– Então observe.

Ramana pisou na água, revolvendo a lama e a superfície plana da água. – Ainda consegue ver o reflexo do sol? – Savitri disse que não. – Por isso, as pessoas não acham a alma – disse Ramana. – Ela está turvada pela atividade constante e a perplexidade da mente. Quando destruí o reflexo do sol eu não o matei. Ele é eterno e nada que eu faça o extinguirá. Agora você sabe o segredo da alma, que nem mesmo a morte pode eliminar.

Savitri ficou séria e pensativa.

– Isso é algo em que eu gostaria de acreditar.

– Ainda está com medo – disse Ramana gentilmente. – Porém, aprenda uma coisa: não confie em reflexos se quiser ver a realidade.

Savitri ficou absorta enquanto continuavam a caminhar, de mão dada com o monge.

UMA QUESTÃO DE CRENÇA

A pior coisa que posso imaginar na vida após a morte é o inferno.
A segunda pior é o céu.

Eu escrevi às pressas essas frases em um caderno de notas no verão de 2005. As palavras "céu" e "inferno" imediatamente tiveram uma conotação cristã, mas eu pensava sem sectarismo. O céu é o lugar para onde vamos se formos bons para Deus; o inferno é aonde vamos se não formos. Eles não são sinônimos para "o final"?

Vedanta afirma que a vida após a morte é criada para realizar nossas expectativas. Se isso for verdade para o céu e o inferno, que tipo de expectativas poderemos ter? Por que as más ações são condenadas à prisão, onde os crimes são punidos sem perdão ou esperança de suspensão da sentença? Isso é uma pergunta fácil comparada à oposta. Por que as boas pessoas são levadas a uma terra de fantasia acima das nuvens onde a virtude é recompensada com uma indolência interminável, também sem suspensão?

No verão de 2005, essas questões estavam bem próximas de mim. A morte era um pensamento constante, porque minha mãe entrara em coma. *Apresse-se*, disse uma voz urgente ao telefone na Índia. Peguei um avião imediatamente. A cada momento sentia-me mais inseguro se chegaria à sua cabeceira a tempo de lhe dizer adeus.

É difícil imaginar a morte de alguém que você ama. Minha mãe tinha quase 80 anos e foi debilitando-se aos poucos nos últimos 5 anos. Seu corpo era uma casca quebradiça comparado aos últimos seis meses. Todos na família concordavam que seria uma bênção terminar seu sofrimento.

Comecei a pensar numa única célula do coração de minha mãe. Por ser médico eu visualizava essa célula com tanta clareza como se a estivesse examinando com um microscópio. Qualquer célula do coração troca os átomos muitas vezes ao longo da vida. O coração frágil de minha mãe, tão repleto de experiência, não era um objeto estático. Era uma explosão de mudança. Porque todas as células são assim e essa troca é processada desde o dia em que ela nasceu.

As células velhas do coração não podem ir para o céu, mas sobrevivem à morte física à sua maneira. O corpo inteiro faz o mesmo, enterrando-se no túmulo e ressuscitando dos mortos milhares de vezes por minuto e, assim, algo velho é trocado por um novo.

Como as moléculas sempre podem ser reabastecidas, só a morte do conhecimento é importante. O conhecimento é a essência da célula, que ninguém verá ou tocará. Quando milhões de átomos de oxigênio desaparecem em um sopro, flutuando no mundo, o que permanece é muito mais relevante: como fazer uma célula, como a célula comporta-se, como ela relaciona-se com as demais células.

Como uma simples cadeia molecular associada aos elementos do DNA capta tudo isso? Ao morrer buscamos uma resposta, pois confrontamos nossa essência atrás da máscara da matéria. "Essência" significa uma destilação, ferver algo cru para refiná-lo, extraindo a pureza da impureza. Não há necessidade de nos enredarmos numa terminologia específica nessa questão. Essência, alma, Atman ou Espírito Santo bastam. Depois do estágio inicial da "travessia", o resto da vida após a morte situa-se além de imagens; ele refere-se à alma.

Minha mãe morreu ainda em coma, poucas horas depois que cheguei à sua cabeceira. Foi uma morte moderna, sem drama e envolta pelo casulo protetor de um hospital. Chegara o momento da dor, porém, ao saber que minha mãe agora estava livre para descobrir seu eu verdadeiro, fiquei reconfortado. Milhões de pessoas não pensam assim, confiando na ideia há tanto tempo acalentada do céu, mas isso tem mudado.

A erosão da fé tradicional não deixou o paraíso intocado. Depois do desastre da nave espacial *Columbia* em 2003, em que a nave explodiu na atmosfera no centro do Texas e matou os sete tripulantes, o presidente Bush disse que tinha certeza de que os astronautas "estavam agora no céu". No entanto, no Tennessee, quando especialistas em sondagem de opinião pública perguntaram às pessoas se elas concordavam com o presidente, embora 74 por cento tivessem dito que acreditavam na vida após a morte, só metade delas (37 por cento do total) disse que os astronautas estavam no céu e outro terço falou que não sabia.

Basta olhar o principal indicador como a frequência à igreja.[1] Enquanto 44 por cento dos americanos dizem que vão à igreja com regularidade, estatísticas confiáveis revelam que talvez metade desse número seja uma cifra realista. As grandes congregações eclesiásticas estão reduzindo-se em 15 dos 18 países desenvolvidos. (A única exceção é o fundamentalismo cristão que cresce nos Estados Unidos e no mundo inteiro.)

A fim de ter uma ideia em que categoria você se encaixa no espectro das crenças religiosas, formule perguntas básicas a si mesmo, como as seguintes:

Vida após a morte

ACREDITAR OU NÃO?

Leia as frases seguintes e assinale as opções em cada uma delas:

C *Concordo – Isso é verdadeiro segundo minhas crenças.*
D *Discordo – Isso é oposto às minhas crenças.*
N *Nenhuma Opinião – Eu não tenho certeza ou não penso sobre isso.*

C D N Eu acredito em Deus.
C D N Eu penso que Deus está no céu.
C D N Espero ir para o céu quando morrer.
C D N Ir para o céu depende de ser uma boa pessoa.
C D N Ir para o céu significa acreditar no que diz a Bíblia (substituir pelo Alcorão ou outras escrituras).
C D N Se você acreditar em Deus, tem mais chance de ir para o céu do que se for descrente.
C D N Deus é misericordioso, mas criou o inferno.
C D N O inferno é a punição para o pecado.
C D N O céu e o inferno são eternos.
C D N Se eu for punido ou se obtiver a salvação, o resultado será justo.
C D N Reconforta-me pensar que não desaparecerei após a morte.
C D N A prova científica da existência do céu nunca será obtida.
C D N Sabe-se o que acontece após a morte pela fé.
C D N As experiências de quase morte são reais.
C D N Quando as pessoas "entram na luz" e depois retornam isso significa uma antecipação da vida após a morte.
C D N As experiências de quase morte que li aumentaram minha crença no céu.

C D N Os seres amados que perdi me encontrarão no céu.
C D N Espero reunir-me à minha mãe e ao meu pai após a morte.
C D N A comunicação com os mortos é real.
C D N A reencarnação é real.

Total C _____
Total D _____
Total N _____

Compare o número de vezes que concordou, discordou ou não tinha opinião e encontre uma categoria predominante.

Predominância de C (14-20 pontos) Você é um *crente*. Os crentes enquadram-se em duas categorias, aqueles que seguem os dogmas de uma religião organizada e os que buscam a espiritualidade mesmo que não frequentem mais a igreja. Com sua crença você sente-se seguro em relação à vida após a morte e reconforta-se com essa certeza. Sabe que vencerá o medo de morrer. Seu Deus é benevolente, um ser elevado que cuidará de sua alma quando você morrer. O que conhece sobre as experiências de quase morte confirma totalmente sua crença.

Predominância de D (14-20 pontos) Você é um *cético*. Por isso, sua abordagem da vida é lógica e materialista. Embora não seja necessariamente um cientista, você confia no modelo científico mais do que nos modelos da fé, a tal ponto que segundo sua opinião eles não podem coexistir. Você não acredita na vida após a morte e reconciliou-se com isso. Suspeita que as experiências de quase morte possam ser uma espécie estranha de disfunção cerebral. Sua mente pode mudar com evidências mais convincentes, mas até então não viu nenhuma; pensa que todas as provas da vida após a morte são fantasias ou realizações do desejo. Como ninguém retorna dos mortos, você tem absoluta certeza de que nunca teremos uma informação confiável a esse respeito.

Predominância de N (14-20 pontos) Você é *agnóstico* ou *neutro*. Apesar da diferença entre esses dois grupos, ambos concordam que a vida após a morte pode ou não existir. Talvez seja alguém que não pensa na morte e prefere esperar até que não haja outra escolha a não ser enfrentá-la. Ou pode achar que a vida após a morte, como Deus, nunca será explicada. Relatos das experiências de quase morte pouco lhe interessam.

Se você não atingiu de 14 a 20 pontos em nenhuma categoria, considere-se um *livre-pensador*. Essas pessoas encontram a crença em noções espirituais, mas também em concepções materialistas e científicas. Você tem curiosidade em relação às experiências de quase morte, porém não está totalmente convencido. Pode sentir-se ansioso por não ter crenças fixas; talvez se sinta confuso. É bem provável que esteja satisfeito por não ter certezas porque não existe certeza, em sua opinião, quando se trata da vida após a morte. (Diante da perspectiva de ir para o céu, você suspira e pensa que seria agradável. Mas não conta com isso.)

PODE NÃO TER SIDO uma surpresa descobrir que você é um crente, cético ou agnóstico. Entretanto, ao ver as categorias de outras pessoas, que podem estar muito distantes de seu sistema de crença, talvez se sinta desconcertado pelo fato de que *todos podem estar certos*.

Os crentes vão para o céu (ou inferno) adequado à sua formação religiosa. Na vida após a morte eles encontrarão a versão que mais apreciam de Deus, ou deuses. Ficarão rodeados de anjos ou bodhisattvas. O tom emocional dessa vida após a morte pode ser de total felicidade, se for isso que esperam, ou pode ser mais ambíguo, até mesmo triste. A teologia católica admite um Jesus pesaroso e sua mãe, a Virgem Maria, contrita perante o destino dos pecadores.

A experiência talvez seja de não sentir nada. Os céticos podem achar que a vida após a morte é um espaço vazio, desprovido de qualquer sensação consciente. Para eles, a morte é um longo sono sem percepção do eu. A questão é quanto tempo esse estado durará ou em que poderá se transformar.

Para os agnósticos, a vida após a morte é problemática. Eles permanecerão iguais, ocupando uma espécie de limbo onde as boas e as más ações formam uma nuvem indistinta que nunca se dissolve. Nesse tipo de vida após a morte, as mesmas preocupações e ambiguidades que residiam no centro da visão do mundo agnóstico persistem. Essa descrição assemelha-se ao purgatório cristão.

E os indecisos ou livres-pensadores? Eles podem ter uma enorme surpresa, porque quem é livre-pensador morre sem expectativas. Caso sua abordagem existencial seja de viver o dia a dia, o último dia não será diferente. Em resumo, a capacidade da consciência de moldar nossas vidas é o fato mais duradouro para nós, o único aspecto da mente que continuará.

EM ALGUM LUGAR NO VAZIO

Enquanto o aspecto físico e metafísico continuar confuso, estaremos confinados a um espaço vazio entre eles. Como a crença não é uma dádiva em nossa sociedade, por que deveríamos esperar a mesma vida após a morte? A escolha e o condicionamento exercem uma forte influência no resultado. Consideremos essas duas pessoas cujas vidas divergem de várias formas.

Marion nasceu em uma família católica numerosa. Ela fez primeira comunhão e acreditava nos dogmas católicos até que a mãe morreu de câncer de ovário antes de completar 40 anos. Ao assistir ao sofrimento da mãe, algo morreu em Marion. Ela parou de acreditar na misericórdia de Deus, embora não tenha admitido isso nem para si mesma. Quando casou com um homem que há muito tempo abandonara a fé, ela dedicou-se à carreira e à família, e juntos foram bem-sucedidos. Décadas se passaram sem grandes infelicidades. Depois que o último filho foi para a universidade, Marion começou a sentir-se sozinha e após alguns anos teve impulsos vagos e de alguma forma culposos que a fizeram pensar em voltar à Igreja. Aos 52 anos, ela sentiu de novo a necessidade da fé em que crescera.

Aaron vem de uma família de judeus não praticantes. Por ser filho único foi mimado na infância, talvez demais, e quando demonstrou talento para a matemática, o pai o estimulou a ser contador (para ter segurança financeira). Mas Aaron decidiu cursar direito, e aos 30 anos estabeleceu-se num próspero escritório de advocacia em Manhattan. Desde então, nunca olhou para o passado. Casou mais tarde com uma advogada e juntos possuíam um apartamento na cidade e uma casa de praia. Não tiveram filhos, e quando ele descobriu que a mulher o traía, Aaron se recompôs do choque rapidamente. Conseguiu um acordo no divórcio que o beneficiou o máximo possível. Aos 50 anos ainda não decidira se casaria de novo, mas a carreira o absorvia muito para pensar nesse assunto. Até o momento em que se lembrava, não tivera pensamentos espirituais havia anos.

É óbvio que essas pessoas levaram vidas muito diferentes. Uma de alguém plácido e a outra de um competidor agressivo. Marion canalizou suas energias em construir uma família, e Aaron em fazer uma carreira. As palavras-chave para Marion foram estabilidade, intimidade, afeto, união, cooperação, atenção e paciência. As palavras-chave para Aaron foram independência, autoconfiança, competição, poder, ambição e sucesso. Quando duas vidas são diferentes em tantos valores essenciais, por que elas devem esperar a mesma vida após a morte?

As escolhas básicas das pessoas, que moldam a vida delas, começam no nível da consciência. Nesse nível, as escolhas não são simples. Dependem da memória e do condicionamento, da cultura e da expectativa. Todos esses ingredientes influenciam os acontecimentos da vida após a morte. Só algumas dessas crenças fazem diferença no cerne da religião. Em maior proporção estão as outras escolhas infinitas que fazemos todos os dias para criar nossa realidade pessoal.

O que você escolhe hoje se multiplicará em milhares amanhãs.

4
A FUGA DA ARMADILHA

Desde o momento em que saiu correndo de casa, Savitri contara os minutos que Satyavan levaria para voltar à cabana após terminar o trabalho de lenhador. Agora estava mais calma. Não era só a influência da sabedoria de Ramana ou o silêncio da floresta. O destino tinha um plano em mente para Savitri. O destino a estava conduzindo em círculos até que ela estivesse preparada para enfrentar Yama sozinha.

Antes, tudo que podia ver com o olho da mente era o amado marido voltando para casa ao encontro de sua condenação, mas agora não via nada. Talvez fosse um bom sinal, porque Ramana começou a falar.

– Não lhe prometo que podemos salvar Satyavan, porém outros escaparam da morte.

O coração de Savitri animou-se.

– Conte-me como.

– Lembro-me de um menino que nasceu com uma terrível maldição. O pai era um grande rishi, o sábio mais reverenciado em muitos quilômetros. Esse rishi ansiara por um filho, mas sua mulher era estéril. Por fim, o rishi decidiu que pediria um filho a Deus. Só os mais sábios conheciam o segredo que Deus fora criado para cumprir nossa ordem e não nós a Dele.

"O rishi chamou Deus, porém, no início, Ele recusou-se a aparecer. No entanto, o rishi era muito paciente e continuou pedindo um filho a Deus, ano após ano. Finalmente, Deus apareceu e disse: 'Vou lhe dar uma descendência, contudo terá de escolher. Você quer centenas de filhos tolos que viverão bastante tempo ou um filho que seja inteligente, mas que morrerá jovem?'

"O rishi não hesitou em escolher o filho inteligente, então Deus decretou que ele morreria no aniversário de 16 anos. Para a alegria sem limites do rishi e da mulher, ela ficou grávida e deu à luz um menino. Ele cresceu e revelou-se extremamente inteligente, e os pais o adoravam ainda mais por saberem a maldição sob a qual nascera. Pretendiam contar ao menino o seu destino no devido tempo. Porém os anos passaram, e eles continuaram a adiar a conversa.

"Por fim, chegou o dia do aniversário de 16 anos do menino e ele ainda desconhecia seu destino. Quando se ajoelhou diante do pai para receber sua bênção, o rishi disse: 'Quero que fique ao meu lado e não saia de casa hoje.' O filho surpreendeu-se, sobretudo, ao ver lágrimas nos olhos do pai. Obedientemente ele ficou ao seu lado o dia inteiro, mas o rishi precisou se ausentar por um momento e o filho aproveitou a oportunidade para sair pela porta dos fundos. Ele devia uma oferenda a Deus no seu aniversário, e o pai jamais proibiria que ele cumprisse a promessa.

"O rapaz chegou ao templo e parou em frente ao altar, sem perceber que Yama o seguira carregando a armadilha que usava para pegar suas vítimas. Ele jogou-a na cabeça do garoto para arrastá-lo.

"Mas nesse momento o menino havia se inclinado diante do altar em gratidão pelo dom da vida. A armadilha de Yama não o alcançou e, em vez disso, pegou as imagens sacras do altar que se despedaçaram no chão. Quando elas quebraram Deus surgiu furioso com o insulto. Ele expulsou Yama aos pontapés do templo e suspendeu a sentença de morte do garoto. Alguns dizem que Deus chutou Yama com tanta força que o matou, porém logo o ressuscitou ao perceber que as pessoas estavam tão acostumadas à morte que não poderiam se privar dela."

Savitri ouviu a história com atenção. Sua intuição lhe disse que o garoto era Ramana, mas decidiu guardar seus pensamentos.

– O que o rapaz aprendeu com isso? – perguntou.

Ramana respondeu:

– Aprendeu que, quando a morte chega para apoderar-se de você, deixe-a apoderar-se de Deus. Se Deus estiver com você, a armadilha de Yama sempre errará o alvo. Este é o segredo de escapar de suas garras.

Nesse instante, eles passaram por uma campina com flores brilhantes numa clareira. Savitri disse:

– Vamos sentar aqui um pouco. Eu estava tão ansiosa que esqueci de agradecer por estar viva.

– Boa ideia, Savitri.

Eles sentaram-se à luz da tarde que iluminou as flores com um brilho dourado radioso, e Savitri refletiu sobre sua alma.

O CÉU DE UM RISHI

A noção de céu humaniza a vida e é uma das razões de sua longa sobrevivência. A imagem de retornar a casa após a morte, descansando de nossos trabalhos e recebendo uma justa recompensa, é um enorme consolo. (É difícil não chorar ao ouvir o antigo hino religioso com seu refrão gentil e melodioso: "Com suavidade e ternura Jesus chama: *Venha para casa... venha para casa.*") Em uma era de dúvida, no entanto, as premissas mais indefinidas em relação ao céu são as seguintes:

1. Podemos ir a qualquer lugar ao morrer.
2. O lugar aonde vamos é o mesmo céu ou inferno para todas as pessoas.

Quando mencionamos o estágio de transição conhecido como "travessia", vimos que aos poucos a pessoa à beira da morte consola-se com a perda do corpo físico e dos muitos vínculos da personalidade. Mas isso é só o primeiro estágio desse processo. Um destino está mais à frente e para a maioria das pessoas religiosas significa um lugar real, não apenas um estado mental.

De todos os possíveis destinos, o céu é o mais fácil. Ele transmite a segurança de que nos manteremos fisicamente iguais, com nossa personalidade intacta. (As pessoas são ainda mais específicas. Conversei com uma paciente com câncer de mama que fizera uma mastectomia radical. Sabíamos que havia uma chance de ela não sobreviver, porém por ser cristã devota ela estava certa de que iria para o céu. "O que você espera ver ao chegar lá?", perguntei. "Meus seios", respondeu ela imediatamente.)

Na concepção Vedanta, o céu é fluido e nosso destino é um encontro com o desconhecido. Depois que as imagens familiares da "travessia" desaparecem, o inesperado desdobra-se. A consciência pode dar um salto criativo. O céu convencional de nossa infância foi esse salto criativo que se tornou um clichê. Podemos manter essa ideia trivial, mas em uma cultura da dúvida não penso que isso seja um tema fixo. A dúvida tem a vantagem de abrir novas possibilidades.

Uma dessas possibilidades é que a morte pode ser tão criativa como a vida. Um pintor sabe que está usando a matéria-prima do pigmento, porém a grande maioria das pessoas não percebe que está usando a matéria-prima da consciência. Quando pensam na consciência, o que surge à mente é seu conteúdo. Como uma sala cheia de móveis, nossa consciência é repleta de pensamentos e lembranças, desejos e medos, ambição e sonhos. Alguns desses conteúdos mudam, porém outros são permanentes – a mobília fixa da mente. Não é criativo usar esses mesmos conteúdos sem cessar, mas isso é essencialmente o que o céu significa: mobília reutilizada.

Pegue um pedaço de papel e marque uma coluna com "céu" e outra com "inferno". Com a maior rapidez possível, relacione as palavras e imagens que surgem em sua mente para cada palavra. A maioria das pessoas, crentes ou céticos, faz uma lista similar às linhas seguintes:

Céu

harpas
nuvens brancas fofas
anjos
casa de Deus
paz permanente
felicidade eterna
a casa verdadeira da alma
Paraíso – perdido e agora retomado
recompensa pela honradez
grande pai branco em seu trono
agradável, mas tedioso
uma grande família de novo
ópio das massas
eu quero ir para lá

INFERNO

demônio, forcado, enxofre
tormento dos amaldiçoados
fogo
inferno de Dante – círculo após círculo
dor infindável
medo além da crença
o diabo
o medo mantém as pessoas enfileiradas
o fascínio da maldade
Satanás, o último artista de rock, o mau menino sedutor
eu não quero ir para lá

Essas são minhas anotações, que escrevi o mais rápido possível. Percebi imediatamente duas coisas. Minhas imagens não eram originais, foram herdadas da cultura em que vivo. Não havia ambiguidade. Céu e inferno são opostos. Sem espaço para ambiguidade, a vida após a morte não pode ser criativa. Mas nossas mentes preferem coisas definidas. Todos os contos de fada opõem a bondade absoluta à maldade absoluta. Não dizemos aos nossos filhos que, quando Cinderela voltou para casa depois do baile, ela ficou tão feliz ao ver suas meias-irmãs que elas se tornaram suas melhores amigas. Ou que quando o sapatinho de vidro coube em seu pé ela decidiu encontrar o príncipe. Apesar de séculos de proposições teológicas sobre o demônio e seu relacionamento com Deus, nossas mentes simplificam seus papéis em vilão e herói.

Segundo uma crença católica, nossa visão de Deus é imperfeita enquanto estamos vivos. Seu reflexo é visto no espelho como nosso rosto e corpo (são Paulo "vendo-se em um espelho escuro"). Imaginamos que ele é humano. Porém, ao chegar no céu, veremos como Deus é de fato. E isso, de acordo com a Igreja, suscita uma contradição porque vemos a imagem "obscura e vaga" que temos em mente e o Deus real "com Seu próprio Ser". Em outras palavras, ele será real e irreal ao mesmo tempo. Essa contradição não é dogmática; ela é um mistério. Nesse ponto o Vedanta concordaria. Como, então, poderemos achar mistério no céu?

A GUERRA NO CÉU

O escritor inglês popular H. G. Wells escreveu: "Essa doutrina do Reino do Céu... é com certeza uma das mais revolucionárias doutrinas já surgidas e que mudou o pensamento humano." O que tornou o céu tão revolucionário foi uma mudança desse mundo para o seguinte, em que Jesus é quase o único responsável. Na verdade, o céu é uma de suas mais singulares contribuições.

No Antigo Testamento, Deus promete aos profetas e patriarcas um reino no sentido literal: eles governarão a Terra em Seu nome. Com isso, Deus fez um acordo, um contrato legal com Davi que "sempre haverá um homem para sentar em Seu trono". Como Davi já era rei, essa promessa significava que o trono de Davi em Jerusalém seria de Deus para toda a eternidade. Jesus apoiava essa premissa ao prometer que o Reino do Céu estava próximo, contudo seu ensinamento estende-se muito além.

Na concepção de Cristo, o céu está **presente**: é uma experiência interna vivenciada pelos honrados. O céu também é **futuro**: é o retorno a casa para estar com Deus que os honrados esperam no dia do Juízo Final. O céu é **pessoal**: encontra-se "dentro de você". E ao mesmo tempo, o céu é **universal**: é uma moradia eterna além do nascimento e da morte, um lugar fora da Criação.

Esse ensinamento foi revolucionário porque Jesus construiu uma ponte para a alma, exortando todas as pessoas a encontrarem seu caminho. Antes, ser honrado aos olhos de Jeová era uma questão de ritual, de obediência aos sacerdotes e de cumprimento das ordens divinas. O Antigo Testamento também afirma que a vida após a morte é um tema discutível. (É desnecessário dizer que os judeus não consideram que o Novo Testamento seja um aperfeiçoamento do Antigo. À medida que o judaísmo evoluiu, criou sua metafísica elaborada. Mas, para os milhões de judeus reformistas, não existe vida após a morte. Esse fato obriga todos os crentes a viverem uma vida tão moral e honrada quanto possível aqui e agora.)

Depois de Jesus, as pessoas passaram a realizar uma jornada espiritual, e a urgência dessa jornada é algo bem novo. O céu era um prêmio que era preciso ganhar com seus próprios esforços. A urgência para conquistar o céu estimula o cristianismo até hoje, e os crentes mais fervorosos dizem que isso nunca pode ser esquecido. Porém eles se lembram que o processo inteiro acontece dentro de nós?

Na cultura atual, o cristianismo atém-se a imagens literais, porque o céu é um lugar literal. Não há indício de uma jornada interior e espaço para exploração criativa da alma. As pessoas discutem inflamadas a respeito de uma paisagem imaginária muito afastada do ensinamento de Jesus. As ramificações desse conflito atingem tudo. Em 2005, uma mulher de 41 anos com morte cerebral chamada Terri Schiavo tornou-se o foco de uma guerra entre fé e ciência na Flórida. O mais dramático no estado da senhorita Schiavo, conhecido como estado vegetativo permanente (EVP), é que a pessoa com morte cerebral pode ter breves períodos intermitentes de vigília com mudanças de expressões faciais, de piscar os olhos e mover a cabeça. Esses são todos reflexos inconscientes. Vistos por olhos desesperados esses tênues sinais de vigília parecem uma "mínima consciência", um termo médico que implica fraco grau de esperança. Os pais de Terri Schiavo viram os olhos dela moverem-se depois que saiu do coma original, e interpretaram isso como um sinal de reconhecimento de alguém que amavam. (Políticos de direita exageraram desproporcionalmente esses sinais tênues de consciência, alegando que a senhorita Schiavo riu e chorou, observou o ambiente em torno e reconheceu a família.)

A ideia que Schiavo vivia em estado vegetativo havia 15 anos, desde o dia em 1990 quando teve uma parada cardíaca, foi atacada com veemência pela direita religiosa. O presidente Bush voou do seu rancho no Texas para Washington, D.C., para promulgar uma lei de emergência no Congresso a fim de "salvar" a vida de uma pessoa ameaçada, um ato denunciado em alguns círculos como uma cínica ação política. Acusações de hipocrisia correram livremente. Não é a direita religiosa que apoia com firmeza a pena capital, que tem um histórico de matar pessoas inocentes? No final, o tubo de alimentação de Terri Schiavo foi removido por uma ordem judicial, apesar da lei de emergência do Congresso. Ela morreu duas semanas depois, em março de 2005. O direito de terminar a vida de pessoas com morte cerebral encaminhado à Suprema Corte foi mantido de novo nesse caso.

Nessa história, a religião arma uma cilada na mente com uma confusão de posições contraditórias. As pessoas que acreditavam com tanta veemência no céu não estavam negando a Terri Schiavo a chance de ir para lá mantendo-a viva? Se o céu é a suprema recompensa, a eutanásia é um crime ou um presente? A ciência médica não se importa com o momento em que a alma entra no corpo ou quando ela parte. Se uma mulher num estado de EVP não pode ver, sentir ou pensar, então a retirada dos instrumentos que a mantêm viva não é uma grande mudança. Ela irá do estado de morte cerebral à morte real, vivenciando uma definição mais completa do que a "morte" significa. Por fim, existe um dilema peculiar cristão nesse assunto: Terri Schiavo irá para o céu agora ou no dia do Juízo Final e em qual dos casos é importante se a permitem morrer mais cedo ou mais tarde? Segundo os fundamentalistas, seu corpo terá de esperar até o Tempo Final para ascender do túmulo e encontrar-se com Deus.

Essa cisão entre ciência e religião é mais relevante que a fé *versus* materialismo. A ciência abstém-se das questões metafísicas, mas a maioria das pessoas pensa que a ciência desaprova a metafísica, ou que na verdade desaprova todas as coisas invisíveis associadas a Deus, à alma, ao céu, ao inferno e assim por diante. Essa premissa é cética, não científica. A ciência na era da física quântica não nega a existência de mundos invisíveis. Ao contrário. E não podemos alegar que Jesus seja apenas metafísico, porque ele deu muitos conselhos sobre como viver neste mundo. Esse fato é um quebra-cabeça. Quando Jesus diz a seus discípulos que eles devem estar neste mundo, porém não dele, seu ensinamento parece incoerente. Se tomo meu café da manhã, como posso fazer isso sem estar no mundo? Meu corpo físico prende-me aqui o tempo inteiro. Porém a alma consegue estar neste mundo enquanto permanece fora do tempo e do espaço. Jesus nos dá um indício sobre o reino do céu.

AONDE OS RISHIS VÃO

Em muitas ocasiões Jesus assemelha-se a um rishi na tradição do Vedanta. Sem dúvida é verdadeiro o fato de estar no mundo, mas não dele. Em termos simples, ele diz aos seus seguidores mais próximos para não pensarem mais em si mesmos como criaturas físicas. Jesus torna-se mais explícito se olharmos além dos quatro evangelhos para o evangelho fragmentado de Tomé, que foi escrito muito cedo, talvez um século antes da crucificação, porém foi mais tarde excluído do cânone oficial.

Jesus disse: "Se seus líderes lhes disserem: Olhem o reino do céu, então os pássaros do céu precederão vocês; se lhes disserem: Isso é o mar, então os peixes precederão você. Mas o reino está dentro e fora de vocês. Ao se conhecerem, vocês serão reconhecidos e saberão que são filhos do Pai vivo." Essa passagem mostra como são profundas as raízes da religião, e como as grandes tradições da sabedoria seriam compatíveis se não fosse o dogma. O que Jesus diz corrobora a concepção que o céu está em toda parte, porém ele vai além ao dizer que o céu é uma experiência interna, uma experiência da consciência. Jesus vê a alma por toda parte e, assim, vê a essência das pessoas fora do tempo e espaço. Como os rishis, Jesus vivia tranquilo com a eternidade. Por que então não sentimos o mesmo?

A eternidade não pode ser captada pela mente no estado comum de vigília. Nosso estado de vigília é dominado pelo tempo, ao passo que a eternidade não. É preciso haver uma ligação. O Vedanta diz que existe um *continuum. Todas as suas qualidades são uma qualidade da alma.* Pense na sequência das seguintes palavras:

Contentamento
Felicidade
Emoção
Arrebatamento
Êxtase
Bem-aventurança

Esse é o tipo de *continuum* que os rishis têm em mente. Uma pessoa pode se sentir contente sem saber que existe uma conexão com a alma. Quando o contentamento aumenta, ela percebe que está feliz e, se a felicidade for intensa, sente uma emoção. Em raros momentos podemos atingir um nível mais elevado e dizer que estamos arrebatados, ou em êxtase. Estamos movendo-nos ao longo de um *continuum* invisível, mas ele é tão real como o gosto cada vez mais adocicado das sobremesas.

O êxtase representa o limite da felicidade que alguém pode sentir e a raiz latina da palavra "êxtase" significa "posição externa". Na linguagem comum as pessoas dirão: "Eu estava tão feliz que a sensação parecia irreal, como se estivesse acontecendo com outra pessoa", ou: "Eu a amo tanto que sinto como se fosse uma experiência fora do corpo." No Vedanta, existe uma única etapa final no *continuum*: bem-aventurança. Em sânscrito a palavra é *ananda*. A mente é bafejada por uma felicidade infinita como a língua sentiria ao comer algo mais doce do que o normal.

Embora ele esteja dentro de nós, o céu não pode ser alcançado num único movimento da fé. Assim como a bem-aventurança, existe um *continuum* com todas as qualidades da alma. Sabemos disso instintivamente. Consideremos a bondade. A vontade de fazer um pequeno gesto de bondade, como dar um pouco de dinheiro a uma pessoa sem-teto na rua, expande-se ao desejo de proporcionar bem-estar aos necessitados. A bondade permeia um ato religioso quando grupos movidos pela fé ajudam no trabalho para mitigar a Aids na África. Vemos a essência desse impulso em Buda, o Compassivo, cuja natureza intrínseca é a bondade.

É preciso lembrar que nossas melhores qualidades podem atingir a universalidade. O cristianismo alega que Jesus foi o único, assim como o budismo diz que Gautama foi o único, contudo o *continuum* afirma outra coisa. As seguintes qualidades intensificam-se quando nos aproximamos mais da alma:

Compaixão
Força
Verdade
Bem-aventurança
Beleza
Amor
Sabedoria
Poder

Cada ato de bondade acrescenta uma pincelada à pintura; cada insight o aproxima de sua essência. Você e eu somos diferentes em milhares de maneiras, dependendo de como nos relacionamos com nossa alma. Em determinado dia posso ficar maravilhado com um lindo pôr do sol, um sorriso adorável de uma criança, uma súbita percepção de quem eu sou. Você pode ficar surpreso como os pobres merecem compaixão, como um poema de Keats é sábio, como é bonito dar de si mesmo. O que mantém a vida fascinante é a criatividade constante da alma. Eu acredito no céu e quando morrer espero ficar lá, não em um jardim celestial, mas em um espaço descrito pelos versos famosos de T. S. Eliot:

Não cessaremos de explorar
E ao final de nossa exploração
Chegaremos ao nosso ponto de partida
E conheceremos pela primeira vez o lugar.

Verdade, sabedoria, beleza e todas as outras qualidades da alma não precisam de cenários físicos, o amor puro existe mesmo na ausência de uma pessoa para amar. A verdade espiritual não necessita de uma cruzada para seguir. A alma em sua plena intensidade assume uma posição central após nossa morte, mas ela é antevista muito antes.

– Eu nunca me casei e nunca fui mãe – disse-me um escritor de meia-idade certa vez. Há muito tempo ele procura a espiritualidade. – Morei durante alguns anos em um ashram na região oeste de Massachusetts, onde a orientação era indiana e falava-se muito da Mãe Divina. Não sou suficientemente cristão para ser atraído pela Virgem Maria. Sem dúvida, você pensará que sempre tive uma orientação mais masculina. No entanto, sei que o feminino é importante.

"Eu tenho amigas, mulheres que aderiram a grupos de Deusas. Elas realizam rituais e dançam no período da lua cheia. Eu sigo um caminho mais convencional, basicamente meditando durante horas. Sem dançar, cantar, nem mesmo fazendo preces. Fiz isso por 5 anos. Então, certo dia algo muito estranho aconteceu.

"Eu estava sentado meditando quando senti uma sensação agradável. Começou como um calor no meu coração e depois passou a ser um sentimento mais emocional. Ternura, suavidade, amor. Sentei-me lá, usufruindo essa sensação, quando a intensidade aumentou. Parecia que eu estava dissolvendo. Em 10 segundos purifiquei-me. Nada além do amor. *Eu era a Mãe Divina*.

"Como posso lhe descrever a sensação? Imagine que você está vendo uma grande atriz de cinema. Ela abraça e beija os filhos e por um momento você esquece que está sentado no escuro olhando a luz na tela. Você é ela. Essa é a sensação que senti, só que milhares de vezes mais intensa. Eu só era a Mãe."

Em momentos inesperados, vamos além de nosso lugar habitual no *continuum* espiritual. Não sentimos apenas afeição, atração, amor romântico ou devoção profunda. Somos absorvidos pelo amor universal. Esse homem contou-me que agora ele vê as mulheres sob um aspecto muito diferente.

– Elas existem como pessoas comuns, mas ao mesmo tempo como uma força totalmente impessoal, a Mãe brilha através delas. Eu posso buzinar para uma mulher dirigir mais rápido, porém, se ela virar o rosto para mim, eu vejo *isso*. *Ela* é tudo e então percebo que buzinar é absurdo. Você pode buzinar para Deus?

Na forma física só existe pureza para absorver, mas algumas vezes esse limiar transcende-se. Penso em santa Teresa de Ávila, a santa espanhola do século XVI que vivenciou o amor divino quando um anjo atirou uma flecha de ouro em seu coração. Teresa descreveu a dor dilacerante e a bem-aventurança que sentiu simultaneamente. (Por isso, ela é a santa protetora dos sofredores.)

Isso retoma o paradoxo do céu, que Deus é visível e invisível ao mesmo tempo. Assim é a alma. Ela se torna visível em acontecimentos que nos fazem sentir amor, verdade e beleza. O invólucro que a contém – uma mulher amada, uma bela pintura, um ditado sábio – desaparecerá aos poucos. Mas sua essência permanece, e é essa essência que nos permite ansiar por mais amor amanhã. Esse é o caminho para o céu.

Para alguém que morreu, o caminho está completo. Então, o que acontece? Ao chegar ao domínio da alma, essa experiência para? Em termos físicos, sim. Os objetos do amor se foram. Só a essência é real agora. Porém, como veremos, a atividade não terminou, bem longe disso. A alma sente-se muito mais livre para escolher "do outro lado" e as possibilidades, como dizem os rishis, são mais interessantes que nunca.

5

O CAMINHO DO INFERNO

— Será que Yama engana a si próprio? – refletiu Ramana. – Ele certamente ludibria todas as pessoas.
— Você fala como se ele fosse nos pregar uma cilada – disse Savitri. Ela sentia-se cansada por estar tanto tempo na floresta e sabia que o tempo estava se esgotando.
— Yama *está* pregando uma peça – concordou Ramana. – Não teríamos de fugir dele se soubéssemos qual é. – Ramana parou como se tivesse falado alguma coisa óbvia.
— Mostre-me como esse truque funciona – disse Savitri.
— Tudo bem. Vou lhe contar a história de um macaco que ficou preso em um quarto pequeno na torre de um castelo. Nada acontecia no quarto e o macaco ficou agitado.
"O macaco só se divertia olhando o mundo pela janela. Isso o distraiu por algum tempo, mas depois ele começou a pensar em sua situação. Por que estava nessa torre? Por que fora capturado e preso lá? Os pensamentos do macaco ficaram mais sombrios. Não havia nada para fazer, ninguém para conversar. Seus pensamentos o deprimiram cada vez mais. O quarto parecia se comprimir; o macaco começou a suar ansiosamente. *Não*, ele percebeu de repente, *eu não estou nesse quarto, estou no inferno*. Logo sua depressão transformou-se em angústia e

de angústia em tormento. O macaco viu demônios por toda parte infligindo-lhe todas as dores imagináveis.

"*É isso*, pensou o macaco. *Eu estou no inferno eterno.* E o tormento continuou cada vez pior. O macaco não via saída, mas, aos poucos, acostumou-se ao seu sofrimento. Quanto tempo isso durou? O macaco não se lembrava. No entanto, começou a se sentir melhor nesse ambiente. Não era um quarto tão ruim. Na verdade, era bastante agradável olhar sozinho pela janela todas as coisas fascinantes que aconteciam no mundo exterior.

"Pouco a pouco os demônios pararam de torturar o macaco e partiram. Ele começou a se sentir melhor e assim que o dia amanheceu ele ficou mais otimista. O macaco estava cada vez mais alegre e então..."

Ramana parou de falar.

– Sem dúvida, você sabe o final dessa história.

Savitri fez um sinal afirmativo.

– O macaco vai para o céu.

– Exatamente. Ele começa a se sentir cada vez melhor até que se imagina no paraíso e, em vez de estar sendo punido por demônios, está sendo acalmado por anjos. *Ah*, o macaco pensa, *agora estou na bem-aventurança eterna.*

– Até que se entedia de novo – falou Savitri.

Ramana concordou. – O macaco simboliza a mente sentada sozinha na torre da cabeça. Quando a mente expande-se com o prazer e contrai-se com a dor, ela cria todos os mundos possíveis, constantemente iludindo-se com suas criações. O macaco acreditará que está no céu por certo tempo, porém depois vai se entediar outra vez e, como o tédio é a semente do descontentamento, o tédio o tira do céu e o envia de volta para o inferno.

Savitri ficou desanimada.

– Então estamos todos presos numa armadilha?

– Só se concordarmos em cair numa armadilha. Não falei que a torre estava trancada – disse Ramana. – Há um domínio infinito além das muralhas do castelo. Podemos levar nossa mente além dessas muralhas. Existe liberdade do lado de fora e, assim que a alcançamos, nunca teremos de ir para o céu ou para o inferno de novo.

CARMA E A PAGA DO PECADO

Até agora, ofereci uma visão da vida após a morte aberta, criativa e repleta de escolhas. Passo a passo realizamos nossas expectativas e observamos imagens que as preenchem. Mas essa visão abstrai um aspecto assustador para muitas pessoas: o pecado. Na crença cristã o pecado não pode ser omitido, porque Deus está sempre somando os nossos atos bons e maus. Ele tem razão, pois de outra forma todos iriam para o céu e essa mistura de pessoas boas e más se pareceria demais com a vida terrena.

Há pouco tempo, vi um bispo católico sendo entrevistado na televisão e lhe fizeram uma pergunta que poderia ter sido feita a um bispo na Idade Média: "Os cristãos acreditam de fato que esta vida só existe para preparar-nos para a vida seguinte?" A resposta imediata do bispo foi sim, o mesmo que um bispo católico teria dito na Idade Média. Mil anos não alteraram a crença básica cristã de que o mundo material é um vale de lágrimas, que o pecado gera a morte, e que a única saída é atingir o céu. "Ficarei em paz ao chegar lá. Poderei relaxar", disse o bispo. Em outras palavras, o que sofremos aqui e agora exerce um enorme papel na imagem do que virá.

Inferno é a retaliação do pecado, mas é também uma extensão do sofrimento terreno. Quando a libertação é a última recompensa, ficar para trás é a última punição. A teologia cristã em termos básicos diz: "Seja bom, senão Deus lhe dará mais nesta vida, só que pior." Os rishis védicos encaram o sofrimento não como uma questão de pecado, e sim como uma perda de liberdade. Segundo o Vedanta, todos os limites da nossa liberdade atuais continuarão a existir após nossa morte. Em ambos os casos estamos sujeitos ao poder do Carma.

Originalmente a palavra sânscrita *karma* significava "ação", mas logo se expandiu e agora implica a luta eterna entre o bom e o mau. (Usarei a letra maiúscula "C" para referir-me ao aspecto cósmico do carma e "c" para seus efeitos pessoais.) Em um nível mais superficial, construímos o carma bom sendo pessoas boas e o carma mau sendo ruins. Isso se iguala ao conceito cristão de escolha entre ações boas e más, e de ser recompensado ou punido de acordo com elas. Milhões de pessoas no Oriente e no Ocidente vivem com essa crença. Mas o Carma nunca termina; ele faz parte da jornada contínua da alma, não só de uma única vida que leva ao céu ou ao inferno.

Porém, nenhuma quantidade de carma bom tolhe a liberdade de uma pessoa. A versão védica do inferno, no qual nunca nos libertamos dos grilhões, corresponde estranhamente ao inferno cristão. A bondade perfeita não é atingível e pouco a pouco o efeito do carma transformará a vida do santo na do pecador e vice-versa. Essa é a razão pela qual "aglutinante" pode ser uma tradução melhor de Carma que "ação".

Podemos comparar o Carma a um relógio cósmico em que todas as engrenagens funcionam com perfeição. Ou compará-lo a um supercomputador rastreando todas as ações na criação.

É possível compará-lo a um juiz eterno, julgando os bons e os maus resultados de todos os pensamentos e ações. Na verdade, o sistema inteiro – universo, cérebro, eu inferior, eu superior, Atman, Deus – une-se pela força invisível do Carma. A lei do Carma, subjacente ao sistema de crença oriental, afirma que nenhum de nós deixará de pagar nossas dívidas e, como acumulamos dívidas todos os dias, não temos escolha a não ser pagá-las nesta vida e na vida após a morte.

SALVANDO-SE DO PECADO

Segundo os rishis, a punição após a morte é o resultado de dívidas cármicas não pagas. Se eu cometer um crime e não pagar por ele aqui na Terra, eu o pagarei com um sofrimento posterior. O que é uma dívida cármica? Basicamente, qualquer causa que ainda não encontrou seu efeito. O ditado indiano "O Carma espera na soleira da porta" significa que uma pessoa pode tentar fugir de suas ações passadas, mas como um cachorro que dorme na soleira da porta até o retorno do dono, o Carma pode ser interminavelmente paciente. Por fim, o universo insistirá em restabelecer o equilíbrio do errado com o certo.

O inferno é o sofrimento cármico. A grande maioria das experiências de quase morte é positiva, porém algumas não são. Em vez de deslocarem-se em direção a uma luz bondosa e acolhedora, algumas pessoas vivenciam o inferno. Elas veem demônios ou mesmo Satanás; ouvem pecadores gritando em seu tormento; uma escuridão profunda envolve tudo. Os pesquisadores que estudam a EQM descobriram uma categoria de pessoas a quem chamaram de "almas presas à Terra", perseguidas por más ações e desejos frustrados. A primeira testemunha desse fato foi um homem chamado George Ritchie que teve a seguinte experiência:

Na experiência de quase morte de Ritchie, Jesus o levou a uma grande cidade onde ele viu almas presas à Terra, agarradas à vida por uma razão ou outra. Uma dessas almas suplicava em vão por um cigarro. Um homem jovem que cometera suicídio implorava em vão perdão aos pais. Em uma casa, Ritchie viu a alma de um garoto seguindo uma adolescente, suplicando perdão apesar da menina não ter consciência da presença dele. Jesus disse a Ritchie que o garoto se suicidara e estava acorrentado a todas as consequências de seu ato.

Esses são fantasmas da dívida do carma. É preciso lembrar que experiências diabólicas não dependem da morte. Pessoas viram Satanás em sonhos, visões, imaginação e mesmo na carne (ou *dentro* da carne, caso você acredite em possessão demoníaca e na capacidade de Satanás ocupar o lugar do corpo de uma pessoa até que ela seja exorcizada).

Os pesquisadores de EQM são os poucos em nossa sociedade cujo trabalho é pensar na vida após a morte. Ao examinarem experiências de inferno ou almas atormentadas, constataram que alguns fatores criam essas visões de sofrimento. Nossa mente nos coloca no inferno e é capaz de retirar-nos de novo. Se o sofrimento for criado aqui na Terra pela dor física ou na vida após a morte por meio do tormento psicológico, as causas permanecem as mesmas porque remontam aos trabalhos do Carma. Todas as culturas acreditam que não escapamos das más ações na vida após a morte, mas os rishis abriram uma imagem para descrever como podemos fugir em geral do tormento.

No nível material não é evidente que "vamos colher o que semearmos". As más ações passam despercebidas e muito menos são punidas o tempo inteiro. Podemos acalentar uma fantasia de uma vida em que podemos escapar de tudo. É bem possível transformar ladrões de bancos, por exemplo, em heróis como nos filmes.

Ao dizer que o carma mau um dia capturará as pessoas que cometeram más ações, estaremos nos sentindo culpados pela plena realização de um desejo? Os céticos com certeza diriam que sim, porque se uma dívida cármica for paga fora do mundo material ela não está sendo paga. O assunto é de difícil decisão, mas em termos espirituais observamos a diferença entre alguém maduro – que pagou algumas dívidas – e alguém imaturo, sobrecarregado de dívidas pendentes. A pessoa espiritualmente madura segue uma vida significativa por meio dos seguintes valores:

Autoestima: Eu tenho importância no plano divino, sou único no universo.
Amor: Eu sou profundamente amado e amo os outros do mesmo modo.
Verdade: Posso ver ilusões passadas e desatenções.
Reconhecimento e *gratidão*: Eu aprecio os atos da criação.
Respeito: Posso sentir e ver o sagrado.
Não violência: Eu respeito a vida em todas as suas formas.

Viver sem esses valores é doloroso e se for muito intenso às vezes a dor leva a pessoa ao inferno. Portanto, o valor de uma vida significativa revela o lado oculto das dívidas cármicas. Ao livrar-se delas, sua vida se tornará realizada e profundamente merecedora de viver.

E SOBRE SATANÁS?

Os cristãos religiosos protestarão com o cenário psicológico do inferno que descrevi porque exclui Satanás. Ao excluir Satanás ignoro o texto bíblico que diz que o anjo Lúcifer, o mais íntimo a Deus que todos os anjos, desobedeceu a Deus e caiu no pecado do orgulho até atingir o local mais distante na criação, o inferno. O fato de que milhões de pessoas acreditam nesse mito demonstra nossa recusa a nos responsabilizarmos pela vida após a morte. Preferimos um Príncipe das Trevas, o oposto todo-poderoso de Deus, que se torna o agente do mal.

Assumir a responsabilidade pelo inferno parece terrível, mas não assumir significa o mesmo que desistirmos de nós mesmos. O inferno é o ponto mais distante de Deus porque representa o lugar inferior da consciência. As causas das experiências demoníacas na Terra não são meramente psicológicas. Elas não envolvem só a depressão ou a culpa. Quando nos desconectamos de nós mesmos, um sentimento de merecer o sofrimento começa. O inferno é o sofrimento que você pensa que merece. Quando as conexões são restauradas, não mais pensamos que merecemos uma punição: voltamos ao fluxo da vida com suas propriedades de cura.

Tudo que Satanás representa é incluído em nosso autojulgamento. Na verdade, ele é um enorme reflexo desse autojulgamento. Satanás é uma criação da consciência e, por isso, altera períodos de crescimento e declínio, evolui e muda de significado.

Satanás é real sob as seguintes condições:

- As pessoas sentem que merecem punição em vez de remição.
- Uma cultura acredita no mito de Satanás.

- Os crentes prestam atenção a esse mito e lhe dão valor.
- A culpa é projetada em demônios em vez de se curar internamente.
- Os malfeitores não pensam em obter perdão, redenção ou purificação.
- As crianças aprendem a temer os demônios e a pensar que eles têm um poder sobrenatural.

Satanás é irreal sob as seguintes condições:

- As pessoas sentem que merecem remição em vez de punição.
- Uma cultura é consciente do processo de criação dos mitos.
- As pessoas têm autoconsciência e responsabilizam-se por suas emoções.
- Existe uma crença no perdão, na cura e na redenção.
- Os meios de dar vazão a energias negativas são encontrados (na terapia, nos esportes, no diálogo franco, na dinâmica familiar saudável, na educação etc.).
- As crianças não são condicionadas a acreditar em demônios e em outros inimigos sobrenaturais.
- A sociedade promove a evolução da consciência.

Nossa cultura superou Satanás, porque apesar dos religiosos literais temos um século de secularismo atrás de nós. Quaisquer que sejam seus erros que podem ser evidentes, a cultura secular fomentou a terapia, desencorajou a superstição, deu às pessoas a responsabilidade por seu destino e estimulou um diálogo aberto em todas as áreas antes consideradas tabus. Essas são realizações relevantes; revelam-se com o expressivo crescimento da consciência. A maldade, não importa como você a defina, permanece após a partida de Satanás, mas, ao desviar nossa atenção dele, ela diminui muito, assim como os deuses do Olimpo, tão poderosos que explicavam todos os fenômenos naturais e agora estão relegados à história.

Assim como os deuses gregos, Satanás sobreviveu à sua razão de ser. Quando as pessoas encontram uma explicação melhor para os fenômenos, a antiga explanação desaparece e a meteorologia substitui Éolo, o deus do vento, e a termodinâmica substitui o fogo de Prometeu. Temos o poder de aumentar ou diminuir Satanás. Na verdade, temos o poder de torná-lo real e irreal, o que é muito mais importante.

À medida que a consciência evolui, Satanás torna-se mais irreal. Creio que há milhões de pessoas que não afirmam mais que demônios, pecado e maldade cósmica são a causa principal do sofrimento, ao contrário, querem falar em termos de consciência. Elas estão prontas a contar que estão desconectadas de si mesmas. Passamos séculos pedindo a Deus para salvar-nos e temendo Satanás como o inimigo supremo. Talvez isso tenha sido necessário para nossa evolução, mas agora podemos voltar-nos para a sabedoria mais profunda e humana dos rishis, que mencionam uma única realidade e não um universo fragmentado com o céu e o inferno em polos opostos.

O bom e o mau, dizem os rishis, é uma função direta da conexão com a alma. A alma é o aspecto mais real do ego. Quando rompemos nossa conexão com a alma, perdemos contato com a realidade.

A ALMA DISFARÇA-SE QUANDO...

- Estamos muito cansados ou estressados.
- Estamos desconectados com nosso eu interior.
- Nossa atenção está dominada por fatores externos.
- Quando deixamos que outros pensem por nós.
- Agimos por compulsão.
- Ficamos influenciados pelo medo e ansiedade.
- Lutamos e sofremos.

Essas circunstâncias precisam mudar antes que a conexão da alma possa ser restabelecida. A morte oferece acesso ao domínio da alma, porém o Vedanta declara que a alma tem muito a propor antes da morte. A vida é guiada sob o olhar fixo da alma. Mas nossa consciência pura tem certas qualidades universais:

- É constante.
- Nunca perde você de vista.
- Conecta-se com todas as outras almas.
- Compartilha a onisciência de Deus.
- É imutável.
- Vive além do tempo e espaço.

Portanto, não só momentos ternos, afetivos e tranquilos revelam a alma. Ao contrário, esses momentos em que as qualidades da alma revelam-se são os mais importantes. Eles acontecem muito raramente na vida atual, mas a alma nunca para de manifestá-los.

A ALMA REVELA-SE QUANDO...

- Sentimo-nos centrados.
- Nossa mente está clara.
- Temos a sensação que o tempo parou.
- Sentimo-nos subitamente livres dos limites.
- Estamos muito autoconscientes.
- Sentimo-nos absorvidos por outra pessoa, por amor ou em uma comunhão silenciosa.
- Sentimo-nos intocáveis pela idade e mudança.
- Sentimo-nos bem-aventurados ou em êxtase.
- Temos uma percepção intuitiva que se torna realidade.
- Sabemos de algum modo o que vai acontecer.
- Percebemos a verdade.
- Sentimo-nos superamados ou totalmente seguros.

Se só existe uma realidade, como os rishis afirmam, então a vida não é uma luta entre o bem e o mal, e sim uma teia na qual todas as ações, boas ou más, aproximam-se da realidade ou aprofundam-se na ilusão. O Carma tece a teia. O Carma não é uma prisão e sim um campo de escolha. O Carma mantém nossas escolhas honestas. Colhemos o que plantamos, mas isso significa que estamos presos às forças do bem e do mal cósmico. O inferno, como qualquer outro lugar na consciência, por fim reflete o estado de nossa percepção e a liberação do inferno é conquistada, como qualquer outra realização, ao se aproximar da realidade da alma.

6

FANTASMAS

– Estou profundamente grata por tudo que você me ensinou – disse Savitri. Estava ficando tarde e ela começara a perder a esperança de voltar para casa. – Estou resignada a viver sozinha e talvez possa visitá-lo para aprender mais.

– Alguém está sempre sozinho? – disse Ramana.

A floresta envolvera-se em sombras violeta, e Savitri não via a expressão de seu rosto com clareza.

– Sinto-me sozinha – disse ela.

– Com frequência os sentimentos não são confiáveis – disse Ramana.

De repente houve um movimento nos arbustos ao lado do caminho. Savitri recuou.

– O que foi isso? – ela exclamou, sentindo a ansiedade voltar.

– Fantasmas. – Ramana parou de repente. – Chegou o momento de você conhecê-los. Por terem viajado além desta vida, fantasmas e espíritos têm muito a ensinar.

Ele ficou imóvel e pediu que ela ficasse quieta. Savitri parou e um arrepio percorreu seu corpo. Um instante depois alguém surgiu da obscuridade da floresta – uma menina pequena de não mais de 2 anos caminhou em direção a eles, sem olhá-los.

– Não! – advertiu Ramana, prevendo que Savitri correria para segurar a criança.

A garotinha olhou ao redor sem expressão, depois atravessou o caminho e desapareceu na floresta.

– Você a reconheceu? – perguntou Ramana.

– Não, como poderia? Ela está perdida? – Savitri sentiu-se confusa e perturbada com o que vira. Em vez de responder a ela diretamente, Ramana disse:

– Existem mais. Você os está atraindo. – Nesse momento um segundo fantasma apareceu, dessa vez uma menina de 4 anos. Savitri ficou atônita. – Você conhece essa menina? – ele perguntou.

– Sou eu!

O fantasma olhou em sua direção por um instante antes de partir.

– E a criança menor também era eu?

Ramana fez um sinal afirmativo.

– Todas as fases da vida que você deixa para trás são fantasmas. Seu corpo não é mais o corpo de uma criança. Seus pensamentos, desejos, medos e esperanças mudaram. Seria terrível ser acompanhada por seus seres passados. Deixe-os partir.

Savitri não disse nada. Uma a uma suas aparições surgiram. Ela viu a menina de 10 anos sentada ao lado da mãe na cozinha, a menina de 12 anos ruborizada ao falar com um menino, a jovem ansiosa obcecada por Satyavan, seu primeiro amor. O último fantasma foi o mais surpreendente, porque parecia uma imagem no espelho, exatamente de sua idade e com o mesmo xale que Savitri jogara nos ombros ao fugir da cabana.

– Veja, mesmo o eu que você era hoje é um fantasma – disse Ramana.

Quando a última aparição desapareceu na floresta, Savitri disse:

– O que eles têm para me ensinar?

– A morte a acompanhou em todos os momentos da vida – respondeu Ramana. – Se você sobreviveu a milhares de mortes e pensamentos todos os dias, suas antigas células, suas antigas emoções e até mesmo sua antiga identidade morreram. Tudo isso vive agora na vida após a morte. O que existe para temer ou duvidar?

– Mas eles parecem tão reais – disse Savitri.

– Sim, tão reais como os sonhos – disse Ramana. – Mas você está aqui e agora, não no passado.

Savitri nunca vira a si mesma dessa forma e essa percepção lhe deu uma nova coragem.

– Estou determinada a derrotar a morte porque quero Satyavan em meus braços de novo. Mas se Yama for vitorioso não me apegarei aos fantasmas. Pelo menos adquiri essa sabedoria.

O CAMPO DOS SONHOS

Quando as pessoas pensam se a personalidade sobrevive à morte, a resposta é que a personalidade não se mantém intacta mesmo quando vivemos. Não somos a mesma pessoa aos 5, 10 ou 15 anos, e estaríamos num estado lamentável se assim fosse. Nossa personalidade está sempre evoluindo, transformando-se, amadurecendo. Se surgir a pergunta: O indivíduo sobrevive à morte? A resposta será: O que é o indivíduo? Na verdade, o que chamamos "eu" é diferente dia após dia, semana após semana, ano após ano. A qual pessoa você está se referindo, à jovem apaixonada e cheia de ideias românticas e desejos, ou à criança cheia de inocência e curiosidade? Talvez deva esperar a que está envelhecendo e prestes a morrer. Quem sobreviverá?

Talvez nenhuma delas. O Vedanta diz que a vida após a morte é a oportunidade de darmos um salto criativo. À medida que nossas escolhas continuam a expandir-se, vivenciaremos uma nova realidade muito mais rica que a noção convencional do céu. O céu é um ponto final, portanto, as definições e transformações param. As almas descansam no estado de bem-aventurança que me parece, francamente, uma vida eterna protegida. Por que a consciência ficaria inerte? A sobrevivência da vida após a morte não teria sentido a menos que continuássemos a reagir.

A maior diferença da vida após a morte é que os cinco sentidos não nos estimulam mais. A mobília da mente foi removida, abrindo um espaço ao mesmo tempo interno e externo. Por isso, Jesus não estava sendo paradoxal ao falar do céu "dentro de nós" e do céu "com o Pai". Quando você retira a mobília de um quarto, o espaço deixado para trás fica vazio, mas os rishis védicos dizem que o espaço mental é diferente. É cheio de possibilidades. Qualquer coisa pode nascer lá. Eles chamam esse espaço fecundo de "Akasha". O equivalente mais próximo do inglês seria "espaço do sonho", ou pelo menos é uma boa tentativa inicial.

Um sonho é como uma tela vazia em que qualquer coisa pode ser projetada: um acontecimento, lugar ou pessoa. O Akasha é igual. Quando o Vedanta afirma que todos os mundos são uma projeção da mente, está descrevendo um sonho Akasha. "Os mundos vêm e vão como partículas de poeira em um raio de sol", diz um famoso ditado védico. No Akasha percebemos a transitoriedade de todas as coisas e a imensidão do desconhecido. O sonho Akasha é cósmico, diferente dos sonhos que temos à noite.

As EQMs mostram que o estágio de "travessia" – reino temporário que precede a plena vivência da vida após a morte – ainda é uma experiência pessoal. As pessoas relatam que viram seus amigos e parentes mortos, por exemplo. A pessoa à morte continua a ver a sala onde está seu corpo, e lembranças e associações continuam tentando trazê-la de volta à existência física. A possibilidade de dar um salto criativo ainda tem de ser realizada. Enquanto você se sentir como a pessoa que era, não vivenciará o desconhecido. Vou exemplificar.

Em uma palestra há alguns anos conheci Gerald, que me contou que ficara fascinado com os poderes de cura dos xamãs no Sudoeste do país. Que espécie de cura ele precisava?, perguntei.

– Não quero lhe contar os antecedentes da história agora – disse Gerald. – Eu fui para o Novo México e encontrei um grupo de cerca de 20 pessoas perto de Santa Fé. Eu nunca vira um xamã. O nosso chamava-se Hopi, porém ele não usava símbolos religiosos. Era apenas um homem idoso muito agradável, com os cabelos até os ombros. Ele nos recebeu quando entramos no local do encontro em um hotel.

"O xamã pediu que todos escolhessem um parceiro. Pediu que formássemos um par com a pessoa com quem nos sentíssemos mais à vontade. Escolhi um rapaz mais ou menos da minha idade que estava ao meu lado. Mas eu me sentia tão à vontade com ele como com qualquer outra pessoa, porque, na verdade, sentia-me muito mal."

Gerald contou então que fizera um tratamento debilitante contra um câncer de próstata, inclusive uma cirurgia e quimioterapia. Ele se curara do câncer havia 2 anos, porém estava sendo perseguido por medos que os médicos não tivessem tirado tudo. Essa ansiedade aumentou, mesmo quando lhe diziam que estava curado. Por fim, seguindo o conselho de um amigo, Gerald relutantemente procurou um xamã.

– Depois que escolhemos nossos parceiros formamos um círculo. O xamã ficou no meio e começou a cantar. Ele só pediu que observássemos. Após 15 minutos virou-se para o primeiro par, um homem e uma mulher. O xamã olhou nos olhos do homem e murmurou alguma coisa. Imediatamente, o homem começou a tremer e caiu em uma espécie de ataque apoplético brando.

"Com uma voz insistente o xamã disse: *Fale comigo!* Os olhos do homem não tinham mais expressão, e ele murmurou que sentia um frio gélido, deitado na terra no inverno. Ele abusara do álcool e estava à morte.

"O xamã balançou a cabeça. Virou-se para a mulher que parecia muito abalada. 'Você é dependente de álcool?', perguntou. 'É por isso que está aqui?' Com o rosto ruborizado a mulher fez um sinal afirmativo. 'Bem, você tem um espírito na linhagem de sua família que morreu por causa do álcool. Precisamos libertá-lo.' Ele ajudou o parceiro da mulher a levantar-se e lhe disse que fizera um bom trabalho. E assim continuou par a par percorrendo o círculo."

Gerald observou que cada parceiro invocou um espírito falecido. Em todos os casos o espírito mencionou um problema – depressão, câncer, vício – que era a réplica perfeita do problema de seu par. Ninguém havia falado com o xamã antes desse encontro no hotel. Gerald ficou surpreso quando seu parceiro invocou o espírito de seu avô, que morrera de câncer quando ele era uma criança pequena.

– Nem todos reconheciam os seus espíritos e nem sempre era um parente próximo. No meu caso, eu ouvira falar bastante sobre meu avô, que fora um cidadão proeminente.

Foi assustador ouvi-lo suplicar que o livrassem da dor, muito aterrorizante.

Para algumas das pessoas no quarto a liberação do espírito falecido realizada pelo xamã marcou o final do tratamento. Gerald ficou no Sudoeste e fez uma série de banhos quentes medicinais, acompanhados por rituais e cânticos. Após algumas semanas, o xamã lhe disse que o espírito do avô dele estava agora em paz.

– Quando voltei para casa fiz um check-up, mas não me sentia ansioso. Não tinha mais pesadelos ou acordava banhado em suor. A ansiedade terminara, como o xamã dissera.

Eu estou contando essa história para abrir nossa visão. O fato de ser criado na cultura cristã não significa automaticamente que a pessoa à morte será recebida por são Pedro nos portões enfeitados com pérolas. (Esse não é um dos cenários comuns relatados pela experiência de quase morte de pacientes.) Alguém pode ir para o mundo espiritual dos índios americanos. A passagem da alma segue caminhos imprevisíveis.

A história de Gerald teve um prolongamento curioso. Um mês depois de voltar para casa, ele foi passar as férias no Meio-Oeste, onde nascera sua família.

– Ficamos hospedados num hotel vitoriano reformado. Nosso quarto tinha um papel de parede florido e uma cama com quatro colunas. Mas o que atraiu minha atenção foi um jornal emoldurado pendurado na parede. Ele era da virada do século e mostrava a foto de uma brigada de incêndio voluntária. Bem no meio, olhando-me, estava meu avô quando jovem.

– Isso o abalou? – perguntei.

– Não, foi um sinal que o xamã estava certo. Fiquei contente por meu avô estar livre em qualquer lugar para onde partira.

AKASHA

Em todos os relatos de fantasmas que querem ser libertados, o que os prende é a memória. Eles continuam a lembrar como era a vida física e os assuntos pendentes dessas lembranças os aprisionam à vida. O espírito inquieto não pode ir para o próximo estágio da existência. Isso significa, por mais estranho que pareça, que, quando a vida após a morte torna-se real, o mundo físico transforma-se em sonho. É só uma questão de perspectiva. Quando você está no corpo físico sua perspectiva torna o mundo físico real. Ao sonhar à noite, o estado de sonho é real. Em sua "travessia", a vigília ou o sonho são irreais, e o Akasha – o campo da consciência – é real. O que provoca essa mudança de realidade? O Vedanta afirma que a consciência é persuadida por suas próprias criações. Portanto, nada que virmos, ouvirmos e tocarmos, acordados, sonhando ou além desses estados, é real. É apenas uma mudança de perspectiva.

A fim de ser completamente livre, é preciso despertar de todos os estados de sonho e reivindicar quem você é: o criador da realidade. Não se pode dizer que todas as pessoas à morte atingirão essa espécie de liberdade absoluta. Elas podem vislumbrá-la só por um milésimo de segundo; ou perceberem que podem passar de um sonho para outro.

Conheci uma mulher que, quando criança, ao voltar da escola entrou em casa e viu um jovem primo de Chicago parado num canto esperando por ela. Ambos tinham 8 anos na época. O primo não falou, e a menina correu para contar à mãe que tinham uma visita.

Quando entrou na cozinha a mãe estava chorando. A menina perguntou por que e a mãe disse que acontecera uma morte inesperada na família. Era o primo de Chicago que morrera pela manhã. A menina viu o primo como uma visão, uma premonição ou apenas uma coincidência da imaginação? Ao contar essa história, ela disse que o primo parecia "real". No entanto, o que queremos dizer com "real", exceto o que parece ser convincente? Esse encontro com um parente falecido pode ser alucinatório ou profundamente espiritual, dependendo não só do acontecimento em si, mas de quem o vê.

Na vida após a morte, uma pessoa afasta-se de uma perspectiva extremamente persuasiva – a existência física – e depara-se com a possibilidade de libertar-se. O Akasha não é uma visão peculiar; é um campo de atuação à espera dos atores. Quem serão os atores?

- Eles podem ser os mesmos atores com quem estamos habituados.
- Podem ser atores imaginários que desejamos ver.
- Podem ser seres do além.
- Podem ser emanações de nós mesmos.
- Podem ser simbolizações de ideias abstratas.

Na cultura mundial, todas essas variantes foram relatadas. O céu cristão é uma atuação específica do Akasha, um drama de redenção com seres do além, junto com pessoas familiares do passado e uma abstração do que chamamos Deus. À medida que essas imagens materializam-se na mente, um cristão à morte pensa que chegou ao céu. O Vedanta diz que na verdade a pessoa moribunda chegou a um espaço criativo, Akasha, que realiza qualquer coisa que quisermos.

Mas como uma pessoa sabe o que quer? A resposta é complicada. Vamos voltar à Terra e fazer a mesma pergunta. Você sabe o que quer agora? Até que seu próximo desejo surja, você não sabe. É claro que irá querer alguma coisa, porque a mente é um contínuo fluxo de desejos. Entretanto, isso não torna a mente previsível. Você pode ser uma pessoa com o hábito de sempre comer dois ovos mexidos no café da manhã, enquanto eu quero um café da manhã diferente todos os dias. Podemos nos desviar do padrão habitual por um súbito estresse, como uma morte na família, a perda de emprego ou um diagnóstico de um problema no coração. De repente, não sentimos fome: nossa mente quer se lamentar e não comer. A luta decisiva e imprevisível entre antigos padrões e novas situações impossibilita definir com clareza o desejo.

O Akasha também é ambíguo porque não tem uma conclusão; é tão imprevisível e tão convincente como um sonho. Mesmo assim, o campo do Akasha pode ser percorrido se aproveitarmos a possibilidade de dar um salto criativo que a vida após a morte abre para nós.

PERCORRENDO O CAMPO

Temos a oportunidade de abrir novas possibilidades além dos condicionamentos de nossa cultura. Uma experiência não se adapta a todas as pessoas. Nossos olhos continuam a ver o que esperamos, mesmo quando usamos os olhos da alma, mas o campo do Akasha não é um redemoinho de imagens aleatórias. É mais estruturado que um sonho; é uma espécie de paisagem invisível. A estrutura do Akasha não pode ser descrita em termos físicos, contudo temos de olhar nosso interior, porque o aparente fluxo aleatório de nossa mente também obedece a um tipo de estrutura invisível.

Por exemplo, você encontra alguém que o chama pelo nome. A pessoa está sorridente; ela tem uma expressão de expectativa em seu rosto. Como será sua reação? Sua mente pode fazer diversas coisas ao mesmo tempo. Ela consulta as imagens arquivadas de rostos familiares. Procura um nome que possa ligar ao determinado rosto. Se não descobrir imediatamente, a mente não fica bloqueada e procura antigas informações. Ela pesquisa os rostos que poderiam ser daquela pessoa, porém são mais jovens ou indistintos. Você se lembra de nomes fortuitos. E pensa em acontecimentos recentes que por mais estranhos que pareçam exerceram um papel na situação atual. Caso nada disso funcione, sua mente começará a pensar em uma forma de cobrir esse lapso de memória.

Temos familiaridade com essas situações e estamos tão acostumados a associar nomes e rostos que não nos maravilhamos com esse processo surpreendente. A mente não só pode produzir informações com extraordinária rapidez, como também realiza múltiplas operações com cópias caso falhem. Isso implica uma estrutura complexa, porém invisível.

Na vida após a morte, essa estrutura continua a existir. Nas experiências de quase morte, o moribundo, subitamente confrontado com uma situação desconhecida, procura paisagens familiares: parentes falecidos, vozes reconhecíveis, uma luz divina, a presença de um Deus paternal (ou maternal). Em outras palavras, todos nós temos um mapa que consultamos. Esse mapa nos prepara para transformar uma experiência desconhecida em algo significativo. (Quando eu estava escrevendo este capítulo, um especial da televisão sobre o céu foi exibido, e uma mulher entrevistada disse que tinha certeza de que estivera no céu. Sua experiência de quase morte ocorreu quando estava em trabalho de parto, teve uma crise e ficou por um curto tempo em coma. Descreva o céu, pediu o entrevistador. O rosto da mulher ficou em êxtase ao lembrar. Ela descreveu uma escada interminável subindo para o céu, e ao longo da escada animais alegres saltitavam. Disse ainda que o azul do céu não se iguala a nenhuma cor vista na Terra. A meu ver, ela escolheu interpretar sua experiência com desenhos de um álbum de recortes infantil.)

Psicólogos realizaram experiências que ilustram como criamos automaticamente um significado. Em uma delas, um grupo de pessoas está sentado em frente a um gravador. Eles foram instruídos a ouvir uma fita e anotar o que estava sendo dito da melhor maneira possível. Disseram ainda que o tom de voz da fita era muito baixo, porque a experiência testava como o cérebro podia registrar murmúrios.

O gravador foi ligado e o som era quase inaudível. As pessoas inclinaram-se para frente e fizeram anotações que foram depois recolhidas. Mas não lhes disseram que a voz falava coisas sem sentido. Só palavras aleatórias saíam do aparelho. No entanto, as pessoas fizeram anotações que faziam sentido, porque a expectativa de ouvir palavras significativas leva à *criação* de significado.

Na vida após a morte, as possibilidades criativas expandem-se enormemente. Em vez de fazer uma pergunta – *O que a voz do gravador dizia?* – a mente tinha várias perguntas a formular: *Quem sou eu? O que está acontecendo comigo? Em quem me transformei? O que acontecerá?*

Na vida após a morte, a mente é multidimensional. Akasha remove todas as limitações de tempo e espaço. Na verdade, sempre fomos multidimensionais, só que estamos tão envolvidos no mundo material em que vivemos que nos conformamos às suas regras. Agora precisamos adaptar-nos ao Akasha, no qual existe uma estrutura sem regras rígidas e uma possibilidade criativa sem dogmas culturais.

7

O FIO INVISÍVEL

Na realidade, as coisas que Ramana disse a Savitri não causaram uma surpresa total. Ela fora educada a acreditar na alma. Ouvira falar que o eu superior, o "morador interno" como lorde Krishna chamava, era imortal. Mas essas lições eram longínquas.

– Como posso saber se tenho uma alma? – ela perguntou.

– Você não pode saber pela visão ou pelo toque – disse Ramana. – Sua alma pode sussurrar para você, mas mesmo assim esses sussurros podem ser ecos de sua própria voz.

– Então a alma pode ser uma ficção? – perguntou Savitri desanimada.

– A alma não é uma ficção porque é invisível – disse Ramana. – Veja.

Suspensa num feixe de luz havia uma teia de aranha intrincada pendurada entre dois arbustos. Ela brilhava e movia-se com a mais leve brisa.

– Uma aranha fez essa teia – disse Ramana. – Vemos seu trabalho, mas não a aranha. Ele segura um fio minúsculo que lhe mostra quando alguma coisa pousa na teia. Aonde foi a alma? Não importa, desde que haja uma conexão.

Savitri argumentou com teimosia.

– Ainda imagino se tenho uma alma.

– Ah, mas isso é a curiosidade.

De repente, o rosto de Ramana brilhou de inspiração.

– A natureza imagina aranhas. Aranhas grandes e pequenas, sem pelo e peludas, que vivem no ar, na água e na terra, as que são brancas e pretas, e com matizes entremeados. Pense em aranhas bebês que voam em fios que flutuam no ar na primavera, enquanto aranhas aquáticas gigantescas mergulham no fundo de uma lagoa para pegar peixe. Estamos errados se pensarmos que a aranha é imutável. Ela é um remoinho mutante de características, sempre fascinantes. A alma também é assim. De qualquer modo que a imagine, ela assumirá essa característica e ainda terá potenciais infinitos para revelar. Quando você pergunta: "Onde está minha alma", a resposta não é um lugar e sim um potencial. A alma é tudo que é, foi e será.

Os olhos de Ramana fixaram-se na teia movendo-se à luz do sol, e por meio de seu fascínio Savitri também ficou fascinada. Ela não sabia se a aranha que fizera a teia era branca, amarela ou vermelha, grande ou pequena, macho ou fêmea, no entanto, isso não a impedia de saber que era real. Não tinha a menor ideia de como seria sua alma, ou o que havia além da fronteira da morte. Tudo que possuía era um fio invisível. Isso seria suficiente?

– Sim – disse Ramana. – Você ouviu com atenção hoje. Está aprendendo.

Savitri sorriu ainda com um pouco de dúvida. Subitamente, sentiu-se muito cansada. Sentou numa rampa de limo revolto e fechou os olhos. Sua mente acalmou-se, aos poucos, até que ela esqueceu onde estava ou os perigos que enfrentava. E assim adormeceu.

UMA TEIA DE MUNDOS

O campo Akasha tem sido interpretado por todas as culturas, com um significado apropriado a cada uma delas. Seu campo é puro potencial. Mas os grandes guias espirituais do passado querem reassegurar a seus seguidores que o espaço não é o mesmo que um vácuo. Temos consciência desse fato porque nosso silêncio interno não é um vácuo. Não é preciso morrer para ir além de pensamentos e imagens. Quando alguém medita profundamente, os pensamentos desaparecem e resta apenas a experiência do silêncio. Pode-se dizer que esse silêncio é um vazio, mas os sábios védicos dizem que é, na verdade, um silêncio muito rico.

Estivemos seguindo a jornada da alma em seu estágio mais elevado, que é o Akasha, a fonte da criatividade. Tradições espirituais diferentes veem esse ponto de diversas formas. Aqui estão sete versões que continuam a moldar a vivência pessoal na jornada espiritual:

Paraíso
A divindade
O mundo espiritual
Transcendência
Transmigração
Despertar
Dissolução

Esses são os sete rumos da alma e cada possibilidade é autocriativa. Um sonho começa na Terra e continua até chegar a uma conclusão. Seus ingredientes são retirados da estrutura invisível da mente e, depois, se associam de um modo que faz sentido no campo do Akasha.

SETE DESTINAÇÕES DA MENTE

1. *Paraíso*: Sua alma encontra-se em um mundo perfeito criado por Deus. Você vai para o paraíso como recompensa e lá permanece. (Se for uma pessoa má irá para a casa do Satanás e nunca mais a deixará.)

2. *A divindade*: Sua alma retorna para Deus, porém não para um lugar específico. Você descobre o local de Deus como um estado atemporal impregnado com Sua presença.

3. *O mundo espiritual*: Sua alma repousa num domínio de espíritos falecidos. Ela reencontra seus ancestrais e aqueles que morreram antes de você, que estão reunidos com o grande Espírito.

4. *Transcendência*: Sua alma desaparece e a pessoa dissolve-se, rápido ou aos poucos. A alma pura reencontra o mar da consciência em que nasceu.

5. *Transmigração*: Sua alma prende-se ao ciclo da ressurreição. Dependendo do seu carma, a alma move-se de formas de vida inferiores a formas superiores e pode renascer em objetos. O ciclo continua eternamente até que a alma livra-se por meio de uma realização mais elevada.

6. *Despertar*: Sua alma chega à luz. Ela vê com perfeita clareza pela primeira vez e percebe a verdade da existência que estava mascarada no corpo físico.

7. *Dissolução*: A eternidade é o nada. À medida que os componentes químicos de seu corpo retornam aos átomos e

moléculas básicos, a consciência criada pelo cérebro desaparece. Você não é mais nada.

Existe uma grande superposição cultural quando uma tradição alimenta outra. A visão muçulmana da eternidade como um jardim do paraíso, com atrações sexuais de *houris* e frutas exóticas deve em parte sua existência ao Jardim do Éden. Os mundos espirituais são comuns no mundo inteiro. Os antigos gregos esperavam encontrar as sombras dos mortos no rio Styx no mundo de Hades, mas filtrado ao longo do tempo e do cristianismo, Hades tornou-se um inferno punitivo presidido por Satanás, ao passo que o lugar para os gregos dos abençoados, os campos Elísios, converteu-se no céu.

Esses mundos espirituais invisíveis encontram-se na adoração ao ancestral no Japão e na China. Na era pré-histórica, os aborígenes deslocaram-se do Sul da Ásia para a Austrália e para as ilhas do Sul do Pacífico, levando seus mundos espirituais com eles. Isso também incorporava um "tempo de sonho" que inspirava o cotidiano, no qual os acontecimentos materiais dependiam dos eventos espirituais. Mas os mundos espirituais não foram absorvidos na Índia, onde a crença predominante reunia-se em torno de três vidas após a morte: transcendência (o reencontro com o mar da consciência), o despertar (a descoberta que a verdadeira natureza do ser é Atman ou a alma) e a transmigração (o ciclo eterno do renascimento).

No entanto, o fato de nascer em uma certa cultura não determina onde a alma encontra-se após a "travessia". A vida eterna é também muito pessoal.

A CONSCIÊNCIA EXPANDIDA

O pressuposto padrão é que ninguém sabe de fato o que acontece após a morte. Porém os rishis perguntam: Por que não poderíamos saber? Em vez de ser inescrutável, talvez a vida após a morte seja algo que não estudamos o suficiente. E assim, por que não?

Primeiro, a mente é repetitiva. Perseguimos os mesmos desejos antigos. Segundo alguns estudos, nossos pensamentos atuais são, em geral, 90 por cento iguais aos pensamentos que tivemos no passado. O hábito determina nossas ações; uma lista fixa de agrados e desagrados governa nossas predileções. Se estiver com medo de ficar pobre hoje, é provável que tenha esse medo desde a infância. Se estiver pensando em perder uns dois quilos, talvez isso seja um reflexo de sua obsessão que remonta há anos. No enfoque positivo os psicólogos dizem que a busca de prazer e a privação da dor nos motivam todos os dias e, em geral, têm um bom efeito. Sentimo-nos confiantes com o que sabemos. Os rishis védicos dizem que o hábito faz uma pessoa se sentir real. (No mundo dos negócios, quando alguém perde de repente o emprego, a perda pode ser psicologicamente devastadora, além de aumentar muito os riscos de uma pessoa ter um infarto, câncer ou um acidente cardiovascular.)

Ao mesmo tempo que nos dá segurança, a repetição tem um efeito fatal. Ao afastar o novo, ela põe a realidade na camisa de força do antigo. Todos nós vivemos atrás de uma parede, além da qual jaz o potencial infinito do desconhecido. Só pequenos portões são construídos na parede e ficamos de guarda neles, permitindo que uma experiência entre, mas excluindo outra, e dizendo que uma experiência é boa e a outra é má. Enquanto selecionarmos a realidade, a liberdade é uma possibilidade remota.

Nesse sentido, a morte é uma grande dádiva, porque abre todas as portas e janelas. A morte força-nos a atravessar a parede. Em vez de vermos coisas familiares que reunimos e rotulamos com assiduidade como se fosse realidade, precisaremos recomeçar. No entanto, os rishis afirmam que não entramos no mundo do Akasha com as mãos vazias. Se seu sonho estiver correto agora, *esse sonho continua*. A consciência prende-se por milhares de fios a antigas lembranças, hábitos, preferências e relacionamentos.

Sempre que alguém faz a pergunta sobre o que acontece após a morte, minha resposta é uma indagação: "Quem é você?" Você precisa saber quem é neste momento para saber quem será no futuro, e a vida após a morte é uma forma especial de futuro.

Estas são as perguntas necessárias para saber "Quem sou eu":

1. ***Qual é sua história?*** Sua história é mais do que uma lista de acontecimentos em sua vida. Refere-se à sua autoimagem, como vê a si mesmo, o que influencia sua mente, quais são suas lembranças. Assim, sua história lhe diz onde você está no ciclo da vida.

2. ***Quais são suas expectativas?*** As expectativas são sementes. Logo que semeadas, manifestam-se nos ganhos ou perdas da vida. Quando se conscientizar de suas expectativas, você descobrirá os limites não mencionados impostos por você. Existe uma enorme diferença entre aqueles que têm grandes expectativas e os que não têm.

3. ***Qual é seu objetivo?*** Esse é o significado que buscamos. O objetivo permeia as coisas superficiais que desejamos e que, em geral, concentram-se em dinheiro, posses, status e confor-

to. Se souber qual é seu objetivo, saberá o projeto mais profundo ao qual sua vida se dedica.

4. ***Qual é sua destinação?*** Isso se refere à realização. As metas dos seres humanos são infindáveis; elas desdobram-se, não como uma estrada com um ponto final, mas como um rio que deságua no mar, fundindo-se a possibilidades maiores. Se souber sua destinação, poderá prever sua realização máxima.

5. ***Qual é seu caminho?*** Após identificar seu objetivo e destinação, haverá um modo de chegar lá. "Caminho" foi adotado como um termo espiritual, porém, na verdade, todas as pessoas espiritualizadas ou não têm maneiras de chegarem aonde querem ir.

6. ***Quem são seus adversários?*** Um impulso para a frente sempre encontra obstáculos. Você se verá bloqueado em seu caminho. Às vezes, o adversário é externo, mas se refletir profundamente verá que também é interno.

7. ***Quem são seus aliados?*** Sempre levamos outros fatores conosco em nossa jornada. Assim como os adversários, você pode identificar esses aliados como externos, porém eles apenas refletem sua força interior, como um opositor reflete sua vulnerabilidade interna.

Nenhuma dessas perguntas aborda a vida após a morte. Elas não tocam em nossas crenças sobre o céu e inferno ou acerca de nossa alma, porque nosso conhecimento agora é imediato e pessoal: como nos sentimos, o que queremos, quem amamos. E isso basta. As decisões que tomamos determinam o curso da vida. Não vivemos só fazendo boas ou más escolhas. Vivemos construindo quem somos. A escolha é a mão que molda a argila crua de uma pessoa.

Com um pequeno pensamento podemos responder a perguntas sobre quem somos e qual é nosso objetivo na vida. Tudo que precisamos fazer, se quisermos escolher o que acontece no Akasha, é estender as mesmas perguntas ao limiar da morte física.

Como você quer que sua história seja após a morte?
O que você espera que acontecerá?
O que a vida após a morte significa para você pessoalmente?
Aonde seu último suspiro o levará?
Como você chegará lá?
Quem bloqueará seu caminho?
Quem o ajudará?

Observe como essas perguntas soariam estranhas se você não as tivesse inserido no contexto do cotidiano. Estamos presos entre dois níveis de existência. Deixe-me dar um exemplo:

Recentemente encontrei Lydia, uma mulher idosa que se dedicara a um roshi zen, ou mestre, durante 30 anos. Esse roshi era italiano e não japonês, além de mulher. Lydia mencionou esses fatos pouco usuais sem explicar por que escolhera sua mestre.

– Sempre estivemos muito próximas. Não é uma relação que possa ser intelectualizada. Ela vem daqui. – Lydia tocou de leve no coração.

– Passei algum tempo com minha mestre em Roma e ao longo dos anos minha prática tornou-se o cerne de minha vida. Todos os invernos eu ia a Roma para praticar zen com um pequeno grupo que ela reunia.

– Você encontrou seu caminho – observei.

Ela parecia estar em dúvida.

– Encontrei? A última vez que fiz as malas para partir pensei: *Por que estou fazendo isso? Qual é o objetivo?* No início minhas dúvidas pareceram ridículas, mas depois comecei a acordar à noite em pânico, com minha mente acelerada.

Eu lhe perguntei quais eram esses pensamentos de pânico.

– Sempre a mesma coisa. Eu imaginava que me perderia em Roma, sozinha e sem confiança no que estava fazendo. Porém, sabia que tudo daria certo assim que encontrasse meu grupo zen e, então, voltava a dormir.

Após décadas de meditação e outras práticas espirituais, Lydia conhecia-se muito bem, mas esses ataques de pânico haviam piorado há pouco tempo. Ela me perguntou se sabia a razão.

– Muitas coisas são possíveis – disse eu. – Talvez você apenas esteja indo e voltando de Roma por hábito e o seu compromisso real terminou. Ou talvez não tenha recebido o que esperava do zen-budismo. É possível que tenha chegado a um nível de resistência que impede que você prossiga.

Lydia balançou a cabeça ansiosa.

– Às vezes fico tão aborrecida comigo e com meus hábitos e julgamentos obstinados que penso que não cheguei a lugar nenhum. Isso é possível?

– É claro que você chegou a algum lugar – afirmei. (Na verdade, Lydia tem uma presença forte que sentimos no momento em que entra na sala.) – No entanto, as realizações espirituais são colocadas em uma prateleira e as coisas que ainda precisam ser trabalhadas são espaçosas, como manchas em uma toalha que atrai a atenção mesmo quando o resto da toalha está limpo.

Lydia gostou da analogia, mas continuou em dúvida.

– Talvez no íntimo eu seja uma pessoa crítica ou deprimida, ou exista algo negativo que não consigo superar. Se for isso, o que farei?

Eu lhe sugeri diversas maneiras para examinar a situação. Elas se aplicam em geral às depressões existenciais.

   – Você é uma pessoa extremamente espiritualizada e isso significa que seus questionamentos mais profundos brotam, em vez de permanecerem ocultos.

   – O fato de ser espiritualizada nem sempre é agradável.

   – Você pode estar numa etapa de transição, esperando ansiosa uma nova fase em sua jornada.

   – Eu não percebi que tinha tantas escolhas. Pensei que era apenas... – A voz de Lydia sumiu.

   – Um fracasso? – eu disse. – De modo algum. A maioria das pessoas despende um tempo enorme e esforço em uma única coisa: evitar a verdade dolorosa sobre si mesma. Você está fazendo exatamente o oposto.

   Ela se sentiu melhor e agora tinha algo em que pensar. Muitas pessoas resistem à espiritualidade, assim que descobrem que isso leva a um estado de comoção. Todas as coisas sérias e difíceis são adiadas, com frequência até o dia da morte. Mas os rishis ensinam que a autoexploração é a coisa mais importante que podemos fazer para preparar-nos para a vida após a morte. Todas as táticas que usamos para desviar-nos do nosso eu devem desaparecer. Isso põe alguém como Lydia numa posição incomum, porque ela está vivenciando o mundo Akasha em seu silêncio interior. O budismo algumas vezes descreve essas práticas como uma morte consciente. Enterramos antigas lembranças, condicionamentos, hábitos e autonegação, todas as coisas que a mente usa para não ver seu eu interno.

   A experiência do mundo Akasha requer uma consciência expandida. A consciência limitada nos mantém presos aos assuntos do cotidiano. Disse a Lydia que as oscilações de seu humor e a falta de decisão eram sintomas dos vaivéns da consciência expandida e da limitada. Quando sua mente não estava no domínio do Akasha, concentrava-se na personalidade de seu ego. Os desejos e impulsos do dia a dia assumiam o controle. Mas outras vezes sua mente ia além de seus limites. Ao perceber sua consciência expandida, ela afastou-se do seu ego tanto quanto possível.

– Esse é o preço que pagamos – eu disse. – Todas as pessoas hesitam em trilhar o caminho com sua dedicação.

Lydia tinha sorte porque se acostumara às oscilações entre a consciência expandida e a limitada. Muitas pessoas usam palavras negativas para expressar a expansão. Elas dizem: "Eu estou perdida", "Perdi meu rumo", "Não sei bem quem eu sou." Algumas vezes esses rótulos são aplicáveis, mas momentos de transcendências são negligenciados. No final de nossa conversa, Lydia contou o que aprendera com os longos anos de prática: os dramas que vivemos têm reviravoltas inesperadas e quando fazemos novas escolhas a vida da alma adquire forma. O ponto crítico é *ter* uma vida da alma e isso só ocorre por meio da expansão.

UMA VARIEDADE DE ESCOLHAS

Akasha é a casa da alma e, portanto, não pode ser limitado. O mistério, por mais estranho que pareça, é como conseguimos reprimir o potencial sem as amarras de nossa mente. Porém conseguimos. As escolhas que fazemos erguem barreiras invisíveis que só nós podemos derrubar. Existem encruzilhadas constantes na estrada que moldam a estrutura invisível da mente, dependendo do caminho que escolhermos. As palavras-chave para essas escolhas são:

EXPANSÃO	RETRAIMENTO
Expressão	Repressão
Autoconhecimento	Recusa
Tranquilidade diante da incerteza	Desejo de segurança
Insight pessoal	Opinião recebida
Orientação espiritual	Materialismo
Autoaceitação	Culpa, autonegação
Individualismo	Conformismo
Altruísmo, abnegação	Impulso do ego

Esses atributos não descrevem os tipos de pessoas, e sim características da mente delas que se expandem e contraem por causa de diversos fatores. A mente não é a única coisa que se move em uma direção. Podemos ter uma tendência a ser mais expressivos quando jovens, mais reprimidos com a idade, porém podemos também ter um insight pessoal que substitua as opiniões recebidas que dão aos jovens uma sensação de pertencimento. Dia após dia a mente oscila, mesmo quando estamos comprometidos com um único caminho. É natural que a vida não tenha um ponto final e, por isso, continuará na vida após a morte. No campo Akasha encontraremos os dois lados de nós mesmos, o individual que quer ser livre e o conformista que deseja sentir-se seguro. O mundo Akasha nada mais é que nosso potencial. Essa ideia se enraizará?

Durante séculos as crenças orientais tiveram pouca repercussão no Ocidente, apesar de alguma evidência que o Antigo Testamento, por exemplo, considerava possível a reencarnação. Os gnósticos, uma seita dos primórdios do cristianismo, acreditavam na reencarnação antes de serem extintos como heréticos. Jesus referiu-se à reencarnação. Os seguidores de João Batista acreditavam que ele era o Messias ou o retorno do profeta Elijah, chamado Elias no Novo Testamento. Isso é importante por causa da crença que Elias chegaria "antes" do Messias. Quando os discípulos de Cristo o questionaram, ele respondeu: "Elias de fato deve voltar e restabelecer tudo. Mas eu vos digo que Elias já veio e não o reconheceram." Os discípulos compreenderam então que lhes falava de João Batista (Mateus 17:9,13). No entanto, na teologia católica a reencarnação foi considerada uma heresia em 553 d.C. Essa disparidade do comentário de Jesus suscitou controvérsias e todas as referências à reencarnação foram sistematicamente removidas da Bíblia. Verdade ou não, o Oriente resistiu a essa vertente.

Assim que os escritos védicos começaram a ser traduzidos na virada do século XIX, suas ideias se disseminaram para lugares diferentes. O Atman, por exemplo, popularizou-se como a Alma Suprema que Ralph Waldo Emerson difundiu na Nova Inglaterra, antes da guerra civil. Inspirado nas ideias indianas, o ciclo de Emerson redefiniu crenças puritanas herdadas, pecado rejeitado, condenação às penas eternas e o limite absoluto entre vida e morte que só pode ser cruzado com fé em Cristo. Isso iniciou o movimento transcendental.

Agora, vemos uma mistura poliglota de crenças orientais e ocidentais. O movimento New Age é resultado de muitas tradições, mas a principal delas é a teosofia, o movimento espiritual que começou com sessões em salões vitorianos, porém que sofreu uma transformação profunda pelo hinduísmo. (Mahatma Gandhi tomou conhecimento dos escritos védicos em traduções inglesas feitas pela Sociedade Teosófica na Índia.) Foi basicamente por meio do espiritualismo do final do século XIX que a reencarnação começou a ser adotada pela cultura popular.

Em contrapartida, algumas versões da vida após a morte não quiseram sobrepor-se a nenhuma outra. Quando Mel Gibson foi entrevistado sobre seu filme controvertido, *A paixão de Cristo*, com sua ênfase na extrema violência e uma omissão quase total ao amor cristão, ele disse que acreditava em um céu exclusivo. Gibson estava sendo entrevistado pelo jornal *Herald Sun*, na Austrália, quando lhe perguntaram se os protestantes não recebiam a salvação eterna. "Não há salvação para aqueles que estão fora da Igreja", respondeu Gibson referindo-se à Igreja católica. "Veja bem. Minha mulher é uma santa. Ela é uma pessoa muito melhor que eu. Honestamente. Ela é devota da Igreja episcopal, a Igreja anglicana. Ela reza, acredita em Deus, conhece Jesus, acredita em tudo isso. E não é justo que ela não tenha a salvação eterna, ela é melhor que eu. Mas isso é uma declaração explícita. Eu a sigo."[1]

O fundamentalismo é criticado por suas interpretações inflexíveis e literais das escrituras. A grande vantagem de acreditar nesse tipo de exclusivismo, como milhões de devotos cristãos, muçulmanos e judeus creem, é sua simplicidade genuína. A morte é um acontecimento tão rotineiro como vencer uma partida de futebol – ou perdê-la, como no caso do inferno – e é um fato irrevogável. As boas e más ações têm pesos específicos. Um pequeno furto ou adultério podem receber penas iguais, ao passo que alguns pecados como assassinato eliminam todas as boas ações e compram um tíquete direto para a condenação eterna.

No hinduísmo tradicional, no entanto, a aritmética de atos bons ou maus é infinitamente flexível, porque para cada ato com um carma ruim que rebaixa a alma no próximo renascimento existe uma chance de equilibrar a balança com um bom carma. A reencarnação também permite à alma vivenciar o céu ou o inferno um após outro sem limite até que Moksha, ou liberação, for alcançada. Moksha encerra o ciclo inteiro do céu e do inferno, e a alma retorna ao seu estado original de pura consciência, uma gota de bênção no oceano da bem-aventurança. Nesse ponto, as disputas religiosas terminam. Como todos os apegos terrenos, elas desaparecem.

De acordo com o Vedanta, a eternidade não é um *smorgasbord*. Se "Deus é um só" como muitas fés declaram, deve existir uma camada mais profunda no campo do Akasha em que os desacordos e múltiplas escolhas terminam. A consciência é um fato intrínseco não importa quem a interprete. Akasha existe além da escolha, além da mente. Essa unidade atrai a pessoa à morte em sua direção. Por meio do magnetismo da alma deslocamo-nos para o próximo estágio de um sonho pessoal que é universal em sua fonte.

8

VENDO A ALMA

No momento em que acordou, Savitri viu que haviam voltado à figueira-de-bengala de onde partiram. Ela sentou-se e semicerrou os olhos com a luz do sol sobre sua cabeça. Como podia estar tão alto no céu? Então, viu Ramana parado ao seu lado. Ele tinha um olhar misterioso.

– Ainda não partimos – disse ele. – Temos horas pela frente antes que Satyavan volte para casa.

Savitri levantou-se com dificuldade e olhou o monge como se ele fosse um mágico.

– O que você fez?

Ramana encolheu os ombros.

– Você estava exausta. Dormiu. Não sou responsável por seu sonho produtivo. – Sem mais uma palavra ele pegou a flauta, como fizera antes, e começou a andar. Dessa vez Savitri o seguiu sem hesitar. Eles não foram para a trilha que subia a montanha, mas tomaram o caminho que descia a colina. Logo após Ramana disse:

– Quando eu era jovem havia um adivinho viajante que instalara sua tenda à beira do Ganges. Todas as pessoas devotas queriam morrer em Benares. Suas famílias vinham para o funeral e um vidente podia ganhar muito dinheiro, sobretudo esse, porque sua especialidade era prever o dia em que uma pessoa morreria. Mas eu não quis procurá-lo.

– Por quê? – perguntou Savitri.

Ramana riu.

– Eu era diferente, mesmo naquela época. Eu dizia que era fácil prever o futuro. Iria procurar um adivinho que previsse o presente. A coisa mais difícil é prever as circunstâncias atuais.

– Você pode explicar? – perguntou Savitri.

– Ouviu falar de Maya?

– É claro. Ela é a deusa da ilusão.

– Isso mesmo – disse Ramana. – Mas o que é ilusão? Uma espécie de magia que esconde a realidade de nós? Maya é mais sutil. Ou seja, eu lhe mostro um pedaço de gelo, uma nuvem de vapor e um floco de neve. Você viu água? Se disser que sim, você superou Maya, as formas do gelo, do vapor e do floco de neve não a enganaram. Você vai à essência, isto é, que somos todos feitos de água.

"Se disser que não, é vítima da ilusão. O gelo, o vapor e o floco de neve atraíram sua atenção e você perdeu a essência. Não foi preciso de mágica para enganá-la. Você permitiu que sua mente ficasse absorta. O mesmo acontece com a alma. Olhamos as pessoas e as vemos superficialmente. Uma é feia, a outra pobre, aquela rica, dessa eu gosto, aquela detesto. Contudo, cada uma delas é Atman, a mesma essência em formas infinitas."

– É isso que vê? – perguntou Savitri.

– Sim, e você também, quando se apaixonou por Satyavan – disse Ramana. Ele a encarou com um olhar profundo. – Eu sei tudo sobre você, princesa.

De repente, Savitri ruborizou-se. Ramana descobrira seu segredo. Ela nascera uma princesa, a filha adorada de um rico e poderoso rei. Quando chegou o momento de casar, Savitri insistiu em procurar o homem adequado sozinha e, então, seu pai, apesar das preocupações, enviou-a com um grupo de nobres em busca do marido que seu coração desejasse. Savitri e seus guardiões percorreram a floresta espessa até que por acaso viram a cabana de um cortador de lenha. Assim que se deparou com Satyavan, que era humilde e pobre, Savitri decidiu casar com ele quaisquer que fossem os obstáculos.

Quando anunciou sua escolha, Savitri desapontou profundamente o pai. No entanto, depois de conhecer Satyavan e reconhecer seu bom coração e generosidade, bem como o amor intenso que sentia por Savitri, o rei aceitou com relutância a escolha da filha. Mas alguma coisa perturbadora aconteceu. Nas três noites antes do casamento, Savitri sonhou com lorde Yama, e em todas as noites ele dissera a mesma coisa: Satyavan morreria quando completassem um ano de casamento.

– Então, você já sabia – disse Ramana. – Porém decidiu casar com alguém condenado. Por quê?

– Porque eu o amava – murmurou Savitri.

– E o que é o amor verdadeiro senão reconhecer a alma de alguém? Se conseguir superar todas as ilusões postas em seu caminho por Maya, sempre comungará com a alma de Satyavan. Essa conexão jamais será perdida, não importa o que acontecer com o corpo dele.

Ramana tocou a fronte de Savitri e, instantaneamente, ela viu corpos queimando nas piras funerárias à margem do Ganges, as cinzas dispersas pelo vento.

– Os olhos não podem evitar essa visão – sussurrou Ramana. – Porém nunca vimos primeiro a alma, por isso, o fato de não ver nada nos faz acreditar na morte. – Ele deixou que ela assimilasse essas palavras. – Você acha que podemos parar de acreditar em nossos olhos agora?

Savitri balançou a cabeça e por um instante sentiu a alma de Satyavan fundir-se com a dela, como no primeiro dia em que se encontraram.

A DIFERENÇA ENTRE VIDA E MORTE

Acreditar no que vemos é um hábito, sobrevivemos com dificuldade sem essa crença. Conheço um homem de uns 60 anos, um corretor aposentado, que perdeu a mulher num acidente trágico. Ela dirigia o carro de volta para casa ao pôr do sol e distraiu-se no volante. O pneu dianteiro à direita do carro derrapou na curva e um movimento rápido do volante fez com que o carro capotasse em meio ao tráfego que se aproximava. Ela morreu de hemorragia interna na UTI três horas depois. Seu marido ficou em estado de choque. Ele não aceitava o fato de tê-la perdido tão de repente. Após muitos meses, ele ainda estava sob um grave trauma psicológico; ficou obcecado com a ideia que teria de falar com ela ou então viveria em dor permanente.

– Dizem que quando você ama alguém por muito tempo ele torna-se parte de você – disse ele.

– É verdade – respondi.

– No momento em que Ruth partiu, senti um buraco dentro de mim. É assim que descrevo o sofrimento e ele dói terrivelmente.

Estávamos sentados em sua casa que parecia muito grande para uma só pessoa. Ele deve ter percebido isso, porque fechara vários quartos e recolhera-se à poltrona estofada do escritório.

– Eu sofri como um cão doente durante meses depois que Ruth morreu – disse. – Então decidi que o sofrimento era insuportável. Uma parte de minha mente dizia, sem cessar, que

Ruth não havia partido. Comecei a conversar com ela. Mas não sou uma dessas pessoas que têm a sorte de sentir a presença dos mortos. Eu estava conversando com quem, para quê? O ar? Uma fantasia da minha imaginação? – Ele parou um instante antes de continuar.

– Resolvi procurar um médium. Você ficaria surpreso com a quantidade de pessoas no sul da Califórnia que conseguem falar com os mortos por você.

Murmurei algo sobre a necessidade que um sobrevivente tem de saber o que aconteceu com seus seres amados.

– Sim, concordo. A médium que procurei tinha boas intenções, tenho certeza. Entrei nervoso em sua casa. Ela não morava em uma tenda de cigana ou algo parecido. Era uma casa comum na cidade e sua aparência era de alguém que poderia estar na fila do supermercado do bairro.

A médium era reconfortantemente pragmática. Pegou uma cadeira confortável com almofadas, pôs uma garrafa d'água ao lado e sentou-se do lado oposto da mesa de centro. Ela fechou os olhos e pediu que ficássemos calados. Ele poderia ter meditado se soubesse. Porém, como não sabia sentou-se com os olhos fechados e olhou de soslaio para a médium quando ela demorou muito para falar.

– Mas, então, aconteceu alguma coisa? – perguntei.

– Ela disse que uma mulher queria falar comigo e que estava vendo imagens: duas crianças, uma delas muito distante agora, um chalé na montanha, uma grande extensão branca (neve? um lago gelado?). Temos dois filhos adultos e nossa filha mora na Inglaterra. E Ruth e eu gostávamos de esquiar e algumas vezes alugamos chalés perto das pistas. Imediatamente fiquei atento.

– Muitas pessoas gostam de esquiar – observei.

Ele suspirou.

– Eu sei. Mas foi isso que aconteceu. A médium continuou a falar coisas que me pareciam reais, porém se você não estivesse lá...

– Eu não teria de estar lá. Você estava convencido que era Ruth.

– Nesse momento, sim. Talvez porque quisesse tanto que fosse ela. – Mencionou, como milhares de pessoas na mesma situação, que a médium deu muitos detalhes impressionantes. Quem quer que esteja contatando um médium elabora uma imagem por meio de pequenos pontos convincentes, como nomes de animais de estimação e acontecimentos peculiares que se prendem na memória.

– Ruth falou que estava em um bom lugar e que não se preocupasse. Ela estava segura e disse que o amava. Certo? – perguntei.

– Sei que parece patético – ele respondeu hesitante. – No entanto, senti que era uma experiência genuína. Fiquei muito emocionado o tempo inteiro, quase em lágrimas. A sessão durou uns 45 minutos. A médium me abraçou. Também foi emocionante para ela; foi estranho pensar que éramos estranhos há uma hora.

– E qual foi o efeito? – perguntei.

Ele encolheu os ombros.

– Eu me senti imediatamente melhor. Porém, então, as dúvidas surgiram. Por que Ruth só falara de coisas que eu já sabia? A médium leu minha mente, ou minha aura, o que fizera? Ela sintonizou algum desejo desesperado meu? Agora não tenho certeza do bem que isso de fato me causou.

Esse homem não sabia que eu tivera uma experiência similar. Há muitos anos pediram-me para participar de um estudo universitário para investigar se a comunicação com os mortos era real. Sentei-me numa sala trancada e disseram-me para não falar nada, todos os contatos com o médium seriam feitos por intermédio do chefe do experimento. Havia três médiuns conectados a nós por telefone, cada um deles de um lugar diferente do país, e eles não podiam ouvir ou falar entre si.

Dois médiuns disseram:

– Deepak Chopra está na sala? – Eles não sabiam quem eu era, ou que era um homem. Não ouviram minha voz.

Os três disseram que alguém que morrera queria falar comigo. Dois deles disseram que era meu pai, que falecera subitamente havia dois anos. Um deles deteve-se um pouco mais de tempo no relacionamento comigo e depois descobriu que era meu pai. Esse "pai" sabia meu apelido de infância em indiano. Ele disse que estava feliz e que não me preocupasse. Os três médiuns expressaram esses sentimentos clichês positivos. A sessão durou duas horas.

Como o homem que contatou a mulher falecida, eu pensei que fora uma experiência genuína. Mas também surgiram dúvidas. Meu "pai" sabia coisas que eu conhecia, porém nada mais. O experimento tinha diretrizes estritas que não me agradaram. Eu não podia fazer perguntas ou reagir ao que ouvia? Por que os mortos não falavam mais a respeito da morte? Havia também questionamentos se "Ruth" e meu "pai" deveriam ser considerados fantasmas, almas falecidas ou nada disso. Para os rishis védicos, eles são fragmentos da lembrança no Akasha, informação que flutua a esmo até encontrar seu lugar. "Ruth" e meu "pai" eram tão reais como qualquer outra coisa no Akasha, mas lhes dar um status de uma presença semifísica continua a ser problemático. Eu prefiro ver o "pai" que falaria comigo como aspectos de associação próxima de sua consciência que ainda poderíamos partilhar.

Os céticos diriam que temos o hábito de ver e ouvir outras pessoas, um hábito que carregamos mesmo depois da morte. Assim, um fantasma é um ser remanescente criado pela mente. Os crentes diriam o oposto, que fantasmas são reais e quase físicos, a corporalização espectral de pessoas que não encontram uma maneira de deixar este mundo. Mas em ambos os casos o hábito e a memória estão agindo. É um hábito meu ou herdado de meu pai? Creio que é um pouco dos dois, porque qualquer pessoa com quem nos relacionamos com amor e intimidade compartilha nossa consciência. Estamos dentro um do outro, como revela a facilidade com que eu lembrava a voz, o rosto, as maneiras, o modo de falar e pensar de meu pai. Adaptei algumas dessas características a mim, o que torna ainda mais indefinida a linha entre nós.

Quando falamos com os mortos usamos uma conexão familiar forte ou fraca. Se for fraca, vemos e ouvimos os mortos em nossa mente; se for forte, os vemos e ouvimos com mais nitidez, como uma exterioridade nossa. Mas nem meu pai nem eu estamos fora do campo. Esse é o ponto que os rishis enfatizam sem cessar e minha experiência prova que é verdade.

OS PODERES DE QUE VOCÊ PRECISA

Para percorrer com sucesso o "outro lado" é preciso dominar os poderes necessários. Se o "outro lado" não for uma mera imitação deste lado, os poderes são diferentes da força de vontade, da força física e de outros apoios familiares da vida no mundo material. No entanto, como nossos poderes sutis fazem parte de nós, não nos são totalmente estranhos. Para a maioria de nós, o mundo básico é o físico, é claro, porém usamos poderes sutis o tempo inteiro, que podem ajudar-nos na vida após a morte. Se os rishis estiverem corretos ao afirmar que todos existem no campo do Akasha, tanto na vida quanto após a morte, então os poderes sutis da consciência unem ambos.

OS PODERES DE QUE VOCÊ PRECISA

Autoconsciência: O poder de conhecer a si mesmo. Esse poder o mantém centrado.

Disposição: O poder de abrir sua mente. Esse poder permite ver a realidade apesar do condicionamento e crenças antigos.

Intenção: O poder de manifestar desejos. Esse poder conecta você com seu objetivo.

Discernimento: O poder de fazer boas distinções. Esse poder guia você nas sutilezas da compreensão.

Aceitação: O poder de não resistência. Esse poder o capacita a integrar a realidade em você.

A fim de saber algo tão profundo como o que acontece após a morte, sua mente terá de usar esses poderes. Essa é a única coisa que nos separa dos rishis védicos: eles usam seus poderes sutis ao máximo; nós os utilizamos em um grau muito menor. Adiamos a jornada da alma até a morte. Contudo, nossos poderes sutis são necessários no dia a dia, para nós e para os relacionamentos que expandem nossos horizontes.

Você tem de estar centrado e *autoconsciente* para não manipular os outros ou ser manipulado.

Sua *disposição* em ver além de seu ego cria um espaço aberto para o crescimento do relacionamento.

Em vez de deixar o relacionamento oscilar de acordo com o humor, você tem a *intenção* de torná-lo mais rico e profundo.

Seu parceiro está constantemente preenchendo você com um fluxo de desejos, necessidades e opiniões (você faz o mesmo em retorno). Você precisa *discernir* se a influência externa é positiva, neutra ou se é uma total negatividade para você.

Ao prestar atenção aos poderes relacionados anteriormente, você pode *aceitar* seu parceiro sem ameaçar sua integridade e crescimento pessoal.

Agora substitua a palavra "relacionamento" por "alma". Todas as coisas que fazem um relacionamento funcionar aplicam-se à alma. Essas aptidões serão cruciais se a vida após a morte o levar ao domínio da alma, como afirmam as tradições espirituais. Você e eu podemos identificar todas as experiências que ocorrem na vida após a morte porque elas são familiares. À medida que cresço meus poderes também crescem.

Ficarei mais autoconsciente quando o limite entre o "eu" e "não eu" desaparece. O eu começará a abranger muito mais realidade à medida que o limite desvanece-se. Eu me sentirei livre.

Terei mais disposição para mudar e evoluir. Minhas antigas crenças serão testadas e me permitirão modificar-me se for preciso. Eu me sentirei curioso e fascinado.

Confiarei em minha intenção de saber a verdade, não importa o que revelar. Terei controle da situação.

Descobrirei que posso discernir camadas muito finas da natureza. Mundos sutis não me ficarão ocultos, porque já estão dentro de mim. Eu me sentirei conectado.

Aceitarei minha verdade ao manifestar-se. Isso será o final do medo e da dúvida. Eu me sentirei realizado.

Enfatizei tanto o sentimento, porque para a maioria de nós a razão de viver é ter a sensação de estar seguro, de ser amado, feliz e realizado. Conectamos a alma por meio desses desejos e nos motivamos a deslocar-nos para o reino sutil da alma pelo mesmo motivo. Para algumas pessoas essa motivação é suficiente, mas a maioria de nós precisa de uma ruptura ou de um momento crítico antes que nossas conexões sutis atuem.

– Meu marido e eu estamos com problemas – contou-me uma mulher de uns 40 anos; eu a chamarei de Kate. – Ele prometera trabalhar menos e passar mais tempo com a família, mas isso não melhorou muito a situação. Ele perambula deprimido pela casa e, em vez de procurar sorrateiro um drinque, dissimuladamente verifica o e-mail. Só para tranquilizar-me aceitei a sugestão de uma amiga e aprendi a técnica de meditação que ela praticava.

"Basta sentar sozinha num quarto silencioso duas vezes por dia durante 10 a 20 minutos repetindo o mantra", disse Kate. "Nas primeiras vezes ela dormiu, mas a professora assegurou-lhe que isso era um sinal positivo. Havia muito estresse para liberar."

"A segunda semana foi melhor. Minha mente ficou mais calma e não adormeci. Minha respiração passou a ter um ritmo suave e lento. Certo dia, surpreendi-me com a sensação que parara de respirar. Ainda mais surpreendente foi o dia em que senti o impulso de sentar no chão na posição de lótus. Eu nunca tivera aula de ioga; meu corpo sabia o que queria fazer."

Kate sentiu-se muito bem com todas essas sensações, concentrou-se mais em seu cotidiano e ficou menos propensa a ter ataques de raiva e irritação. Seu casamento melhorou consideravelmente com a meditação.

– Então, uma noite, ao adormecer, percebi um brilho azul esmaecido. Meus olhos estavam fechados e no início pensei que era um reflexo das luzes do quarto, semelhante à luz do flash nos olhos. Mas isso era diferente. O azul tinha um brilho magnético. Não conseguia desviar minha atenção dele. Abri os olhos no escuro e o quarto inteiro estava cheio desse mesmo brilho azul. Havia lampejos ou partículas douradas no brilho.

Eu disse a Kate que isso não era uma experiência incomum para os iogues. Ela vira a luz que emana de um nível sutil de percepção. Perguntei como havia se sentido.

– Calma. Segura. Mas, acima de tudo, a luz era fascinante. Ela me atraiu tanto que pensei que poderia olhá-la para sempre.

– O que demonstra que você ficou fascinada com sua consciência. A alma, dizem, revela-se aos nossos sentidos sutis como um brilho perolado.

– Eu poderia repetir essa experiência? – perguntou Kate.

– Não existe uma maneira realista de fazer isso, porque sua experiência foi espontânea. Seria o mesmo que tentar repetir uma primeira impressão ou o primeiro beijo – respondi.

Quando ela me olhou um pouco desapontada, contei-lhe que uma das clássicas armadilhas em que as pessoas em busca da espiritualidade caem é a tentação de repetir um momento de uma experiência sublime. Sentimos esse impulso. Você já percebeu isso? A surpresa de um pôr do sol sensacional, um momento delicado de intimidade ou uma refeição maravilhosa, todas imploram para serem repetidas. Mas nunca é o mesmo, porque o que torna o momento especial não é o pôr do sol, um gesto amoroso ou uma excelente comida. É a súbita travessia para o mundo sutil.

Contei a Kate sobre a experiência contínua que conduz da felicidade à bem-aventurança, da intimidade física à unidade com a alma. Ela permitira-se mover com mais fluidez ao longo desse *continuum*. A meditação é uma forma suave de soltar as amarras. Não é tão forte a ponto de impelir sua percepção para um novo domínio, em vez disso, é uma abordagem delicada das sensações sutis, como o brilho azul que Kate vira, acompanhada de sensações mais sutis e insights. Eu a felicitei e prometi que haveria mais rupturas.

Com nossas breves viagens ao mundo sutil, podemos prever como será suave a vida após a morte. Lá, o poder sutil é natural. A paz e a realização são resultados da comunicação direta com a alma.

9

DUAS PALAVRAS MÁGICAS

— Olhe lá, você vê isso? – disse Ramana. Ele apontou para a frente, e Savitri viu uma pequena coluna de fumaça acima das árvores.

– Um fogo para cozinhar? – arriscou a dizer.

– Siga a fumaça e descobrirá. Ficarei aqui até seu retorno. – Ramana sentou-se confortavelmente numa tora de madeira.

Então Savitri caminhou em direção à fumaça sozinha. Logo viu as árvores queimadas, destroços de carros de bois e outros sinais de destruição. Por fim, chegou a um vilarejo deserto. Soldados de um reino vizinho o invadiram e devastaram o local. Todas as casas da aldeia haviam sido reduzidas a cinzas em combustão, exceto uma que estava intacta.

Savitri entrou na casa onde uma mulher idosa estava sentada.

– Tudo está destruído aqui – disse Savitri, com uma mesura. – Por que sua casa foi poupada?

A mulher idosa respondeu:

– Todos os homens do vilarejo haviam partido para lutar. Quando os soldados chegaram com as tochas para roubar e incendiar minha casa, eu lhes disse: "Venham, venham, se alguém for corajoso o suficiente para entrar. Todas as pessoas aqui dentro estão com febre escarlatina. Ajudem-me a cuidar de minha família doente." Ao ouvir isso os soldados ficaram tão assustados que não se atreveram a dar um passo à frente e foram embora.

Savitri pegou uma pequena moeda no sari e a deu para a mulher idosa. Ela voltou pelo mesmo caminho até encontrar o lugar onde Ramana a esperava.

– Por que você me mandou ir lá? – perguntou.

– A mulher idosa afastou um exército com duas palavras: *febre escarlatina* – replicou. – As pessoas sábias sabem que a morte pode ser evitada com duas palavras: *Eu sou*.

– Eu não entendo. – Ela ficou ainda mais perplexa quando olhou o céu e viu que a nuvem de fumaça desaparecera.

– Esse vilarejo é apenas um símbolo – disse Ramana.

– De problemas e tristezas?

– Não, de instabilidade. Preste atenção, Savitri. Não existe estabilidade nesta vida. As posses vêm e vão, assim como as pessoas. De alguma forma enfrentamos todas essas perdas. Como? Apegamo-nos à noção que *somos* permanentes, que nosso mundo é eterno.

"Mas esse é o caminho errado. A morte é voraz e quer destruir tudo com tanta desumanidade como um exército invasor. Levante os braços diante dela e diga: *Eu sou*. A Morte recuará porque não haverá nada para destruir. *Eu sou* não tem posses, expectativas, nada em que se apegar. No entanto, isso é tudo que você é e tudo de que sempre precisará, neste mundo e no que virá."

Ramana falou com uma autoridade tranquila e isso acalmou Savitri.

– A mulher idosa mentiu quando disse *febre escarlatina*. Você deve falar a verdade ao dizer *Eu sou*. Acho que está quase pronta – disse Ramana gentilmente.

– Como fazer para que soe verdadeiro? – perguntou Savitri.

– Não é difícil. Quando estiver feliz, faça uma introspecção e sinta quem está vivenciando a felicidade. Quando estiver infeliz, faça uma introspecção e sinta quem está vivenciando a infelicidade. São sentimentos iguais. Existe um pequeno ponto imóvel que observa tudo, testemunha tudo. Alie-se a essa imobilidade sempre que puder. Fique atenta para não se desviar dela. A familiaridade é seu maior aliado. *Eu sou* é existir. Não há nada estranho em apenas existir.

"No início, o pequeno ponto imóvel não se originará da experiência, mas poderá crescer sem limite. Quando você morrer e não tiver nada mais a que se apegar, *Eu sou* preencherá o universo. Os sábios repetiram essa verdade sem cessar, em todas as épocas. Porém, você não deve comprar uma verdade já usada. Encontre o *Eu sou* dentro de si mesma e, assim, se expandirá. Quando isso acontecer, você estará segura. Seu ser será o mesmo que sua alma."

ETERNIDADE

Quando todas as imagens desaparecerem no nível sutil, a pessoa à morte chega à eternidade. A eternidade é a fonte da alma. Os rishis dizem que, por fim, as ilusões terminaram e a realidade começou. O fato de que não podemos ver a eternidade em vida, à medida que ela estende-se em todas as direções ao nosso redor, é uma limitação que os rishis esforçam-se em superar.

Quanto mais ilimitada for sua visão, mais real você será.

Apesar de essas palavras serem inspiradoras, elas nos provocam angústia porque estamos acostumados a viver dentro de limites. "Há alguns anos comecei a interessar-me pela espiritualidade", contou-me uma mulher, "mas detestava essa conversa sobre o Único. Não fazia sentido para mim. Sabia que a maneira como fora criada acreditando em um Deus com um ar de um avô bondoso sentado no céu era muito limitada. Mas pelo menos eu a entendia. Já a noção do Único me era incompreensível." Acho que é uma reação muito natural. Ao final da jornada não existem pessoas amadas nem destinação física, ou lembranças no plano material. Mesmo a expressão budista "Luz Pura" é apenas uma metáfora, porque a eternidade não é luz nem pureza.

Pense no que isso significa. Ao se aproximar da eternidade, não sentirá a experiência de estar morto ou vivo. Não será um ser masculino ou feminino. Um momento será o mesmo que um século, e o antes se incorporará ao depois. Você chegou a um lugar incompreensível? Se for o caso, será também incompreensível ter um significado.

A eternidade lhe dá mais liberdade que a mente pode conceber. A inexistência de imagens significa que você não precisa mais delas. A ausência de seres amados indica que você não necessita mais de relacionamentos. Você voltou à sua fonte, mas com uma diferença. *Você a vivencia plenamente.* A criação revelou tudo. A mente que possuímos agora pode recuar, ao pensar que esse é o último pesadelo. Mas os rishis que chamam esse estágio de Moksha, ou liberação, o comemoram. Só a alma liberada tem *livre* escolha. Não há um movimento ascendente ou descendente, e o mecanismo de prazer e sofrimento para.

Como seria sentir-se livre? Sem limites? Sem nome? Se tentar usar qualquer palavra para a alma eterna – boa, sagrada, amorosa, confiável – os rishis respondem com "*netti*", a palavra em sânscrito para "isso não". Em algumas escolas de Vedanta o caminho espiritual chama-se "*netti, netti*", no qual repetimos "isso não, isso não", até que pelo processo de despojamento atingimos nossa essência. Essa é também a jornada da vida após a morte. A pessoa moribunda percebe, passo a passo, que "isso era eu, porém não mais".

Quando isso acontece, uma pessoa que relatou uma experiência de quase morte em minúcias quase descreveu a eternidade. Esse relato, agora famoso na literatura das experiências de quase morte, foi de um artista chamado Mellen-Thomas Benedict[1] que morreu de um tumor cerebral em 1982. Ele foi considerado morto por uma hora e meia e reviveu, um fato improvável segundo padrões ocidentais. No budismo tibetano, ele seria considerado um delog, e as experiências de Benedict são tão detalhadas como as dos delogs. Eu as contarei em minúcias porque a jornada de Benedict é praticamente uma enciclopédia da vida após a morte.

Ele saiu do corpo e viu seu corpo deitado na cama. Sua percepção expandira-se extremamente – ele conseguia ver acima, ao redor e sob sua casa – e sentiu-se envolvido pela escuridão, mas logo surgiu uma luz brilhante. Ele moveu-se em sua direção, ciente de que se entrasse na luz morreria.

Nesse momento Benedict tomou uma decisão surpreendente. Ele pediu que a experiência parasse e foi atendido. O fato de que tenha controlado os acontecimentos após a morte não seria uma surpresa para um rishi, mas era quase única na literatura de EQM. Benedict pediu para parar, a fim de falar com a luz. Ao fazer isso ela mudou continuamente de forma, algumas vezes assemelhando-se a Jesus ou Buda, outras vezes transformando-se em desenhos complicados como uma mandala ou imagens ou símbolos arquétipos, como ele relatou. A luz lhe disse (ou, para ser mais preciso, transferiu a informação para sua mente) que uma pessoa à morte recebe uma "cadeia de causa e efeito" de imagens adaptadas à sua crença: imagens cristãs são vistas por cristãos, imagens budistas por budistas. Por ser uma sequência, a pessoa à morte pode entrar na experiência e moldá-la, como fez Benedict. (A luz disse que ele era um caso raro: a maioria das pessoas segue adiante sem perguntas.)

O fato de que Benedict tenha visto tantas imagens diferentes pode estar relacionado à sua imersão em religiões mundiais e tradições espirituais após o diagnóstico de câncer. Em seguida, Benedict percebeu que na verdade estava vendo a matriz do Eu Superior, que descreveu como uma "mandala de almas humanas"; isto é, um padrão cósmico de consciência. Cada pessoa, notou, tem um Eu Superior que serve de mente suprema e de fio condutor para a fonte. Esses termos, com pouca alteração, soam como puro Vedanta. Isso suscita dúvidas, porque Benedict influenciara-se muitíssimo com sua recente leitura de escritos indianos. Por outro lado, a experiência revelada sob sua perspectiva foi inteiramente espontânea e real.

Quando olhou para a matriz de almas, Benedict conscientizou-se de que elas se conectavam; a humanidade formava um ser; cada um de nós é um aspecto dessa totalidade. Ele foi atraído para a matriz que, segundo ele, era de uma beleza indescritível. Ela irradiava um amor regenerador que o dominou. A luz lhe transmitiu que a matriz da alma formava um nível de energia sutil que rodeava a Terra e unia as pessoas. Benedict passara uma década envolvido em questões de desarmamento nuclear e ecologia, assuntos complicados que o converteram numa pessoa profundamente pessimista. Agora, deparou-se com a beleza pura da alma humana e ficou atônito.

Ele ficou surpreso, sobretudo, ao perceber que nenhuma alma é má e a luz lhe disse que as almas não podem ser intrinsecamente más. Subjacente a todas as ações humanas existe a procura por amor e quando as pessoas são impelidas a cometer más ações, a causa principal é a falta de amor. Ao perguntar se isso significava que a humanidade poderia ser salva, houve um "som de clarim" acompanhado por uma luz em espiral, e disseram a Benedict para nunca esquecer a resposta: os seres humanos já estão salvos, não importa a situação terrível em que se encontrem.

Benedict sentiu um êxtase profundo ao ser absorvido mais pela luz, chegando a outro reino mais sutil e muito maior. Ele viu um "enorme feixe de luz amplo e pleno, no cerne da vida". Quando perguntou o que era, a luz lhe disse que era o rio da vida e que ele deveria beber sua água para alimentar seu coração.

Estimulado por uma curiosidade ilimitada, ele agora pediu à luz para lhe revelar o universo inteiro "além de todas as ilusões humanas". Ele foi instruído a percorrer o rio da vida e, ao segui-lo, atravessou um túnel ouvindo "estrondos sônicos suaves" na passagem. Ultrapassou a velocidade da luz ao sair do sistema solar, atravessou o centro de uma galáxia e viu muitos mundos e formas de vida, todos numa rapidez vertiginosa. Nesse instante, Benedict fez uma descoberta crucial: o que parecia uma viagem pelo espaço era, na verdade, a expansão de sua consciência. As galáxias e os aglomerados de estrelas passando por ele eram sua consciência deslocando-se de um limite espacial para outro.

Benedict descreveu as galáxias desaparecendo em determinado momento, das formas de vida revelando sua presença, de uma segunda luz que contém todas as vibrações do universo. De acordo com os rishis védicos, essas são as vibrações primordiais das quais a criação emerge e, portanto, Benedict estava testemunhando a operação da consciência. Benedict encontrou sua expressão para essa etapa, ao dizer que estava interagindo com o holograma do universo.

Quando atravessou a segunda luz, ele sentiu uma mudança profunda de silêncio e imobilidade. Percebeu que poderia ver o infinito. Ele estava no vácuo, ou pré-criação, como chamou, e sua consciência era ilimitada. Ele fez contato com o absoluto, o que não era uma experiência religiosa, mas, sim, de uma percepção livre. Viu a criação gerando-se sem começo ou fim. Em vez de um Big Bang, um evento único que criou o universo, Benedict viu milhões de Big Bangs constantemente criando novos universos. Como estava além do tempo, isso acontecia ao mesmo tempo e em todas as dimensões.

Depois de atingir essa epifania cósmica, a jornada de Benedict retornou, passo a passo, ao estágio inicial, e ele acordou em sua cama em casa com a inabalável percepção, agora tão familiar na literatura da EQM, que a morte era uma ilusão.

Benedict presumiu que seu retorno à Terra seria como um bebê, em uma nova encarnação. No entanto, quando abriu os olhos ele ainda tinha o mesmo corpo, aquele que estivera clinicamente morto por mais de uma hora, segundo o funcionário do hospital presente (não havia aparelho de monitoramento ou médico). O funcionário que chorou sobre seu corpo disse a Benedict que ele apresentara todos os sinais de morte, inclusive a crescente rigidez cadavérica. Um estetoscópio amplificado revelou que não havia batimentos cardíacos. (Essa alegação médica é tão ofensiva que levaria um cético a ignorar a história de Benedict.)

Embora bastante desorientado no início, Benedict nunca se sentira tão bem na vida. Ele fez uma tomografia no cérebro três meses depois e, claro, sentia-se apreensivo com o tumor, porém recebeu excelentes notícias. Todos os traços de malignidade haviam desaparecido e, como seu oncologista explicou, houve uma remissão espontânea, um raro exemplo de um tumor maligno desaparecer sozinho. Isso demonstra que os casos de remissões por meio da morte não existem na literatura médica, e que remissões de tumores cerebrais em estágios avançados, que eu saiba, são as ocorrências mais raras.

Minha opinião é que todo ponto final é também um ponto de partida. Para Mellen-Thomas Benedict a consciência pura foi o final de uma jornada fantástica. Já para os rishis é o ponto de partida para viver no presente. Uma das circunstâncias mais genuínas da experiência de Benedict foi sua descoberta do grande valor do presente: "As pessoas estão tão ocupadas em tornarem-

-se Deus que precisam perceber que já somos Deus, e que Deus está transformando-se em nós. É isso que é real." Sua sensação de que o vácuo está por toda parte, que o domínio invisível contém tudo, que Deus presenteou os seres humanos com todas as vantagens possíveis, soa verdadeira espiritualmente.

VIAJAR EM TRÊS MUNDOS

Um materialista rígido consideraria impossível viajar para mundos não físicos, mas viajamos para outros estados de consciência o tempo inteiro. De acordo com os rishis, movemo-nos entre três níveis de consciência que se apoiam na experiência:

A consciência repleta de objetos físicos.
A consciência repleta de objetos sutis.
A consciência repleta de nada mais além de si mesma – a consciência pura.

Em cada etapa a alma é diferente. No mundo físico a alma concentra-se em emoções e idealismo. Exprime o calor do coração, amor, devoção a Deus. Observamos nossas almas para lembrar-nos que temos uma centelha interna divina, porém não baseamos nossa vida nisso. A alma brilha intermitentemente.

No mundo sutil, a alma é espírito, simbolizando santidade, proximidade com Deus e liberdade em relação aos ônus da existência física. A alma não mais oferece só conforto; é a sensação de bem-aventurança que a dor oculta. A alma agora é constante; sua orientação pode ser seguida sem problemas. O sentimento básico é magnético: somos atraídos inexoravelmente para o divino.

No domínio da consciência pura, a fusão é total. Percebe-se que o eu e a alma são um só. Como não existe aqui e lá, a alma não tem um local. Ela existe por toda parte e em lugar nenhum ao mesmo tempo. Ninguém procura mais a bondade da alma, a santidade ou a pureza. Elas simplesmente existem.

Após a morte, uma pessoa vivencia a dimensão sutil automaticamente, contudo, para os rishis, todas as dimensões contêm outras. O aparecimento de anjos na Terra é possível, mesmo que pertençam ao domínio dos objetos sutis, assim como a estada do profeta Maomé no céu montado num cavalo branco. Cada dimensão envolve uma mudança de consciência. Ao mesmo tempo, cada estado da consciência tem suas qualidades e é percebido em sua realidade individualizada.

TRÊS MUNDOS: UM MAPA DA ETERNIDADE

1. *A consciência de objetos físicos*: Este é o mundo de coisas concretas que você constata por meio dos cinco sentidos. Ele obedece a um tempo linear. Nós somos corpos físicos separados em tempo e espaço. A duração da vida estende-se a um número limitado de anos entre dois acontecimentos absolutos, nascimento e morte.

As *leis* obedecidas nesse domínio são rígidas. A gravidade, a velocidade da luz e a preservação da matéria e energia (que não podem ser criadas nem destruídas) formam a base de todas as outras leis naturais.

Se esse é seu mundo principal, você possui certos **poderes** que lhe permitem explorá-lo. Isso inclui força física, força de vontade, racionalismo, emotividade, sexualidade e autoridade pessoal. À medida que usar esses poderes em seu pleno potencial, você será cada vez mais bem-sucedido. Ao mesmo tempo, é mais provável que se apegue a essa dimensão de consciência como a única realidade.

Nesse mundo Akasha sente que o espaço físico está repleto de uma infinidade de coisas materiais.

A *alma* sente-se pessoal, mas só em breves lampejos.

2. *A consciência de objetos sutis*: Este é o mundo de sonhos, imaginação e inspiração em todas as formas. Constatamos esse mundo pela intuição, ao detectar qualidades como amor e beleza, sentindo uma presença interna e externa que não é perceptível aos cinco sentidos. A duração da vida nessa dimensão perdura o tempo que possa ser imaginado.

As *leis* do mundo sutil são fluidas. Os eventos podem acontecer para frente e para trás. As estruturas invisíveis podem perdurar por muito tempo (por exemplo, como mitos e arquétipos), mas, mesmo assim, o tempo não o prende tão rigidamente como no mundo físico. A gravidade e a velocidade da luz não são mais absolutas.

Se esse é seu mundo principal, você tem certos **poderes** que lhe permitem explorá-lo. Isso inclui imaginação, memória, habilidade artística, sensibilidade espiritual, aptidões de cura e intuição. Quanto mais exercitar esses poderes, mais bem-sucedido será. No entanto, você se sentirá desligado do mundo físico e incapaz de percorrê-lo tão bem como alguém sem intuição e sensibilidade espiritual. Isso o preocupará até que descubra que o mundo sutil pode apoiá-lo.

Akasha é como um sonho, com lembranças e imagens, arquétipos e deuses, espíritos e seres etéreos.

A *alma* é uma força orientadora que nos leva de volta à fonte. Nós a sentimos o tempo inteiro.

3. *A consciência pura*: Este é o mundo da autoconsciência. Não existem objetos, evidentes ou sutis. Percebemos esse

mundo com "Eu sou". A existência torna-se um fim em si mesmo, sua recompensa. Por ser uma experiência, a consciência pura começa com uma mente tranquila; ela cresce em riqueza e significado quanto mais a pessoa adquirir experiência.

As *leis* desse mundo aplicam-se à criação. As sementes de todos os objetos e acontecimentos são germinadas aqui. Existe a possibilidade de tempo, espaço e de coisas físicas. Há também a probabilidade da mente, sem pensamento ou imagens. Embora completamente livre de qualquer coisa visível, a consciência pura anseia gerar; os místicos chamam isso da gravidez de Tudo que É.

Se esse for seu mundo principal, você não precisa de poderes para percorrê-lo. O fluxo do tempo e a expansão de espaço são acontecimentos naturais para você; eles vêm e vão no interior de seu ser. Você os testemunha com desprendimento, embora possa evocar qualquer atributo – amor, compaixão, força, verdade – e vivenciá-los em toda a sua plenitude.

Nesse mundo o Akasha não tem criação. Conceitos como nascimento e morte, vida e morte, não possuem relevância. Existe só a existência. Ser é uma experiência que engloba tudo.

Deve-se ter sempre em mente que a vida após a morte não é um "após" como presumimos. Todas essas três dimensões da consciência estão sempre presentes no espaço.

O Akasha abrange o mundo de objetos físicos em três dimensões. Nossos olhos examinam a paisagem para nos dizer onde estamos. Para cima e para baixo são direções fixas que nos orientam fisicamente. Antes e depois são pontos fixos no tempo que nos orientam para saber onde estamos na vida.

Akasha engloba o mundo de objetos sutis com limites mais indefinidos. Eles podem mudar num instante para um espaço de sonho flutuante sem restrições. Na ausência de dimensões fixas, a experiência é medida em termos de intensidade. As emoções são aguçadas, os sonhos tornam-se mais vívidos e sentimos diretamente a presença de anjos e de outras entidades etéreas. Com a experiência, ele converte-se em um espaço confortável segundo seus próprios termos, como no caso de artistas intuitivos e pessoas profundamente espiritualizadas.

O Akasha é pura existência. É incrivelmente seguro porque há uma unidade plena. Qualquer experiência surge de dentro, um único ponto do qual a criação emana como um raio de energia ou uma flor abrindo-se sem cessar.

A **alma** é impessoal. É o Ser, sem acréscimo de qualidades.

MUDANDO O COMPROMISSO

Até então, usamos a metáfora de uma jornada para descrever o que acontece na vida após a morte. A maioria das pessoas pensa que passará de um mundo físico para um mundo "superior". Rishis védicos observam que a verdadeira mudança é a de compromisso. Ao morrer, abandonamos o compromisso com a "consciência repleta de objetos físicos" e partimos para a "consciência repleta de objetos sutis". No Vedanta isso significa ir para o céu.

A mudança de compromisso é fácil na perspectiva dos rishis. No entanto, é extremamente difícil para a maioria das pessoas, tanto no Oriente quanto no Ocidente, porque o mundo físico é muito convincente. A dúvida surge quando pensamos no outro mundo, apesar do fato de o habitarmos em nossos sonhos o tempo inteiro. Um exemplo perfeito dessa dúvida e da ansiedade que ela provoca é o Hamlet de Shakespeare.

No famoso monólogo de Hamlet: "Ser ou não ser", ele reflete se deve suicidar-se diante de sua terrível infelicidade. Ele não consegue obedecer ao fantasma do pai e matar o usurpador do trono, seu tio Cláudio. Está preso a uma sensação de angústia e de perda por muitas razões, por sua consciência, sentimento de covardia, fracasso, desgosto com a traição sexual da mãe e uma depressão profunda quase no limiar da loucura. Apesar de o suicídio encerrar o sofrimento, Hamlet pensa nas circunstâncias que o cercam de uma maneira lógica, examinando o problema com uma mente racional.

... Morrer, dormir;
Dormir! Talvez sonhar! Sim, eis aí a dificuldade.
Porque é forçoso que nos detenhamos a considerar
Que sonhos possam sobrevir durante o sono da morte,
Quando nos tenhamos libertado do torvelinho da vida.

À parte a grandeza da poesia, o príncipe da Dinamarca está dividido entre o mundo físico e o sutil, e não consegue convencer-se de que deve confiar em algum deles. Para discutir esse dilema no inglês contemporâneo: a morte é o final ou assemelha-se a dormir? Se for similar a adormecer, isso significará o final de meus problemas ou me submergirá em pesadelos? Talvez esses sonhos sejam piores que estar vivo, mesmo quando a vida é muito dolorosa. Eu não posso falar com alguém que tenha retornado dos mortos, portanto, não consigo solucionar esse problema. Fico imerso na dúvida. E a dúvida é suficiente para eu me agarrar à vida.

É isso que o Vedanta diz a respeito da mudança de compromisso: se você não for bem-sucedido, ficará preso à dúvida. O segredo é que *você precisa dominar o mundo sutil para sair do físico*. Nesse momento você confia no pensamento racional. Age de acontecimento em acontecimento de uma maneira linear. Sua força física lhe permite manipular objetos e ter certeza de que pode se defender. Sua força de vontade e de caráter o apoia na realização dessas metas de longo alcance.

Nenhum desses poderes é relevante no mundo sutil e, por isso, não oferecem apoio na vida após a morte. E a passagem entre a realidade física e a sutil é muito complicada. Já vivenciamos isso nos sonhos. Em um sonho levantamos uma casa com tanta facilidade como uma pluma, retrocedemos no tempo ou nos sentimos totalmente indefesos diante de uma situação assustadora, por mais que lutemos para sair dela. A longa saga do aprendizado de Carlos Castañeda com dom Juan, o feiticeiro yaqui que se tornou seu mestre espiritual, é basicamente um ensinamento para percorrer o mundo sutil, no qual Castañeda sente muita ansiedade e dúvida.

Em um episódio dom Juan pega Castañeda pela mão e eles saltam juntos numa árvore alta. Quando caem no chão de novo, Castañeda sente-se enjoado e tonto, prestes a vomitar (náusea e medo são as sensações predominantes do aprendiz). Dom Juan lhe pergunta: Qual é a diferença entre saltar numa árvore como fizemos e saltá-la em um sonho? Depois ele responde à sua própria pergunta. Em um sonho você pode saltar numa árvore sem dificuldade porque isso é um fato natural no mundo do sonho. Você sabe que vai acordar e que todos os acontecimentos no sonho são apenas impulsos neurais no seu cérebro. Não existe uma árvore "real"; você vê o mundo do sonho como uma ilusão.

O motivo pelo qual você não quer saltar numa árvore no mundo físico é que sabe que não acordará. Um feiticeiro é alguém que aprendeu a acordar completamente, então saltar numa árvore é natural. Tudo acontece como impulsos neurais no cérebro. Não existe uma árvore "real". Mas, se pensar que a árvore é real, será preciso aceitar as limitações desse mundo.

De repente percebemos o imenso desafio da mudança de compromisso com o mundo físico. Isso envolve ser capaz de saltar em árvores? Essa premissa seria um caso extremo (embora não desconhecida: a coletânea de fatos e tradições católicas e indianas é repleta de santos que levitam, e uma freira no Egito precisou ser persuadida a descer de seu poleiro suspenso no ar acima da árvore). O fato de que tão poucos de nós já tenha explorado o mistério da vida após a morte é uma prova de nosso compromisso fixo. Entretanto, existem momentos em que percebemos que temos o poder de mudar de um nível de consciência para outro sem a ilusão do sonho. Deixe-me ilustrá-los.

– Há 30 anos encontrei um interruptor no meu cérebro que mudava a realidade. – Quem relata a história é um homem chamado Harold; ele tem uns 60 anos e é editor freelancer aposentado. Eu o encontrei numa grande convenção de livros New Age há dois anos. – Nasci com um defeito congênito no coração que poderia causar uma morte prematura – continuou Harold. – Eu me acostumei a conviver com essa deficiência. Mas depois da faculdade precisei internar-me num hospital como um paciente preferencial para fazer um implante de marca-passo.

"Infelizmente, surgiram complicações, como uma infecção e outros problemas. Em uma noite particularmente crítica, eu estava deitado na cama do hospital, quando uma enfermeira entrou para tirar minha temperatura e, ao sair, esqueceu de desligar a luz. Fiquei irritado, porém estava tão sonolento que não consegui me levantar. Então, a luz apagou.

"A princípio não pensei que fosse algo incomum, embora tivesse uma visão direta do interruptor e ninguém houvesse entrado no quarto. Alguns segundos depois a luz acendeu-se. E assim por diante. Não entrei em pânico e fiquei observando o interruptor. Era óbvio que não havia ninguém tocando nele, mas eu ouvia o zumbido das lâmpadas fluorescentes acendendo e apagando. Subitamente, tive uma ideia muito estranha: *Sou eu*.

"Nesse momento não estava mais sonolento; tive uma percepção de uma extraordinária clareza. Você já ouviu falar em uma história semelhante? Desligar e ligar as luzes com a mente?"

Eu lhe disse que ouvira coisas muito mais estranhas.

– O episódio repetiu-se?

– Demorou bastante tempo. Aconteceu no mês passado numa noite quente de verão em Nova York. Meu avião atrasara quatro horas e eu estava agitado. Perdera todas as minhas conexões e agora esperava minha mala sair da esteira. De repente pensei: *Eles perderam minha mala*. De fato, todas as pessoas pegaram suas malas e a minha nunca apareceu.

"Então fui para o escritório de achados e perdidos e comecei a me queixar com uma funcionária que não deu a mínima importância. Bocejando, ela ligou para alguém e perguntou se havia malas que ficaram para trás e, depois, com uma voz entediada, me pediu para preencher uma reclamação. Até então, nada de incomum."

Prestes a perder a paciência, uma ideia vaga surgiu na mente de Harold. *É tão fácil ficar contente como zangado. Você pode fazer disso uma situação positiva.*

– No olho de minha mente eu vi um interruptor invisível. E sabia que se tocasse no interruptor tudo mudaria. E assim fiz. A funcionária sorriu para mim e disse que telefonaria para descobrir o que acontecera com minha mala. Quero dizer, ela agiu como se já não tivesse feito isso. Ela deu um telefonema e depois disse que haviam localizado a mala. Senti uma sensação estranha de realização. Então, uma jovem bonita parada na fila atrás de mim disse que perdera a mala no mesmo voo. Eu tive um pensamento interno: *Você também vai recuperar sua mala.* E no instante seguinte a funcionária falou que haviam achado outra mala além da minha. Era da jovem, é claro.

– E você conecta esse incidente ao que aconteceu no hospital há 30 anos? – perguntei.

– Você não faria isso? Depois do incidente no aeroporto usei o interruptor mais duas vezes. Uma vez para conseguir um lugar num avião lotado e outra para trocar meu quarto no hotel quando disseram que não seria possível.

– Mas essas coisas acontecem o tempo todo sem o envolvimento de poderes especiais? – perguntei. Harold ficou perplexo. Isso era diferente. Sabia que ele provocava a situação.

Diversas coisas são surpreendentes em relação à sua experiência. Ela envolvia uma mudança deliberada de percepção. Era especial, até mesmo sobrenatural. A experiência fez com que Harold se visse sob um novo prisma. Embora tenha expandido a possibilidade de usar sua mente de outras formas, de algum modo "mexer no interruptor" lhe pareceu normal no momento. Por fim, assim que a experiência terminou, ela desapareceu e foi esquecida. Podemos dizer, então, que Harold fez uma viagem para o campo Akasha? O Vedanta diria que Harold vivenciou uma mudança de consciência e, quando isso aconteceu, o mundo "externo" também se alterou. Essa também é a maneira como o movimento para a vida após a morte funciona, por meio de uma mudança interna que cria um ambiente externo diferente.

É importante termos em mente que os domínios dos objetos físicos e dos sutis, bem como da consciência pura são um só – Akasha – visto em três aspectos. Isso se evidencia num fenômeno como a fé na cura, que reúne a consciência pura (Deus), um acontecimento sutil (prece) e o corpo físico. A luz vista com tanta frequência por aqueles que se curam é uma energia sutil, que também pode ser percebida como uma descarga elétrica ou nervosa no corpo, um ataque apoplético, êxtase ou tonteira. Em seu livro, *The Healing Touch of Mary*,[2] Cheri Lomonte relata a seguinte história:

Dawn J. era uma católica devota que quando jovem rezara para obter uma visão da Virgem Maria. Pouco depois de ter saído da casa dos pais, ela teve essa visão. Isso criou um sentimento de reverência e humildade; ela não se sentia merecedora de olhar para a Mãe de Deus. Mas Dawn passou a achar que fora escolhida como mensageira.

Logo após, um colega de trabalho lhe pediu que o ajudasse em um problema pessoal. Ele estava preocupado com a mulher que ia a uma casa no Bronx, onde uma estátua da Virgem Maria começara a exsudar um óleo perfumado. Dawn concordou em intervir e foi visitar a casa. Ao entrar, foi recebida por um cheiro forte de rosas e, quando lhe mostraram a pequena estátua exsudando um fio contínuo de óleo, ficou convencida que era um milagre genuíno.

Em seguida, ela fez várias visitas a casa, todas as vezes deparando-se com a presença divina destilando o óleo perfumado. Em uma das visitas a dona da casa contou-lhe que agora as paredes e os móveis haviam começado a exsudar o óleo, que ela limpava com bolas de algodão. Dawn ganhou uma sacola dessas bolas para levar para casa. Mais tarde, soube que o bebê de três meses de uma amiga estava gravemente doente com meningite meningocócica e fora hospitalizado na UTI. Dawn sentiu um impulso forte de usar o óleo santificado para curá-lo. Com a permissão dos pais, ela entrou no quarto do hospital e viu o bebê apático e quase inconsciente, com o corpo entubado para receber alimento e medicação. Foi uma visão comovente.

Dawn pegou uma das bolas embebidas com o óleo e a esfregou com suavidade na coluna vertebral do bebê. Ela partiu e no dia seguinte a avisaram de que a criança estava fora de perigo. Em dois dias o bebê estava dormindo e mamando normalmente, e fora para casa com os pais. O médico encarregado do caso considerou essa recuperação milagrosa. Dawn a atribuiu ao toque de cura de Maria.

É claro, a tradição católica é cheia de milhares de relatos similares, mas por que pensamos nesse em especial? Para mim, revela que os três domínios da consciência não apenas se superpõem; eles envolvem-se ativamente uns com os outros. O plano físico é representado pela estátua, o óleo e o corpo do bebê. O domínio sutil revela-se na visão da Virgem Maria, na fé de Dawn e na presença divina sentida no óleo. O domínio da consciência pura é simbolizado pelo divino. Não estou contando essa história como um fato incontestável; a autora não realizou uma pesquisa para provar sua veracidade. Ela confiou na sinceridade de pessoas que a procuraram sem nada a ganhar, para descrever suas experiências. Meu único propósito foi de mostrar a possibilidade da existência de um princípio unificador, o campo do Akasha, que abrange um amplo leque de fenômenos.

Em algum lugar no Akasha, os anjos podem olhar em torno e dizer: "Isso é real." O mesmo pode ser percebido pelos espíritos falecidos, grandes seres espirituais e almas fazendo a "travessia". A paisagem da vida após a morte pode ser tão complexa como qualquer pessoa deseje, desde que nos lembremos de que, por fim, os deuses, deusas, espíritos e almas convertem-se numa única coisa: a formação da consciência em si mesma.

10
SOBREVIVENDO À TEMPESTADE

Savitri confiava em Ramana, mas à medida que as horas passavam, mais uma vez ela começou a preocupar-se com o tempo. Em sua mente, ela via o corpo forte de Satyavan enregelando-se sem vida com um olhar de Yama. *Eu perderei tudo*, pensou.

Ramana virou-se para ela.

– O fato de perder tudo a assusta? – Ele não tinha dificuldade em ler seus pensamentos.

– É claro – disse Savitri sentindo-se infeliz.

Ramana apontou para frente. Ao longo do caminho havia um santuário rústico que alguém construíra na floresta. Os galhos de pinheiro do altar abrigavam uma imagem de Vishnu. Como Vishnu era o aspecto de Deus que apoia a vida, ela correu até lá, colhendo flores silvestres para ofertar ao altar. *Isso deve ser um sinal*, pensou. Ramana não se aproximou, enquanto com a cabeça inclinada Savitri suplicava a Vishnu para ajudá-la. *Eu farei qualquer coisa*, implorou.

Quando ergueu os olhos, viu o deus Vishnu diante dela. Savitri ficou apavorada.

– Você fará qualquer coisa por mim se eu salvar seu marido? – ele perguntou. Com fervor Savitri disse que sim. – Então vá até o rio e traga um pouco de água para mim – disse Vishnu.

Savitri correu para o rio como lhe fora ordenado. Ramana desaparecera, mas ela sabia que estava em algum lugar perto do rio. Ao ajoelhar-se na margem, pensou como poderia carregar a água quando viu alguém ao lado da margem. Era Satyavan! Arrebatada, Savitri correu em sua direção, explodindo em lágrimas. Satyavan a abraçou e perguntou o que havia de errado.

Em meio aos soluços Savitri contou-lhe o perigo que o ameaçava.

– Então não voltarei para casa – disse Satyavan. Ele guiou Savitri com ternura pela mão. Eles andaram ao longo do rio até virem um barqueiro amarrado na margem.

O barqueiro os saudou cordialmente e disse que fora pescar. Ele apontou para uma ilha no meio do rio.

– Esta é minha casa – disse ele. Rapidamente, Satyavan fez uma barganha com o barqueiro para tornar-se seu auxiliar. Ele e Savitri foram levados para a ilha onde começaram uma nova vida.

Savitri ficou extremamente feliz, porque após alguns dias não havia indício que Yama os perseguira. O marido aprendeu a pescar e viveram em paz na ilha. Anos se passaram. Eles tiveram dois filhos, que eram a alegria de seu coração. Então, certa noite, uma grande tempestade desabou na ilha. Os ventos uivavam e o rio subiu mais que nunca. De manhã tudo fora levado pela água. Savitri salvara-se amarrando-se numa árvore com uma corda. Ao alvorecer ela viu que Satyavan, a casa deles e os filhos tinham sido carregados pela água do rio.

Ela achou um barco e remou até a margem, mas Savitri estava tão desesperada que só conseguiu prostrar-se na areia gemendo. De repente, viu uma sombra sobre ela. Ela ergueu os olhos e viu lorde Vishnu.

– Você se lembra de meu gole de água? – perguntou.

Savitri olhou para baixo e ficou surpresa ao ver que estava vestida com o mesmo sari do dia em que Vishnu apareceu diante dela pela primeira vez. Quando se inclinou para lhe dar água, seu reflexo mostrou a mesma jovem.

– O que aconteceu? – perguntou atônita.

– Comigo não existe tempo – Vishnu respondeu –, porque estou além da morte. O tempo é o campo do ganho e da perda. Desde que esteja no tempo é uma ilusão pensar que pode evitar a perda, que é só outra palavra para mudança.

– Então Satyavan pode estar vivo! – exclamou Savitri. – Ele pode ser salvo?

Vishnu já começava a desaparecer. Savitri agarrou sua imagem, mas tudo que segurou foi o ar. Quando se virou viu Ramana parado no caminho.

– Reflita – disse Ramana. – Qualquer coisa que estivesse com medo de perder é irreal. A morte não pode tocar no que é real. De certa forma, isso é um dom da morte.

– Eu não penso o mesmo – disse Savitri desanimada.

– Quando você morrer perderá tudo, contudo alguma coisa restará. É a alma, que é real. Por isso, deve celebrar a perda. As armadilhas da existência podem desaparecer a qualquer momento; a essência sempre permanecerá. E essa essência é você.

VIVENDO ALÉM DOS LIMITES

A vida após a morte não é só um mistério a ser solucionado. É uma oportunidade de expandir a vida além de limites. Como os rishis descrevem, a consciência começa em um estado livre de pura consciência e depois cai em cascata, plano por plano, até alcançar o mundo físico. Cada nível está dentro de você. Em qualquer momento você pode colocar-se em qualquer lugar; a escolha de limites – ou da ausência deles – é só sua. Portanto, as jornadas para o céu e o inferno são acontecimentos diários, não possibilidades remotas. Isso é difícil para algumas pessoas aceitarem, porque elas querem um "eu" fixo e confiável que dará estabilidade ao mundo instável. Mas não existe separação entre observador e observado. Os mundos internos e externos mudam sem cessar.

A experiência da vida após a morte desloca-se para o reino sutil, que possui uma infinita variedade. No entanto, já realizamos experiências sutis todos os dias. Aqui estão alguns termos que aplicamos às nossas viagens ao mundo sutil:

Sonhos
Imaginação
Mitos
Arquétipos
Epifanias
A "sombra"
Consciência coletiva
Criação divina (anjos, demônios, santos, bodhisattvas, divindades)
Visões sagradas
Desejos e aspirações
Inspiração

Em algum lugar dessa lista encontra-se o que os rishis chamam de "consciência repleta de objetos sutis". Você não será uma pessoa completa sem considerar esses submundos. São destinações no futuro, mas também estão aqui e agora. A "sombra" pode ser um termo não familiar; refere-se às forças ocultas que nos influenciam além de nossa vontade. O eu na sombra da psicologia junguiana é uma região do inconsciente onde guardamos energias que se tornam nossa versão dos seres sombrios, maus, vergonhosos ou adversários. É difícil imaginar que a sombra ocupe o mesmo espaço de seres da luz, que são divindades como os anjos e deuses. Somos tentados a separá-los, porém não existem divisões físicas no domínio sutil e, portanto, barreiras entre o céu e o inferno, luz e sombra. O acesso ao mundo sutil está sempre aberto. Você pode imaginar e sonhar, vivenciar espíritos falecidos, anjos ou deuses.

Por isso, o primeiro passo para qualquer pessoa que queira entrar nos submundos da consciência é rejeitar regras fixas sobre o real e o irreal. Muitas culturas viram essa barreira entre vida e morte como permeável. Nós insistimos em transformar essa barreira numa parede e por trás dessa insistência há um grande medo não revelado. Igualamos o domínio sutil ao reino da morte, o que está longe de ser correto.

– Meu filho morreu quando só tinha 22 anos – contou-me uma mulher há pouco tempo. – Teve um tumor cerebral e eu estava em sua casa no dia que morreu. Estavam também sua irmã e a nova mulher. A morte de Tom foi pacífica e essa noite conversamos sobre ele até tarde. Creio que conversamos até bem tarde, porque dormimos ao lado da lareira.

"Na manhã seguinte, sua mulher contou entusiasmada que Tom aparecera em seu sonho e lhe dissera que estava muito bem. A irmã falou sem pensar que Tom lhe dissera a mesma coisa em seu sonho. Elas se voltaram para mim e, sim, eu tivera o mesmo sonho. Havíamos sentido a presença de Tom com tanta intensidade que não parecia um sonho, era realmente ele."

Nesse exemplo, vemos uma mescla entre diversos níveis do mundo sutil: sonhos, espíritos falecidos e consciência coletiva. Nesse caso, "coletiva" significa uma percepção compartilhada por três pessoas, embora o termo possa ser expandido muito além. Esse tipo de mistura é mais comum que pensamos. Afinal, os limites são arbitrários. Einstein, cuja reputação apoia-se no pensamento racional, declarou que o germe da teoria da relatividade surgiu num devaneio. Devemos chamar isso de sonho, visão ou inspiração? A confiança transmitida por Tom à família é real ou ilusória, uma inspiração ou só uma projeção da dor à qual precisava dar vazão?

Os rishis védicos têm um projeto originado do mundo sutil. Ao nos aprofundarmos em suas interpretações podemos começar a percorrer esse nível de realidade que está mais próximo da alma. Chegamos à periferia da imortalidade, que não é eterna, mas está livre das amarras do tempo e espaço.

OS CINCO KOSHAS

As experiências de quase morte, o budismo tibetano e o Livro da Revelação concordam num ponto: ficaremos lindos após a morte. O "corpo dourado" do bardo tibetano e o corpo perfeito ascendendo do túmulo no Dia do Juízo Final são intocados pelo tempo e pela decomposição. Quando as pessoas são visitadas nos sonhos pelos mortos, em geral, elas aparecem no apogeu da vida, em torno dos 30 anos, em vez de crianças ou fantasmas desencarnados. As aparições da Virgem Maria nunca foram de alguém idoso, e sim de uma jovem resplandecente e bela. Por outro lado, nos relatos de quase morte do inferno (mais raros do que ir para a luz), os condenados às penas eternas nunca parecem jovens e saudáveis. Eles são velhos, debilitados, doentes, com cicatrizes, deformados ou desgraçados. As visões de recompensa e punição revelam imagens opostas.

Os rishis não se satisfazem com imagens simples e idealizadas. Ao verem o mundo sutil como uma projeção da consciência, eles focam os Koshas, ou divisões da pura consciência. A tradução de *Kosha* seria revestimento, camada ou invólucro, porém é mais fácil pensar na pura consciência como um ponto que engloba cinco itens como camadas de uma cebola. (Pode-se também pensar em termos de vibrações, da mais baixa à mais alta.) As cinco camadas são:

1. O corpo físico
2. Prana (respiração tênue ou força da vida)
3. Mente
4. Ego e intelecto
5. Bem-aventurança

Os cinco Koshas agindo em uníssono criam o eu ou, para ser mais preciso, o sistema do eu. Você e eu temos várias camadas porque somos inseparáveis de nossos cinco Koshas. Como cada revestimento tem suas regras, possuímos uma estrutura para o mundo sutil. A vida após a morte é uma jornada tal como um sonho, em ambos os casos desviamos nossa atenção de um Kosha e o substituímos por outro. Nossas viagens permanecem dentro do sistema do eu.

Os Koshas são também partilhados. O universo tem suas camadas. A vivência com um anjo ou um espírito falecido, por exemplo, torna-se possível pelas inúmeras gerações que ajudaram a criar o submundo. A realidade compartilhada não é mística. Dizemos que o corpo físico é único, mas mesmo ele é compartilhado – o ar que respiramos hoje contém milhões de átomos do ar respirado na China, por exemplo, há poucos dias. Absorvemos ideias divulgadas na mídia, e, em certos momentos, é possível ter uma inspiração, porém logo descobrimos que outra pessoa teve a mesma ideia ao mesmo tempo. (Como escritor, estou lamentavelmente familiarizado com ocasiões em que um livro brilhante ou um roteiro foi antecipado por dois ou três outros escritores uns dois dias antes.)

Então a analogia das camadas da cebola é desfeita em determinado ponto. Um Kosha não é uma posse individual. É um reino dinâmico com suas leis e experiências, um reino em que podemos entrar sozinhos ou acompanhados.

***Annamaya Kosha** (corpo físico)*: O corpo físico é o aspecto mais isolado do autossistema. No nascimento, a maioria dos bebês se parece muito fisiologicamente, mas aos 70 anos os corpos de duas pessoas não se parecem. O tempo nos transforma em seres únicos. O fato material permeia bastante a separação no mundo, quando as pessoas lutam por sua cota de comida, dinheiro, posses e status. Elas querem promover o bem-estar do corpo físico, aumentar seu charme e beleza, e proteger-se da ameaça de uma doença ou morte.

Neste nível a consciência é biológica. Ela funciona em silêncio, sem expressão, enquanto organiza a miríade de funções do corpo. No entanto, mesmo aqui, se olharmos para o que acontece no nível celular, veremos que a consciência transcende limites. As células colaboram, comunicam-se, trocam funções, realizam atos de autossacrifício, permanecem equilibradas, conscientizam-se com o meio ambiente, adaptam-se à mudança e sabem que sobrevivem por fazer parte de um conjunto maior.

Cada Kosha revela a totalidade e a separação ao mesmo tempo. Se olharmos o *Annamaya Kosha* como o mundo físico, é óbvio que nossos corpos são isolados uns dos outros, o que nos mantém separados ao dar a ilusão de que devemos lutar e competir com todos os outros corpos isolados. Contudo, esse Kosha *nos aproxima da totalidade* por meio da cooperação, da segurança física em grupos sociais, e de desejos compartilhados de comida, proteção, sexo e conforto físico.

Pranamaya Kosha (respiração tênue ou força da vida): *Prana* significa vitalidade. No indivíduo, Prana é a respiração que sustenta a vida por nos unir ritmicamente à Natureza. Inalamos tudo que é preciso para vivermos, depois expiramos o ar necessário. Não existe equivalente no Ocidente para Prana, exceto uma tradição chamada vitalismo, centrado na "força da vida". Qualquer nome que tenha, uma inteligência sutil e fluida sustenta o corpo físico.

Neste nível a consciência é a força de união que mantém a natureza intacta. Os seres humanos reconhecem que estão unidos a todas as coisas vivas. A consciência não reconhece níveis superiores ou inferiores da vida; ela converte a diversidade em totalidade. Quando você sente-se conectado às formas da vida envolvidas no ecossistema – animais de estimação, uma árvore frondosa velha, a lua cheia, uma tempestade – percebe o fluxo de vitalidade que une a natureza. Ao constatar a incrível inteligência que entrelaça todas as células do corpo, não é mais possível dizer "eu possuo isso". Você não possui a vida, porém não pode evitar estar em seu centro. No entanto, nesse nível a separação ainda parece dominar a totalidade, por isso, os seres humanos continuam a depredar o ecossistema sem perceber que estão destruindo parte de seu próprio autossistema.

Esse Kosha *nos mantém separados* por meio do desequilíbrio, de um ecossistema ameaçado, poluição e densidade populacional urbana.

Esse Kosha *nos aproxima da totalidade* por intermédio da vitalidade, afinidade com outras coisas vivas, equilíbrio do ecossistema e empatia.

Manomaya Kosha (mente): A essência da mente são as ideias e pensamentos individuais. Você sabe quem é pelo que pensa. Este é o nível em que você processa a informação bruta do mundo para dar-lhe significado. A mente inclui emoção, sensações, lembranças e outras funções do cérebro. Os rishis dizem que a mente organiza-se em seu corpo invisível, um corpo de lembranças e crenças pessoais que protegemos com tanta veemência quanto protegemos nosso corpo físico.

Neste nível a consciência encontra-se no cosmo sem limites, porque a mente pode vaguear para qualquer lugar, imaginar qualquer coisa. Sua mente é livre para interpretar o mundo da forma que quiser e, infelizmente, algumas dessas formas incluem a ignorância do eu. É impossível limitar a mente, porém muitas pessoas têm medo do dom da liberdade. Nesse nível nos deparamos com os limites autocriados de crença, medo e preconceito. Os "grilhões forjados pela mente" de Blake criam separação e repressão onde não existia.

A mente é mais coletiva que individual. Digo "minha mente" como meus pensamentos e lembranças únicas, mas 90 por cento de nossos pensamentos são inspirados na sociedade e em suas múltiplas manifestações. Muitas lembranças são compartilhadas e a essência do pensamento, a linguagem, é uma criação coletiva. Portanto, os rishis dizem que a mente é o primeiro Kosha, no qual a totalidade predomina sobre a separação.

Esse Kosha *nos aproxima da totalidade* por meio de crenças compartilhadas, condicionamento social, religião, opiniões recebidas e valores comuns.

Esse Kosha *nos mantém separados* pelas crenças divisórias em política e religião, preconceito, "nós contra eles" em pensamento, nacionalismo e limites mentais arbitrários gerados pelo medo e ódio.

Vigyanmaya Kosha (*ego e intelecto*): Este é o nível de individualidade dominado por "eu, mim e meu". A sociedade confere um valor positivo a alguém com um ego exaltado e bem-sucedido, mas em círculos espirituais a reputação do ego é baixa. Os espiritualistas sentem com frequência que é dever deles "matar o ego" e controlar seus impulsos. No entanto, se olharmos para o "eu" sem preconceito contra o ego, esse nível proporciona individualidade ao ser, não nas coisas externas que o impulso do ego nos faz perseguir.

A individualidade não é um quadro-negro vazio por muito tempo. Ela se preenche de vínculos e associações dependendo do que escolhermos para identificar. Vigyanmaya Kosha é o nível em que mito e arquétipos atuam propiciando-nos histórias e modelos para nos reconhecermos. Os deuses delineiam nossos desejos primais, buscas, guerras e amores. O ego também nos dá o conhecimento da individualidade, isto é, do que significa ser humano: não posso saber quem sou sem a família e a sociedade.

Neste nível a consciência é autocentrada, com o foco no "eu". Nada é mais universal, mas o impulso do ego nos separa quando os desejos de uma pessoa discordam de outra. Na verdade, essa discordância desenvolve-se na mente e não no ego. Quando dizemos ego, em geral, referimo-nos à personalidade do ego, que é repleta de desejos individuais, sonhos, crenças, preferências e desagrados. Vigyan é mais próximo da unidade que isso. Nesse nível a totalidade predomina sobre a separação, como pode ser visto nos arquétipos e mitos do mundo.

Esse Kosha *nos aproxima da totalidade* por meio de um sentimento de humanidade, buscas heroicas e explorações míticas, necessidade de autorrespeito, respeito e mérito internos.

Esse Kosha *nos mantém isolados* pela alienação pessoal, ansiedade, solidão e emoções reprimidas que provocam vergonha e culpa.

***Anandamaya Kosha** (bem-aventurança)*: Para os rishis a bem-aventurança é mais que uma sensação de êxtase. É uma vibração básica, ou zumbido, do universo, o estado terreno do qual aflora toda a diversidade. É possível imaginar uma vida após a morte em que não mais exista corpo, onde não haja necessidade de respirar, onde a mente não mais processe informação. Mas deve existir um sentido tênue de ego e bem-aventurança. O ego diz: "Isso está acontecendo comigo." A bem-aventurança diz: "Sinto a centelha da criação." Ananda é a possibilidade de a criação manifestar-se, e se habitar esse corpo de beatitude, a bem-aventurança é uma experiência intensa e dinâmica e não apenas um potencial.

Neste nível a consciência é a alegria de ser. Em vez de focar o mundo externo, nossa atenção volta-se para a presença divina descrita como uma luz dourada difundindo-se por todas as partículas da natureza. Na bem-aventurança sente-se o isolamento como um véu fino. Atrás do véu brilha a luz da pura consciência. Práticas de devoção que aumentam a sensação de alegria podem chegar ao êxtase. Porém, a bem-aventurança não é um sentimento de felicidade ou alegria, embora em sua forma diluída possa ser vivenciada como ambas. É a conexão vibrátil que permite à pura consciência entrar na criação.

Esse Kosha *revela a totalidade de modo tão completo*, pelo amor, alegria e êxtase, que a separação perde a atração. Pode-se dizer que o Anandamaya Kosha é o puro Ser com um toque de individualidade, o suficiente para vivermos na forma física e em qualquer forma de vida após a morte. Sem esse invólucro protetor você se dissolveria no Ser e tornar-se-ia a bem-aventurança, sem uma experiência.

Não é difícil se ver no espaço multidimensional assim que os Koshas são descritos.

A *dimensão física* contém a ação. Você vive aqui sempre que se vir como um corpo separado no tempo e espaço.

A *dimensão prânica* conecta você com outras coisas vivas. Você vive aqui quando se vê como uma parte da rede da vida, uma criatura da natureza.

A *dimensão mental* organiza a realidade por meio do pensamento. Você vive aqui quando se vê como uma soma de pensamentos, desejos, aspirações, sonhos e medos.

A *dimensão do ego* define sua identidade. Você vive aqui quando se vê em termos do "eu, mim, meu".

A *dimensão da bem-aventurança* é a última realização por meio do amor e alegria. Você vive aqui quando se vê fundindo-se em tudo pelo poder do amor, ou quando só tem a sensação de êxtase.

No entanto, o fato de tornar essas dimensões mais familiares não as une automaticamente. Cada Kosha, como vimos, pode aproximá-lo da totalidade ou aumentar sua tendência a ficar separado e isolado. Para os rishis a totalidade é a única realidade e, assim, todas as experiências separadas não passam de um sonho. A meta da vida é encontrar a unidade, ou ioga, e isso pode ser alcançado, como eles dizem, ao focar cada Kosha.

Corpo físico: A ioga usa posturas físicas (chamadas *Asanas*) para associar equilíbrio, força e consciência corporal, a fim de nos proporcionar a consciência física.

Corpo prânico: A ioga faz exercícios com uma respiração suave e consciente (*Pranayama*) para levar a consciência ao fluxo do Prana.

Corpo mental: A ioga usa o campo inteiro do discernimento (*Viveka*) para nos conscientizarmos do funcionamento da mente. Manomaya Kosha é, portanto, o nível de evolução da consciência, tanto para você quanto para mim e para o conjunto dos seres humanos. Colocamos nichos individuais na consciência coletiva e quando a humanidade passa por um processo de evolução, escolhemos segui-lo, ignorá-lo, aceitá-lo ou nos defendermos contra ele.

Ego: A ioga utiliza todas as formas de concentração, como a contemplação e a meditação (*Dhyana*), para que a pessoa conscientize-se do "eu sou" que permeia todas as experiências.

Bem-aventurança: A ioga usa os períodos prolongados de profundo silêncio (*Samadhi*), a fim de levar a vibração sutil da bem-aventurança para a superfície da mente, fazendo com que a pessoa conscientize-se de que o "zumbido" do universo está presente em todas as experiências.

Esbocei brevemente os contornos da ioga como uma maneira de viver, mas uma pessoa moderna típica não sentirá uma mudança tão súbita e radical em seu compromisso. Isso torna o "depois" na vida após a morte muito distante para trabalharmos; é preciso criar mais unidade no "agora". A ioga não tem de ser em especial indiana ou pertencer a épocas antigas, porém, lamentavelmente, esse é o modo como as coisas acontecem, deixando-nos diante de um novo desafio. Como reagiremos ao fato de que vivemos em cinco mundos e como usar isso para redefinir a vida como um todo?

EM CASA NA CONSCIÊNCIA

Você e eu podemos viver basicamente no mundo físico, mas nossa percepção inicia-se na pura consciência, e quando viajamos pela vida camada por camada através de dimensões diferentes, cada uma delas nos dá um novo sentido do eu. Possuímos um autossistema. Os rishis estudaram esse sistema e chegaram a diversas conclusões:

- A pura consciência está sempre presente em tudo, não importa o mundo que ocupa ou a forma que assume.
- O mundo físico tem uma quantidade mínima de pura consciência, porque é dominado por coisas físicas e pela ilusão de separação.
- Quanto mais se aproximar da pura consciência, mais poderosa ela se torna.
- A mudança de consciência nos níveis sutis altera todos os Koshas imediatamente.

Se seguirmos esses princípios, obteremos o mesmo domínio dos sábios, ou pelo menos uma boa parte dele.

Eu divulguei opiniões na internet a esse respeito e disse que basear a vida na consciência é o melhor caminho para dominar o mundo físico. No entanto, as respostas foram muito céticas. Muitas pessoas disseram: "Queremos falar de consciência, mas é preciso que as pessoas parem de destruir o planeta." Ou: "A consciência é importante, porém não terminará com a guerra nem com o terrorismo." Ou: "Boa sorte ao usar a consciência para parar uma bala." Em outras palavras, elas estão priorizando o Kosha físico, com o pressuposto que as coisas materiais só podem ser influenciadas pela ação direta.

Como se pode provar que a melhor maneira de mudar a realidade é por meio da consciência? No nível físico, a ação parece estar separada da consciência. O conceito budista de inércia parece muito místico até que percebemos que significa "ação na consciência". A ação na consciência assume muitas formas. A resistência passiva de Gandhi foi uma forma visível de inércia que teve um enorme efeito na consciência; causou o fim de uma era histórica. Ideias poderosas também são consciências e não há dúvida que mudaram o mundo, da invenção grega da democracia às teorias modernas de relatividade. Quando nos deslocamos para Koshas mais sutis, *todas as ações realizam-se na consciência*.

Simplificarei essas premissas com sugestões sobre a ação em cada um dos cinco Koshas:

Annamaya Kosha, o corpo físico: Cuide de seu corpo e o respeite. Aprecie a incrível inteligência interna dele. Não o tema nem o contamine com toxinas. Aproveite o tempo para estar de fato em seu corpo. Exteriorize seu corpo e deixe-o atuar.

Pranamaya Kosha, o corpo vital: Vá para a natureza e tenha a sensação que ela é sua casa. Respeite e cuide do ecossistema. Não danifique as outras formas de vida. Veja a natureza sem medo ou hostilidade. A reverência à vida é o fator-chave.

Manomaya Kosha, o corpo mental: Desenvolva usos positivos da mente. Observe e aprecie o que há de mais belo na expressão humana. Conscientize-se de que você é uma totalidade e imagine maneiras de enfatizar a totalidade em detrimento da separação. Resista ao pensamento nós *versus* eles. Examine suas reações automáticas e suas crenças preconcebidas. Busque oportunidades para receber sinais do seu eu superior.

Vigyanmaya Kosha, o corpo do ego: Encontre uma visão; faça uma busca. Adapte-se ao modelo maior de crescimento. Procure maneiras de envolver-se pessoalmente. Celebre as grandes tradições do espírito e sabedoria que unem as culturas. Seja humano o mais possível, seguindo o *dictum:* "O mundo é minha família."

Anandamaya Kosha, o corpo da bem-aventurança: Desenvolva sua prática de transcender e encontrar a bem-aventurança. Você já conhece a frase: "Siga sua bem-aventurança"; agora a ponha em prática por meio de algum tipo de exercício de "ondas alfa" como meditação ou relaxamento profundo. Dedique-se a descobrir como é Samadhi, o silêncio da consciência profunda. Vivencie seu ser como uma razão de estar aqui.

11

GUIAS E MENSAGEIROS

— Eu já aprendi o suficiente? – perguntou Savitri. Ela estava começando a mudar, sentia a mudança. Muitas coisas que considerara reais agora pareciam fantasmas, ao passo que as coisas verdadeiras mais profundas eram invisíveis.

– Creio que sim – disse Ramana. – Vá para casa.

– Você virá comigo?

Ele balançou a cabeça com um sorriso.

– Eu não quero assustar mortalmente Yama.

O coração de Savitri palpitou.

– Mas como vou voltar? Eu não sei onde estou.

– Ou imagina que não sabe. – Ramana apontou para o lado mais escuro da floresta e Savitri viu um enxame de luzes que poderiam ser vaga-lumes, mas ainda estavam no meio da tarde. Ramana fez um aceno em direção às luzes. – Vá – disse. – Sei que pensa que não estarei com você. Isso é só sua imaginação. – Percebendo sua relutância, Ramana inclinou a cabeça. – Tudo será como deverá ser.

Savitri lembrou que essas haviam sido exatamente as palavras que Yama dissera a ela. Hesitou um momento até que Ramana desapareceu na floresta. Depois caminhou em direção às luzes que flutuavam no ar. Elas aumentaram e ela percebeu que via um grupo de devas. (Um deva é o mesmo que um anjo, mas pode ser também um espírito da natureza.)

– Quem são vocês? – perguntou. – São devas das árvores? – Na Índia, os devas vivem em todos os níveis da natureza para lhes darem vida.

Porém, em vez de responder, as luzes desapareceram. Savitri teve a nítida impressão que estavam com medo dela. Com uma voz muito gentil ela pediu que voltassem. Uma das luzes disse:

Por que devemos voltar se tudo que você quer é nos matar? A voz soou no interior da cabeça de Savitri.

Savitri ficou chocada.

– Matar vocês? Eu nunca faria isso.

A luz respondeu:

Você está fazendo isso agora. Nós somos seus devas, mas veja como somos frágeis.

– Diga-me por que eu agiria desse modo. Se alguma vez precisei de vocês, este é o momento.

Você sente uma grande tristeza secreta. Está ansiosa com a morte. Você não pensa em nós e nunca nos chamou. Por isso, está tentando nos matar, disse a luz.

Savitri jamais pensara que os devas precisavam de atenção. Mas a menção da morte a amedrontou e, diante de seu medo, as luzes diminuíram e enfraqueceram.

– Esperem! Não me deixe matá-los! – exclamou Savitri.

Então a luz respondeu:

Você não pode. Somos imortais. O perigo não é que nos faça mal e sim que rompa nossa conexão com você. Precisamos de seu amor e atenção e, em retorno, a ajudaremos.

– Como?

Pela inspiração. Nós trazemos mensagens. Deixamos que nos veja, como agora, e isso a ajudará a ver seu lugar no plano divino.

– Está no plano divino que Satyavan tem de morrer? – perguntou Savitri. Os devas haviam se aproximado, porém agora se dispersaram e distanciaram-se dela. Savitri controlou-se e deu um suspiro profundo, pedindo esperança e coragem. As luzes aproximaram-se com cautela.

O plano divino é a vida. Ele inclui todas as criaturas em seus lugares. O lugar apropriado para os seres humanos é, primeiro, a eternidade e, segundo, a Terra. A morte, como a pausa entre duas respirações, é o modo com que vamos de uma casa para outra.

Savitri sentiu um impulso de gratidão, que aproximou ainda mais as luzes. Elas começaram a brilhar iluminando o caminho. Savitri descobriu que não estava perdida. Na verdade, sua cabana era perto e com passos determinados guiados por luzes bruxuleantes, ela foi para a casa.

COMO CRIAR UM ANJO

Ao desenhar uma linha nítida entre o real e o irreal ignoramos como a consciência atua. Se você disser: "Eu tenho um anjo da guarda", posso interpretar essa frase em diversos estados de percepção. Você talvez queira dizer:

Eu imagino que tenho um anjo da guarda.
Minha religião ensina que tenho um anjo da guarda no céu.
Li avidamente textos sobre a mitologia dos anjos e um dos que me atraiu foi o do anjo da guarda.
Eu vejo meu anjo da guarda e sinto sua presença.
Ter um anjo da guarda é meu maior desejo.
Eu vi meu anjo da guarda em um sonho.

Certos estados de percepção, como sonhos e imaginação, são aceitos em nossa sociedade, mas relacionam-se mais a outros estados que as pessoas do mundo atual quase sempre relegam à superstição, como a visão de espíritos falecidos e visões beatíficas. No entanto, conheci muitas pessoas que me contaram com muita convicção a respeito de santos que apareceram na meditação e outras que receberam visitas de gurus, do arcanjo Gabriel, Jesus, Buda, antigos lamas budistas e encarnações de si mesmas. O acesso não será negado.

Outras culturas sentem-se mais à vontade que nós percorrendo a dimensão sutil; nossa tendência é de erguer uma parede entre essa região e o mundo físico e fazer julgamentos arbitrários, como os seguintes:

Pessoas que veem anjos imaginam coisas.

Os sonhos são ilusórios, portanto, todos os outros fenômenos sutis são também uma ilusão.

Se você vir ou ouvir qualquer coisa que não seja física, deve estar tendo uma alucinação.

Ver um deus ou um anjo é o equivalente a ver um OVNI. Ambos estão fora da experiência normal.

Visões sagradas são resultado de disfunções orgânicas, como epilepsia ou esquizofrenia paranoica.

Entretanto, a criação consciente é nosso maior dom e o que criamos continua a evoluir. Se você assumir sem julgamento seu papel como um criador, obterá muito mais liberdade. A gênese não tem de ser um acontecimento remoto que criou o universo. Pode ser um evento constante que se renova todos os instantes.

Uma grande obra de arte pode começar com um sonho, uma visão ou um momento de inspiração. Ela é criada no âmbito invisível da imaginação, mas, depois, o artista a molda em argila ou a pinta na tela. A *Mona Lisa* precisa de plateia, e essa plateia tem de achar a tela importante. A pintura precisa inspirar espectadores por sua beleza e, assim, ganhar fama, valorização e entendimento. Por fim, se for uma obra-prima será adorada por uma cultura inteira. A palavra "anjo" pode ser substituída por "Mona Lisa" sem muita alteração. Por ser uma obra de arte, um produto do homem, a *Mona Lisa* não estimula nossa natureza cética, porém como não podemos visualizar-nos criando anjos, não aceitamos esse processo. O próximo passo, então, é examinar esse processo em detalhes.

PROJEÇÃO

O mecanismo de criação de anjos é chamado projeção. No campo da psicologia, esse termo é usado com frequência com um sentido pejorativo, como sinônimo de estado subjetivo atribuído a um objeto externo a nós. Em vez de aceitarem suas emoções negativas, por exemplo, as pessoas em geral as projetam em outros. Observe essas trocas familiares:

Acho que você não me ama mais. Você está só projetando. É claro que eu a amo.
Há um barulho do lado de fora. Tenho certeza de que é um ladrão. Você acha que todos os barulhos são perigosos. Você está só projetando.
Se eu for à festa na próxima semana sem perder quatro quilos, todos vão me achar horrorosa. Pare de projetar. Você está ótima.

A projeção pode complicar-se. Uma sociedade que se sente ameaçada é capaz de projetar fantasias enlouquecidas.

O fundamentalismo muçulmano projeta um Ocidente corrupto, sacrílego e decadente, ao passo que os fundamentalistas cristãos projetam um islã bárbaro, fanático e ímpio. A projeção é "bem-sucedida" quando não vemos mais a realidade e sim a versão falsa baseada no medo, hostilidade, ansiedade ou insegurança, ou seja, qualquer emoção negativa que não assumimos a responsabilidade. A projeção também pode ser positiva, quando um ser apaixonado só vê perfeição no objeto do amor, embora os amigos e a família pensem que o ser amado é uma criatura comum de carne e osso.

Os rishis védicos dizem que a projeção é o mecanismo com o qual a consciência cria a realidade. Temos familiaridade com esse fato porque a indústria cinematográfica depende inteiramente da projeção. Em Hollywood, uma estrela é uma atriz ou um ator que cruzou a linha divisória entre realidade e projeção. Quando Tom Cruise para a fim de ajudar um motorista desamparado a trocar o pneu, ou quando Jennifer Aniston sai para um encontro, isso é divulgado na imprensa mundial. Qual é a razão? Porque os artistas são projetados numa dimensão sobre-humana. Qualquer gesto mínimo tem uma importância irracional. Se você ou eu ajudarmos alguém a trocar o pneu, isso não é um ato de heroísmo; se uma moça for a um encontro, a Deusa do Amor não entrou no mundo. A projeção é a receita para transformar o humano no sobre-humano, e o natural no sobrenatural. Aqui estão alguns ingredientes:

Simbolismo: Nossa projeção apoia-se em algo mais profundo e significativo.
Desejo: Nossa projeção precisa realizar uma aspiração que não pode ser alcançada diretamente.
Fantasia: Nossa projeção deve atuar no reino onde a repressão física não predomine.

Mito e arquétipo: Nossa projeção deve ter um significado universal.
Idealismo: Nossa projeção deve conectar-nos a valores mais elevados.

Esses requisitos são só atingidos na consciência de um criador. Um bombeiro que salva uma criança de um prédio em chamas não é um herói. É apenas um homem com um casaco à prova de fogo que corre em meio às flamas como parte de seu trabalho. O heroísmo é criado pela projeção dos seguintes fatores:

O bombeiro *simboliza* um pai protetor.

Ele realiza nosso *desejo* de sermos salvos do perigo.

Na *fantasia* ele é mais poderoso que o fogo. Ele o vence numa luta pessoal.

Ele preenche o *mito* do grande guerreiro e do príncipe que salva a donzela em dificuldades.

Nós o *idealizamos* como um herói masculino. Os bombeiros não só cumprem seu dever, vivem de acordo com nosso ideal varonil.

Sem uma projeção não veríamos o bombeiro dessa forma, assim como eles também não se veriam assim. Esse é um bom exemplo de que criamos primeiro a projeção e depois a vivenciamos. A sociedade está sempre presa aos altos e baixos de suas projeções. As personalidades do esporte que tomam drogas tornam-se ex-heróis; soldados em batalha estão no inferno; atrizes de cinema são deusas até o próximo caso extraconjugal que as convertem em destruidoras de lares. Pessoas que têm uma dimensão maior da vida aprenderam a manipular símbolos, fantasias, ideais e mitos. Os produtos com mais sucesso no mercado também fazem o mesmo.

No entanto, esses exemplos superficiais de projeção encobrem um enorme poder dentro de nós. Nossa cultura foi construída pela projeção e, nesse momento, você e eu continuamos esse processo. *A projeção cria significado*. Os acontecimentos não têm significado até que lhe damos valor. Pense nas inúmeras mortes que vemos nos noticiários da televisão. Algumas mortes são inexpressivas porque nos parecem muito distantes. Mas, se agregarmos valor a uma pessoa, tudo muda. Algumas frases – "o filho de alguém", "vítima de câncer", "um soldado que amava seu país" – projetam um significado positivo. Outras frases – "pessoa rebelde", "preso fugitivo", "membro da gangue" – têm um sentido negativo. Pode ser a mesma morte porque todas as pessoas são filhas de alguém, por exemplo. Reagimos à informação (que com frequência vem pré-embalada com um dado especial incluído) com tanta rapidez que perdemos de vista o poder que exercemos como criadores.

Tudo que é real em um nível da consciência é irreal em outro.

Se quiser criar um anjo é preciso projetá-lo, mas para isso você deve estar em um nível de consciência que admite a realidade de anjos. Na Índia, existe uma região específica chamada Devaloka onde os anjos residem, porém não é a mesma que o céu. Devaloka é quase sempre descrita como o céu, um lugar onde seres etéreos flutuam, contudo todos os Lokas, ou outros mundos, são camadas da consciência. Portanto, os anjos fazem parte do autossistema.

Os rishis dizem que as projeções afetam os Koshas. Quando criamos no mundo material influenciamos todos os níveis de consciência e, assim, todos os níveis da criação. O significado não é um fato isolado. Os anjos existem porque foram projetados na consciência. Assim como um filme precisa de uma imagem, um projetor e um espectador, o mesmo acontece com os anjos. De acordo com o Vedanta três elementos estão envolvidos:

O vidente ou espectador é ***rishi***.
O processo de projeção é ***devata***.
A projeção é ***chhandas***.

Em um cinema a plateia é o rishi, o projetor é o devata e as imagens na tela são chhandas. Não é muito importante lembrar esses termos, mas antigos sábios revelaram uma regra universal de consciência chamada três em um. Se você exercer algum desses papéis – vidente, espectador ou o processo de ver – exerce todos eles. Essas palavras simples têm o potencial de revolucionar o mundo.

Se olhar o mundo inexpressivamente, ele terá poder sobre você porque é um ser passivo e o mundo está fazendo tudo para você. Se estiver envolvido num processo, como divórcio, dirigindo para o trabalho, cozinhando uma refeição, está um pouco mais próximo do poder, mas o processo tem força própria e pode dominá-lo. Se você for o objeto que está sendo visto – um homem rico, uma mulher bonita, um pregador, um criminoso – esses rótulos objetivos lhe dão status e significado, porém você entregou-se aos outros, aqueles que rotulam as pessoas. Só com a unidade desses três papéis alcançamos nosso poder completo como criadores.

No nível da alma os três papéis são um só. Por isso, paradoxalmente, Deus é o Criador e sua criação. Assim que ele exterioriza sua criação, a unidade converte-se em diversidade. Isso é o equivalente no Vedanta do Big Bang. Quando o criador começa a olhar para si mesmo, no mesmo momento surge o estado três em um. O observador (rishi) olha para um objeto (chhandas) por meio do processo de observação (devata). Logo que os três emergem, o universo aparece com eles; a matéria dispersa pelo Big Bang é apenas uma faceta do mecanismo invisível no qual o criador vê de repente o que é possível e, ao vê-lo, o possível torna-se realidade com uma variedade infinita. Não devemos nos surpreender pelo fato de o universo conter só 4 por cento de matéria visível e energia, e os 96 por cento restantes de matéria negra cuja função é unir o universo visível de uma maneira misteriosa. O "Criador" não tem de ser uma pessoa; pode incluir o campo invisível do qual todas as coisas visíveis são organizadas e sustentadas.

O estado de três em um não teria importância se não afetasse a realidade cotidiana. Ver é o suficiente para criar. O "efeito observador", como é chamado na física, cria a matéria: ele faz com que um observador converta o estado de energia invisível de um elétron numa partícula específica localizada no tempo e no espaço. Antes que o efeito observador aconteça não existe elétron; há apenas a possibilidade de sua existência. Nossos olhos não conseguem detectá-lo, porém estamos imersos em um oceano de possibilidades. Todos os elétrons existentes estão aqui agora. Obtemos elétrons no oceano de possibilidades pelo simples fato de olhá-los. De alguma forma os rishis compreendem esse fato surpreendente. Como? Porque observaram o processo na fonte original, não com elétrons, mas com a ascensão e queda dos acontecimentos, que são tão fluidos que para eles não passam de um sonho.

Pode-se de fato acreditar nesse processo? O mais assustador em relação ao efeito observador é que, quando vemos um elétron, todos os outros elétrons são afetados. Essa premissa só faz sentido em um universo onde não haja um elétron, e sim uma ampla rede de cargas elétricas, posições, spins e pontos, que é exatamente a visão para a qual a física teórica está convergindo. Os sábios védicos chamam-se rishis (videntes), porque tudo retorna para o observador, o vidente. Ver é o último ato criativo.

O EFEITO DEVATA

O mistério da criação encontra-se na lacuna entre o observador e o observado. Anjos existem nessa lacuna; eles são os processadores da consciência e, portanto, usando um termo bíblico, os servos de Deus. Devata, a palavra em sânscrito desse processo, tem suas raízes em *deva*, que significa anjo. Os devas são mais que mensageiros; são os agentes da criação. Cumprem a ordem do criador, e como o criador não faz nada além de observar, os devas representam o aspecto ativo da visão que está oculto. É justo dizer que tudo que escolhemos projetar pertence ao efeito devata, a capacidade da consciência de transformar impulsos invisíveis em realidade física. O efeito devata regula todos os níveis da realidade e, assim, os anjos surgem em todos os Koshas.

Na *dimensão física* os anjos aparecem como visitantes e guias. Entregam mensagens de Deus e oferecem ajuda em tempos de crise.

Na *dimensão vital* os anjos apoiam a natureza, insuflando vida na criação. São os construtores da forma; dão a todas as coisas vivas uma conexão essencial com a natureza.

Na *dimensão mental* os anjos aparecem em visões e sonhos. Corporificam a mente de Deus e a conectam aos nossos pensamentos.

Na *dimensão do ego* os anjos são guias pessoais e guardiões.

Na *dimensão da bem-aventurança* os anjos cercam Deus e O reverenciam constantemente. Corporificam a alegria em seu estado mais exaltado.

Todos os cinco níveis compartilham a necessidade de comunicação. O impulso criativo pode passar de um nível para outro. Os anjos são símbolos de como a informação é transmitida e organizada. A realidade subjacente ao símbolo é o efeito devata. Darei um exemplo concreto que poderá nos auxiliar a compreender essa realidade oculta.

Conheço uma mulher que ganha a vida com anjos. Ela chama-se Lily e percebeu os anjos pela primeira vez numa festa de aniversário quando tinha 3 ou 4 anos.

– Minha mãe apagou a luz para eu soprar as velas do bolo. Olhei ao redor e vi umas pessoas paradas no final da sala. Elas não estavam lá quando a luz estava acesa. Apontei para elas, mas ninguém as via. Porém, lembro que elas me fizeram me sentir muito feliz.

O primeiro encontro de Lily foi mais físico. Depois que a mãe desencorajou-a a ver "pessoas" onde não havia, elas desapareceram rapidamente. No entanto, Lily ainda sentia a presença delas e à medida que crescia aprendeu a adaptar-se a essa presença. Por fim, "esses companheiros", como os chamava, converteram-se em imagens que ela via ao fechar os olhos e vozes que ouvia quando fazia perguntas.

– Não eram vozes constantes – disse ela. – Nunca achei que fossem alucinações. Eu tinha de chamar os companheiros e quando fazia isso sentia um conforto, uma sabedoria que me guiava. Sei que a maioria das pessoas não contata seus guias, mas eu também podia ver os guias delas. Todas as pessoas têm guias.

Essa habilidade que, de acordo com os rishis, pertence ao mundo da "consciência repleta de objetos sutis", surgia e desaparecia da vida de Lily. Grande parte disso dependia de onde estivesse. Logo após a universidade ela teve um casamento curto com um homem que não estimulava Lily a contatar os "companheiros" e, depois do divórcio, Lily trabalhou como gerente em um escritório durante 15 anos, nos quais quase não precisou de orientação interna. Mas, por fim, ela começou a pensar na questão da cura.

– Os companheiros disseram-me que eu poderia curar emocionalmente pessoas e que me ajudariam. No início fiquei nervosa. Mas observei como é doloroso para muita gente encarar suas antigas feridas. Os companheiros falaram que poderia ser diferente. Eles me mostrariam como retirar as energias da dor e do trauma. Eu poderia fazer isso sem que a pessoa sentisse estresse. Isso me atraiu muito.

Quando fez 40 anos, Lily iniciou seu trabalho de cura com mais determinação. Começou com amigos com os quais podia falar com liberdade sobre "os companheiros". À medida que o trabalho aprofundava-se, ela passou a dizer a frase "guias superiores e anjos" para descrever o que via.

– Sou uma pessoa convencional em muitos aspectos. Quando não sintonizo o nível onde faço meu trabalho, minha vida é banal. Levei anos para pensar nos companheiros como anjos, mas então eles me mostraram o arcanjo Gabriel. Fui levada à presença de Cristo para obter ajuda. Eu disse às pessoas que elas tinham uma conexão energética com Deus. O trabalho tornou-se muito natural porque eu via tudo que dizia.

Além dos limites da realidade, num consenso geral, existem e sempre existiram pessoas como Lily. Ela nos conduz a um ponto crucial de nossas pesquisas. Não importa se tentarmos argumentar se os anjos são reais ou irreais, se estão aqui na Terra ou distantes no céu. Nossa consciência regula o que é real e irreal; entramos em nossa projeção. Se essa projeção consistir em apenas objetos físicos, com exclusão de objetos sutis, mesmo assim é uma autocriação. Você e eu existimos não como observadores, observados ou no processo de observação, mas nos três ao mesmo tempo. Negar esse fato é negar nossa totalidade e o poder do nosso nascimento.

– Eu tenho várias maneiras de ver pessoas – disse Lily. – Eu as vejo fisicamente, mas também sinto a energia delas. Quando percebo a essência delas, vejo essa energia como um campo de luz ao redor delas. Essa é a realidade básica, mas se pedirem posso também ver seus anjos e outros seres etéreos. Alguns deles são muito negativos. São atraídos por uma pessoa em razão de crenças negativas. Posso ver pessoas como eram em outras vidas e, numa extensão limitada, consigo vê-las no futuro. É tudo muito fluido, mas bem acessível.

Há 20 anos eu não conhecia ninguém com uma visão tão sutil como a de Lily; agora conheço muitos. Todos aprenderam a ignorar o limite que a sociedade impõe entre diferentes níveis de vida. No nível da alma estamos livres para fazer o que quisermos com nosso potencial. Os anjos não são absolutos; eles mudaram ao longo da história como a imaginação humana mudou. Esse nosso projeto criativo remonta há milênios e perdura até hoje.

Ao morrermos, que parcela do que acontecerá será resultado de nossa escolha e quanto atribuiremos a forças externas? A posição de Lily é clara. Ela e os "companheiros" podiam trabalhar juntos sem a interrupção da morte física. Assim, Lily fazia com consciência o que fazemos inconscientemente. Graças ao efeito devata, somos o processo de criação. Por nosso intermédio, deuses, anjos e almas entram e saem do ser. Lily disse:

– Quando comecei esse trabalho, grande parte do meu vocabulário era cristão, porque no início eu me sentia muito próxima de Jesus. Depois comecei a vivenciá-lo como uma presença de Cristo, sem imagem em minha mente. Descobri um nome esotérico para o Cristo universal, Sananda, e os companheiros disseram-me que poderia usá-lo quando quisesse relacioná-lo ao Cristo cósmico. Agora até mesmo Sananda tornou-se mais abstrato, como um campo de luz compassivo.

Perguntei a Lily o que ela faria a seguir.

– Essa é uma pergunta importante. Em certo grau sei que não preciso desses companheiros. Eles são apenas aspectos de mim mesma. Se eu quiser, posso fazer sozinha o que for necessário e confiar em minhas capacidades. Esse é o próximo estágio.

– Se tinha consciência de sua capacidade, o que a impedia de seguir para o próximo estágio agora? – perguntei.

– Hábito, talvez algum medo residual que ainda não enfrentei. É preciso lembrar que esses companheiros me acompanharam a vida inteira. Creio que me apoiarei neles até que me sinta segura o suficiente para agir sozinha.

Estamos todos em algum estágio de assumir a responsabilidade em participar da criação. Deuses e deusas, anjos e seres etéreos existem porque foram extraídos do material bruto da consciência. Essa oficina de criação realiza-se no Akasha, o campo da consciência. Os artesãos encarregados da tarefa têm a percepção necessária para executá-la. Gostaria de sugerir que caso não se sinta competente para criar um deus, poderá pelo menos aprender a criar um anjo.

Entrevistei certa vez um homem que possuía habilidades notáveis de cura e era muito modesto em relação a elas. Ele me disse:

– Posso ensiná-lo a fazer a mesma coisa em alguns dias.

Quando respondi que tinha dúvidas, ele acrescentou:

– É muito simples. A parte difícil é eliminar a crença que você *não* pode curar.

O mesmo aplica-se a quase tudo que existe. Passamos nossas vidas projetando um sonho, penetrando nele e acreditando que o sonho é real. Veja a si mesmo como alguém que realiza essas três ações e, de repente, o mundo dos anjos se tornará tão real como o mundo de coisas sólidas.

12
O SONHO CONTINUA

Como a história de Savitri termina? O sol já havia desaparecido atrás das copas das árvores quando ela correu de volta para a cabana e espiou pela janela da frente. Yama ainda estava sentado na terra, só que agora as longas sombras dos pinheiros o encobriam completamente. Savitri encheu-se de coragem, disse a última prece e partiu para enfrentá-lo.

E depois? Em uma versão dizem que Savitri fingiu acolher muito bem Yama. O Senhor da Morte ficou tão satisfeito que quis lhe conceder uma dádiva. Savitri pediu o dom da vida, o que deixou Yama perplexo.

– Você está viva – disse ele.

Mas Savitri insistiu e Yama cumpriu seu desejo. Savitri levantou-se e disse:

– Você me deu a vida, mas não posso viver sem Satyavan. – Nesse momento ela superou a morte com sua astúcia e Yama suspendeu a sentença fatal do marido.

Mas nem todos ficaram contentes com um ardil tão banal. Eis o que penso. Savitri dominara seus medos e, então, dançou do lado de fora da cabana para Yama. Ela dançou com tanta graciosidade que terminou com a cabeça apoiada no colo dele e sussurrou como um amante para outro:

– O tempo não é suficientemente longo para satisfazer meu desejo por você.

Yama encantado respondeu:

– Mas temos uma eternidade juntos.

Savitri fez um aceno com a cabeça.

– Se você for todo-poderoso, acrescente um segundo à eternidade para que eu possa amá-lo mais que qualquer pessoa jamais o amou. É tudo que peço.

Yama nunca recebera uma oferta de amor e, além do mais, de uma jovem que tinha todos os motivos para temê-lo. Então, deu a Savitri um segundo a mais e, assim, foi derrotado.

Como?

Um segundo para os deuses significa cem anos para os mortais. Nesse segundo extra Satyavan voltou para casa e abraçou Savitri. Eles entraram na cabana e viveram lá como antes. Tiveram filhos e envelheceram juntos. Após algum tempo o pai de Savitri, o rei, abrandou-se e recebeu os dois no palácio. Quando ficou idosa Savitri questionou-se se não havia pedido tempo demais, porque viveu muito tempo depois que Satyavan deixou esse mundo. Ela passou seus últimos anos de vida meditando, tornou-se iluminada e, quando esse segundo extra terminou, Yama surpreendeu-se ao descobrir que Savitri não o iludira. Ela de fato o amou como alguém ama a totalidade da vida, em vez de um só aspecto.

Esse final é belo e reconfortante. Eu gostaria que o lessem quando eu tivesse poucos dias de vida. Com o espírito de Savitri eu escrevi estas notas, que deixarei para minha família ler. *Não chorem por mim. Eu estou bem e continuarei a amá-los não importa o que aconteça. Este é meu caminho para a viagem.*

De vez em quando olho por alguns instantes essas palavras. De algum modo, como Savitri, só ganhei um segundo a mais na existência. Será suficiente.

REENCARNAÇÃO

Criar um anjo não é a última realização da consciência. A construção de uma nova vida a partir do nada é a realização máxima. Essa aptidão é conhecida como reencarnação. A noção popular de reencarnação é simples: morremos e retornamos como outro ser. Mas como a alma reveste-se em uma nova personalidade para renascer? Em uma cultura como a Índia, onde a reencarnação tem um fundamento forte, as pessoas interessam-se em saber por que nasceram com determinadas tendências cármicas, e diversos grupos da sociedade – astrólogos, sacerdotes, filósofos, gurus – explicam o processo pelo qual o Carma une-se à alma e gera uma nova vida de experiência.

A maioria das pessoas sabe que os tibetanos esperam que seus líderes religiosos, inclusive o Dalai Lama, reencarnem como um bebê que revelará sua identidade. Esses bebês em geral nascem no Tibete, mas existem casos em que surgem na Europa; por exemplo, há cerca de uma década a procura por um grande lama levou os pesquisadores tibetanos a uma família na Espanha. Na Índia, personalidades religiosas notáveis quase sempre tiveram predecessores ilustres; Mahatma Gandhi foi vinculado pelos seus seguidores a grandes gurus do passado. Quem dirá qual par é válido? O assunto é muito complexo.

Existem tribos de índios nativos norte-americanos em que cinco ou seis crianças têm recordações nítidas de terem tido a mesma mãe numa vida passada. Há casos similares de crianças no Japão que se lembram de experiências idênticas numa vida passada durante a Segunda Guerra Mundial, como se a alma de um soldado se fragmentasse em pedaços, cada um dos quais renascendo separado. Especialistas em "regressão da alma", em que uma pessoa retorna a vidas passadas subsequentes, dizem que as lembranças misturam-se e, por fim, absorvem-se. Assim, grandes personagens como Cleópatra ou Napoleão revelam as reminiscências de uma sociedade e pessoas em vidas passadas lembram-se de ter sido Napoleão, quando, na verdade, sua vida foi só tocada por ele de alguma forma poderosa.

Certas pessoas ficam fascinadas com o jogo de "Quem eu fui numa vida passada?" ou "Eu não o encontrei numa vida passada?". Porém, conheci outras que tapam os ouvidos quando escutam a palavra "reencarnação", angustiadas com a ideia de renascer como um porco ou um cachorro. A reencarnação ofende a teologia cristã, que não concede uma segunda chance de redenção na vida após a morte. A reencarnação é mais indulgente. Os erros podem ser corrigidos; vidas inteiras podem ser redimidas, não no céu e sim em um novo corpo ao repetir os mesmos acontecimentos que causaram o fracasso, pecado ou a falta de realização.

Sem a reencarnação podemos ter a ideia errônea que o universo é governado pela morte. Depois de milésimos de segundo após o Big Bang, 96 por cento da matéria e da energia que emergiram do vácuo retornaram a ele. A fração restante ainda emite sinais intermitentes de existência, mas com tanta rapidez que a matéria parece sólida e permanente. Na realidade, todas as coisas sólidas são transitórias; cada partícula na existência oscila dentro e fora do vácuo, dando a ilusão de solidez porque nossos sentidos não são rápidos o suficiente para captar a vibração. A nova partícula que surge nunca é igual à que desapareceu, por isso a natureza controla o tempo, lugar, a descarga elétrica, a rotação e outras propriedades básicas que requerem estabilidade e mudança simultaneamente.

O mesmo aplica-se a você e a mim. Nós existimos como um produto fluido da mudança e da estabilidade. O meu cérebro parece igual ao seu a cada momento, mas a atividade dos neurônios nunca é a mesma, um cérebro é como um rio onde não podemos entrar no mesmo lugar duas vezes. O DNA reencarna quando o gene do pai divide-se ao meio num ato de suicídio criativo para unir-se ao gene da mãe. O fato de o DNA replicar-se não causa a morte da célula-mãe, e sim produz um novo material genético que gera uma nova carne e a raiz da palavra encarnação origina-se do latim *carneus*.

Os seres humanos têm sentimentos ambíguos em relação ao fato de que somos feitos de carne. Isso condiz a nós como mamíferos, mas complica-se ao considerarmos a dimensão do espírito. Em razão de observar a carne envelhecer e deteriorar-se, de ver de que modo ela nos trai com a doença, podemos não gostar da ideia de ter um novo corpo após a morte, porque para alguns de nós um corpo é suficiente. Com certeza, o cristianismo assume essa posição, com sua racionalização que a carne é intrinsecamente corrompida pelo pecado e, portanto, é muito melhor revestir-se na alma após a morte do que se reciclar.

O Oriente convive bem com a reencarnação por diversos motivos. Como o universo está constantemente recriando-se, não teria sentido sermos o único aspecto não envolvido no processo. E do ponto de vista psicológico, se retornarmos em um novo corpo seremos capazes de realizar desejos e ambições que se frustraram nesta vida, o que é uma ideia reconfortante. Ainda mais reconfortante é a possibilidade de reencontrar seres amados que perdemos (ou que nunca tivemos no caso de um amor não correspondido). A reencarnação dá esperança para o progresso social: um escravo pode retornar como nobre na próxima vida. Por fim, o sistema cósmico de nascimento e renascimento tem um impulso evolucionário por trás dele: passo a passo todas as almas ascendem mais no caminho da alma para Deus.

Talvez não seja um problema de crença, o Oriente *versus* Ocidente. A reencarnação pode ser uma questão de escolha. A consciência é útil. Nós a moldamos segundo nossos desejos. Em vez de ser a palavra final, a rejeição da reencarnação pelo cristianismo pode ser apenas uma escolha coletiva. Ao refletir sobre fatores relevantes, uma grande parte da humanidade diz: "Eu não quero voltar para este lugar", ao passo que outra diz: "Eu quero." Tudo que podemos afirmar é que a natureza depende do mecanismo do renascimento.

ESCOLHENDO O RETORNO

Para os rishis, todos os aspectos da vida após a morte são escolhas. O que você escolhe converte-se em realidade e o que não escolhe torna-se irreal. Mas isso soa desconcertante. A reencarnação acontece ou não? Os psicólogos infantis sabem que existe um período crítico, em geral, entre a infância e os 8 ou 10 anos, em que algumas crianças lembram-se de vidas passadas. Em um relato divulgado recentemente, um menino fica obcecado com batalhas aéreas na Segunda Guerra Mundial.[1] Ele queria visitar campos de aviação e recortava imagens deles.

Quando viu um livro sobre o combate feroz de Iwo Jima no declínio da guerra no Pacífico, ele disse aos pais que morrera nessa batalha.

Surpresos com a total convicção do menino, os pais presumiram que ele era imaginativo, até que o filho cruzou uma linha obscura e começou a dizer nomes de pessoas e mencionar datas. Ele lembrava seu antigo nome e o momento em que seu avião foi abatido pelos japoneses. Os pais pesquisaram o incidente e descobriram que um piloto americano com esse nome morrera da maneira descrita; sobreviventes da Força Aérea confirmaram os detalhes lembrados pelo filho.

Essas reminiscências são mais comuns na Índia, onde a crença na reencarnação elimina o choque inicial e a descrença que levam as pessoas a manter essas histórias em segredo. O noticiário relata histórias de crianças que pedem para serem levadas a vilarejos vizinhos, onde lembram com nitidez terem sido seu último lar. Logo que retornam, não é incomum a criança reunir-se a antigos parentes ou pais. Os psicólogos dizem que esse interesse intenso em encarnações passadas é temporário; depois dos 10 anos as antigas lembranças desaparecem aos poucos e perdem a característica obsessiva. Talvez algumas almas precisem de certo tempo para adaptarem-se ao seu novo lugar no tempo e espaço.

O estudo mais detalhado a respeito dessas crianças foi realizado pelo psiquiatra Ian Stevenson[2] da Universidade da Virgínia, pesquisa que prossegue com o psiquiatra Jim Tucker. Ao trabalhar com mais de 2.500 estudos de caso de crianças que se lembravam com nitidez de vidas passadas – o número aumenta o tempo inteiro – Stevenson descobriu que o mais surpreendente eram as crianças que carregavam as mesmas características físicas de uma vida para outra. Há 14 casos de crianças que lembravam ter morrido com tiros numa vida anterior e cujo corpo tinha uma cicatriz como se uma bala tivesse penetrado no corpo, com uma cicatriz oposta por onde a bala saíra. Uma criança nascida na Turquia tinha recordações nítidas, quase desde que começara a falar, de um criminoso notório que fora acuado pela polícia e suicidou-se para não ser capturado. O criminoso atirou embaixo do próprio queixo, e essa criança tinha uma cicatriz circular vermelha exatamente no mesmo lugar. Stevenson ficou curioso para descobrir a cicatriz por onde a bala saíra e, quando repartiu o cabelo do menino, encontrou uma cicatriz redonda e sem cabelo no couro cabeludo no topo da cabeça.

As crianças que se lembram de vidas passadas possuem uma semelhança marcante de comportamento, segundo Carol Bowman, outra pesquisadora nesse campo. Elas falam da vida passada desde muito cedo, às vezes aos 2 anos e, em geral, param em torno dos 7 anos. As crianças falam de maneira trivial da morte. Elas têm medo de algumas coisas associadas à morte violenta, mas normalmente essa sensação não é emocional. Quase sempre parecem pequenos adultos e têm lembranças bastante detalhadas. Elas fazem comentários inesperados como esses relatados pelo dr. Stevenson de várias crianças:[3]

> "Você não é mamãe/papai."
> "Eu tenho outra mamãe/outro papai."
> "Quando eu era adulto, eu...{tinha olhos azuis/tinha um carro etc.}."
> "Isso aconteceu antes de eu estar na barriga da mamãe."
> "Eu tenho uma {mulher/marido/filhos}."
> "Eu...{dirigia um caminhão/vivia em outra cidade etc.}."

"Morri...{num acidente de carro/após uma queda etc.}."

"Lembro quando eu...{vivia nesta outra casa/era seu pai etc.}."

Essas crianças falam casualmente sobre a vida após a morte. Cerca de metade dos 220 casos estudados por Stevenson menciona que elas disseram que não iriam direto para o céu e que teriam de esperar primeiro em outro lugar, o que corresponde à fase da "travessia". Comentam que tomariam decisões a respeito da próxima vida assim que chegassem ao céu, escolhendo uma nova família e encarando novos desafios. Como uma menina disse: "O céu não é fácil. Você tem de esforçar-se lá."

Por serem quase sempre muito jovens, as crianças que relatam vidas passadas são a evidência mais forte que a reencarnação não é só uma tradição cultural. Há também uma questão convincente de convergência: as três categorias de testemunhas – crianças que se lembram de vidas passadas, pessoas que tiveram uma EQM e pessoas que vivenciaram a experiência de sair do corpo – em geral têm a mesma opinião sobre o funcionamento da vida após a morte.

As experiências de sair do corpo são mais comuns do que supomos, e algumas pessoas as controlam a tal ponto que se tornam "turistas astrais". F. Holmes Atwater, do Monroe Institute,[4] é um dos diversos pesquisadores nesse campo, e suas cobaias com frequência relatam experiências que as levaram ao campo Akasha, inclusive aos domínios que associamos à morte. O que veem é totalmente coerente com as EQMs e com as crianças que se lembram de vidas passadas. Uma criança disse aos pais que Deus não falava por palavras ou em uma linguagem como inglês ou espanhol. Isso é compatível com a crença esotérica que a comunicação nos planos astrais realiza-

-se por telepatia. As pessoas que retornam da experiência de quase morte também dizem que o que ouviram ou aprenderam lhes foi transmitido sem a fala, quase sempre por um insight instantâneo ou uma revelação.

Essas crianças são excepcionais porque se lembram de vidas passadas ou nós somos anormais por não lembrarmos quem fomos? Penso que nenhuma das duas premissas é correta. A função da memória está profundamente ligada a emoções fortes. Poucas pessoas recordam-se o que comeram no jantar numa terça-feira do mês passado, mas se esse jantar tiver sido uma proposta de casamento a alguém a quem amamos, será lembrado durante anos. Do mesmo modo, essas crianças lembram-se de mortes violentas em suas antigas vidas e essa lembrança extremamente negativa estende-se além dos limites da morte. Dr. Stevenson registrou o caso de uma criança que nasceu com marcas vermelhas no peito e que se lembrava da dor de tiros fatais de uma espingarda.

Por outro lado, seria improdutivo do ponto de vista emocional se lembrássemos de tudo que houvesse acontecido conosco. O pioneiro neurologista russo Alexander Luria teve um paciente, um jornalista a quem chamou de S., que lembrava de tudo que lhe acontecia. Ele sentava-se em uma sala cheia numa coletiva de imprensa e depois recordava todas as palavras faladas por cada pessoa. Mas S. era incapaz de sentir emoções e não entendia poesia, símbolos e metáforas; para ele, todos os acontecimentos eram um fato literal registrado numa fita mental. (Quando Luria lhe perguntou se alguma vez a tristeza lhe pesara na mente, S. respondeu de uma maneira trivial que a tristeza não tinha peso.)

A lembrança apaga-se de muitas formas e uma das mais comuns é a amnésia regressiva. Vemos esse fenômeno em vítimas de acidentes de carro e de guerra. Uma pessoa que perde a consciência após uma batida de carro ou ser ferida por uma bala pode lembrar-se de tudo até o momento do impacto, mas não depois. Quando acorda no hospital e pensa: *O que aconteceu comigo?*, o paciente ou o soldado tenta preencher a lacuna do tempo com suposições. *Se estou no hospital e meu braço está quebrado, devo ter sofrido uma batida de carro.*

A reencarnação cria uma lacuna similar na memória, exceto naqueles que carregam as lembranças de uma vida para a próxima. No espaço entre as vidas, a identidade remodela-se; de alguma forma mudamos completamente e, ao mesmo tempo, continuamos como éramos. A vida após a morte, portanto, é uma espécie de câmara de transformação. Em um dia frio de outono você pode achar uma crisálida pendurada em um galho. A pupa interna foi uma lagarta e com o tempo reencarnará em uma borboleta. Para isso, cada célula da lagarta precisa transformar-se. Nesse estágio intermediário de ninfa, o inseto é uma substância orgânica pegajosa sem forma. Essa lagarta funde-se e transforma-se ao mesmo tempo. Sua antiga identidade física é totalmente eliminada. Todos os insetos que passam de uma larva à plena idade adulta fazem um processo similar e, assim como as lagartas, não têm semelhança com uma borboleta, uma ninfa libélula à procura de peixes no fundo de um lago, não se assemelha ao seu estágio final, nem uma larva à mosca.

Para os insetos, a reencarnação é um salto criativo que não envolve escolhas conscientes, porque a informação codificada nos genes de um inseto produz a mesma transformação geração após geração sem variações. Inúmeras borboletas-monarcas são clones de borboletas originais de milhões de anos atrás. O DNA humano, no entanto, gera novas pessoas, cada uma das quais se sente única. A singularidade na estrutura física é só o começo. Saímos da câmara de transformação não apenas como um ser um pouco diferente, tal como um chimpanzé ou um cachorro bassê diferem um do outro, mas totalmente livres para nos criarmos internamente, utilizando desejos, esperanças, sonhos, crenças e aspirações, todas as ferramentas disponíveis na consciência.

Os rishis védicos diriam que a consciência governa toda essa máquina e a reencarnação é só uma variante do tema de tempo e espaço, que gera novos talentos e interesses. De acordo com a concepção dos rishis, a reencarnação é um salto criativo que associa o antigo carma, bom ou mau, em uma combinação única. A nova vida e a antiga unem-se inexoravelmente por milhões de conexões cármicas, contudo a maioria das pessoas que renascem sente-se renovada.

Esse é o momento do salto criativo, segundo os rishis. Pense nisso como o dinheiro no banco: você só tem 500 dólares, mas é livre para gastá-lo como quiser. Em termos cármicos a causa leva ao efeito, desde que a cadeia se mantenha, o acontecimento A resulta no evento B. Um universo sem causa e efeito seria caótico. Se deixar uma bola cair, a gravidade a atrairá para o chão, e esse resultado é tão confiável que se reduz a uma certeza. Se o Carma fosse uma certeza, não haveria necessidade de reencarnação, porque o equilíbrio cármico ao final de uma vida seria tão confiável como o casulo que gera borboletas-monarcas de uma larva, não monarcas numa primavera e borboletas de cauda de andorinha na seguinte.

No entanto, o Carma não é previsível. As pessoas realizam diversos tipos de ações e colhem resultados completamente diferentes das sementes que plantam. É decepcionante que ações más não sejam punidas e a virtude negligenciada, que coisas ruins aconteçam com pessoas boas o tempo inteiro. Os rishis védicos não atribuem esse fato a caprichos de uma providência extravagante. O Carma não é previsível, dizem, pelas mesmas razões que a consciência é imprevisível.

- A criatividade é inata.
- A incerteza permite o surgimento de novas formas.
- O desconhecido contém possibilidades infinitas, das quais só uma fração surge no mundo conhecido.
- A natureza significa mudança e estabilidade ao mesmo tempo.

Esses são os princípios básicos do Carma, e o mais fascinante é que somos unidos não por mecanismos inexoráveis, mas por um profundo compromisso com a incerteza e com os saltos criativos que dele resultam.

A reencarnação é o modo pelo qual a consciência renova-se mesmo quando usa materiais que nunca podem ser criados ou destruídos. Esse é o prodígio dela. A mudança infinita e a estabilidade infinita coexistem; esse também é o mistério que temos de solucionar antes que a reencarnação possa ser compreendida em sua plenitude.

CARMA NO CÉREBRO

O Carma é a chave para a compreensão do cérebro. Os neurologistas ficam perplexos com que chamam "o efeito unificador", uma força misteriosa que conecta diferentes áreas no cérebro. Progressos recentes em imagens do cérebro mostram que é preciso uma cooperação de diversas regiões do cérebro para produzir pensamento, sentimento ou sensação. Por exemplo, você entra numa sala, reconhece sua mãe e pergunta se ela lembra a receita do bolo que fez em seu aniversário de 10 anos. Seu cérebro não está mudando de uma área que reconhece quem ela é para outra que quer fazer uma pergunta para uma terceira que lembra seus aniversários passados. O cérebro inteiro realiza essas tarefas em diversas áreas ao mesmo tempo e o mistério é de como isso se processa.

Se o cérebro tiver um sistema de telefone de alta velocidade para enviar mensagens de um lugar para outro, o efeito unificador poderia ser explicado por uma série de comandos sequenciais. Mas os neurônios agem simultaneamente. O ponto A e o ponto B brilham ao mesmo tempo, sem intervalo para um sinal bidirecional. Além disso, é capaz de fazer combinações infinitas que têm pouca ou nenhuma relação entre si.

Cada pensamento, portanto, é uma atividade do cérebro inteiro. Embora uma tomografia possa visualizar o grupo de neurônios no cérebro, onde um pensamento assassino surge na mente de um criminoso e um pensamento bondoso na mente santificada, é o cérebro inteiro que diferencia um criminoso de um santo. É preciso um cérebro inteiro para examinar todo o tráfego que coordena centenas de bilhões de neurônios independentes, assegurando que se unam em uma conversa infinita e prolífica. Se eu quiser fazer um ato de bondade, meu cérebro me transmitirá um pensamento simples, a exemplo de como *devo contribuir para amenizar o desastre*. Esse único pensamento requer o seguinte:

Um senso moral de certo e errado.
Lembranças da sensação de estar indefeso e vitimado.
Empatia com os sofredores.
Um sentimento de compaixão.
Um sentimento de dever com a sociedade.

Esses elementos interligados residem em diversas partes do cérebro e representam padrões únicos de atividade. Ao mesmo tempo, em um nível mais profundo meu cérebro precisa manter-se consciente de quem eu sou, meu histórico de atos bondosos e cruéis, minha culpa inconsciente, minha percepção do papel daqueles que também são bons etc. O que é de fato surpreendente é como o cérebro sabe como misturar esses ingredientes instantaneamente. Não confunde a lembrança incorreta ou sentimento. Não esquece quem eu sou ou me distrai com coisas bizarras, a menos que eu tenha uma doença mental e nesse caso ficarei completamente desligado. Devido à minha incapacidade de reconhecer que meus pensamentos são de fato meus, posso pensar que Deus está me ordenando a dar dinheiro para mitigar o desastre.

Posso ter consciência de um único pensamento, porém o que meu cérebro faz em apoio a esse pensamento amplia-se a uma extensão muito maior. (Os neurologistas estimam que uma pessoa capta cerca de duas mil informações por minuto, que estão sendo processadas no cérebro. Isso parece expressivo, mas além de nossa percepção o cérebro processa 400 bilhões de informações por minuto. Milagrosamente, controla cada uma delas e filtra até uma fração minúscula que necessitamos no mundo e segue nosso rumo de pensamento e desejo.)

Entrei em detalhes nessa passagem porque, se é preciso que todas as células do cérebro atuem em conjunto para realizar uma ação, o universo inteiro também tem de agir para fazer uma única ação. Como um neurônio, elétrons e átomos parecem independentes, mas a mudança do spin do elétron em um extremo do universo será refletida, instantaneamente e sem enviar sinais, por um par de elétrons a bilhões de anos-luz. Então o "efeito unificador" é cósmico e pessoal; ele existe "aqui" e "lá". O resultado é que *você* é uma atividade do universo inteiro, um insight que soa abstrato, porém assim como um único pensamento obriga o cérebro a realizar um número enorme de cálculos invisíveis, o Carma produz cálculos invisíveis para produzi-lo.

Como agora podemos provar, a mudança e a estabilidade coexistem no cérebro; sem elas ele não funciona. Quando você se lembra de um antigo aniversário, diz que é "meu" pensamento, porém não sente uma conexão pessoal com sinapses e dendritos ou uma explosão de sinais passando sobre eles. As células do cérebro trabalham com meios previsíveis envolvendo trocas de descargas elétricas entre átomos de sódio e potássio, e simples oscilações entre impulsos elétricos positivos e negativos. De alguma forma a estabilidade mecânica produz formas de pensamento livres, criativas e imprevisíveis.

Os rishis dizem o mesmo sobre o Carma. Ele é infinitamente flexível e infinitamente inflexível dependendo de como o olhamos. Forças desconhecidas estão livres para reformulá-lo sem seu conhecimento. Elas fazem isso o tempo inteiro, apesar de não termos a mínima percepção de como o cérebro muda do pensamento A para o pensamento B. A neurologia observa esse processo, mas não sabe explicá-lo. Duas pessoas podem dizer a palavra "maçã" e seus cérebros exibirão o mesmo padrão de atividade. Esse padrão, embora perfeitamente mapeado, não tem valor profético e não nos informa a próxima palavra que cada pessoa falará – o acontecimento B pode ser qualquer palavra, som ou gesto, ou talvez silêncio.

Isso suscita a pergunta de quantas escolhas fazemos em relação à vida seguinte. É inútil dizer apenas que o Carma é flexível e inflexível ao mesmo tempo. A coexistência de opostos é um paradoxo e, a não ser que o solucionemos, não teremos controle na vida após a morte; ficaremos presos nas engrenagens de uma máquina que pode produzir qualquer resultado segundo seus caprichos.

DESTA VIDA PARA A PRÓXIMA

Não controlamos a vida após a morte pela mesma razão que não controlamos a vida atual. Não temos ainda a consciência suficiente. As lacunas da ignorância de nosso pleno potencial são enormes e qualquer reivindicação da lacuna vai para o inconsciente. No budismo tibetano uma vida é firmemente conectada à outra. Quando um lama morre, espera-se encontrar sua reencarnação. Sinais revelam a conexão das duas encarnações. Ao retornar, o bebê reconhece seus antigos brinquedos, por exemplo, e os adultos ao seu redor podem verificar sem margem de dúvida que a cadeia de identidade não se rompeu.

Isso significa que os tibetanos não caem no espaço vazio ao morrerem. A continuidade é preservada. O famoso Livro Tibetano da Morte descreve todos os detalhes de uma morte consciente, com a crença que a pessoa à morte deve permanecer tão conectada quanto possível ao fluxo ininterrupto da consciência. Para um leitor ocidental o livro é desconcertante; ele descreve tantas gradações de consciência, tantas destinações possíveis no Bardo que levaria uma vida inteira de prática budista para absorver todas as possibilidades. Esse é precisamente o ponto, porque os tibetanos não querem sair de seu sistema de crença; ele preserva a identidade deles e o caminho da liberação.

Esse é um exemplo de uma escolha padrão estável, comparada a uma atitude imprudente de um jogador ocidental. Normalmente, não tentamos nos apegar a uma consciência intata e, embora possamos ter o desejo de renascer em uma vida muito semelhante à que deixamos, isso demonstra que aspiramos a algo completamente novo. De qualquer modo, em geral não presumimos que nossos desejos têm importância. O céu e o inferno se encarregarão desse assunto, o que significa, por ironia, que os ocidentais são mais resignados com seu Carma que a maioria das pessoas no Oriente, para as quais o Carma segue uma pessoa vida após vida. Para elas, todas as ações nesta vida repercutem na próxima e, aparentemente, eventos aleatórios no presente têm suas raízes nas decisões tomadas no passado.

Portanto, existem várias maneiras de se relacionar com o Carma. Você pode escolher ser consciente ou inconsciente. O Carma une os acontecimentos, mas isso não implica ser fatalista. No Oriente, essa questão é quase sempre omitida e as pessoas assumem que as más ações são crimes a serem punidos, ao passo que boas ações merecem recompensas. Apesar de lógica, essa premissa nega a liberdade de escolha.

– Eu pensava que o carma me convertera numa marionete – observou certa vez um amigo. – Por ter feito milhões de escolhas no passado, cada uma delas com suas consequências, como poderia livrar-me dessas escolhas? Cada má ação me levava a um caminho, cada ação boa a outro. O destino segura os fios.

– Como rompeu com essa maneira de pensar? – perguntei.

– Foi difícil. Mas um dia tive um insight. Que importância tinha de ser uma marionete? Eu não sentia os fios. Nem via ninguém os manipulando. Por tudo que sabia, cada decisão tomada era minha e só minha. Podia ser um fantoche do destino, mas qual a relevância disso se eu não percebia a diferença?

Vida após a morte

É difícil discutir com tanto pragmatismo. Só depois pensei em seus defeitos. Se o Carma assemelha-se ao trabalho invisível do cérebro, não podemos ignorá-lo por ser invisível. Nosso cérebro produz todos os tipos de pensamentos perturbadores e distorcidos. Eles podem desequilibrar-se e nos levar à depressão ou à loucura. Estão sujeitos a percepções falsas ou alucinações, além de doenças debilitantes passíveis de serem tratadas. Ainda mais importante, o que falamos e fazemos altera o cérebro. As fibras duras dos neurônios modificam-se com a experiência e, então, o cérebro de alguém que sofreu uma desgraça, por exemplo, torna-se diferente de quem passou incólume pela vida. Experiências positivas e negativas condicionam a mente a ver o mundo sob um prisma particular, e o cérebro adapta-se.

Vamos aplicar esse fato à reencarnação. Na morte, os aspectos visíveis e invisíveis do carma mesclam-se. A versão comum contada na Índia é a seguinte: ao morrer você sai do corpo, mas permanece consciente de quem é. Continua a ver o quarto onde morreu; você retém as sensações de possuir um corpo físico por algum tempo (tradicionalmente, os corpos ficam intocáveis logo após a morte pela crença que os mortos podem sentir qualquer coisa que fizessem com eles).

Em seguida, como um homem afogando-se vê sua vida passando diante dos olhos, o carma desenrola-se como um fio que se solta de um carretel, e os acontecimentos de sua vida são rebobinados na tela da mente. Você revive todos os momentos significativos desde o nascimento, só que dessa vez com uma nitidez e clareza que mostra com exatidão o que cada um representou. O certo e o errado são revelados com limpidez, sem desculpas ou racionalizações. Você torna-se responsável por todas as suas ações.

Quando esses julgamentos são feitos – eles são autojulgamentos e não éditos divinos – você dirige-se a diversos Lokas, mundos que refletem o tipo de recompensa ou punição que suas ações merecem. Uma alma não permanece em um Loka para sempre e continua lá até o momento que o Carma quiser. Durante essa passagem que envolve prazer e dor, você se conhecerá e chegará às suas conclusões. Nenhuma força externa lhe diz o que significa sua vida ou como proceder para dar o próximo passo. Você pode sofrer num Loka diabólico por um tempo que parece uma eternidade ou partir logo. O tempo é puramente subjetivo e o que vivencia é sua consciência pensando em dilemas e conflitos. *Por que estou aqui? O que me faz sofrer? Eu mereço sofrer? Existe uma saída?*

As pessoas desconectadas de si mesmas ficarão tão confusas na vida após a morte como na atual. Para elas, causa e efeito não são claros. Sentimentos de alienação, solidão, sofrimento, joguete do destino, descontrole ou abuso de autoridade se conflitarão. Nessa névoa indefinida, elas não têm responsabilidade por suas motivações e desejos, e a vida após a morte pode ser assustadora ou desconcertante.

O fato de estar desconectado é uma ilusão da perspectiva da alma e embora possa parecer uma permanência longa, uma pessoa por fim prepara-se para deixar a região dos Lokas. A compreensão, simbolizada pela luz, começa a surgir. Com clareza você percebe que "eu sou" é sua base, não as coisas que fez. Você não mais se identifica como uma determinada pessoa; agora se identifica por ser consciente, e sua mente enche-se de novas possibilidades. O carma que trouxe da última vida exauriu-se e novas sementes de carma estão prontas para brotar.

O renascimento impregna-se na mente. Por um longo período (do ponto de vista subjetivo) você vivencia a beatitude, ou Ananda; você ganhou um ser puro que se realiza, não obstante o carma bom ou mau. Você se vê no mesmo espaço vazio do espaço entre dois pensamentos, porém dessa vez tem consciência das incontáveis possibilidades à sua escolha. Como fazer essa escolha na próxima vida? Por meio do mesmo processo de escolher o pensamento seguinte. Fazemos isso o tempo inteiro, mas não em nível consciente; o próximo pensamento surge do vazio, do desconhecido.

Você sentirá como o sonho de uma nova identidade começa a envolvê-lo, e entrará na próxima vida em total rendição a ações posteriores que ainda praticamente desconhece. Mas todos nós podemos ter um papel mais ativo em nossa reencarnação. No vazio, quando todas as possibilidades nos confrontam, a escolha encontra-se nessas possibilidades. Os rituais elaborados do Livro Tibetano da Morte não se destinam a conduzir uma boa pessoa a um céu agradável e a uma vida melhor. Destinam-se a fazer com que a liberdade de escolha seja real, a fim de tornar a pessoa plenamente consciente nesse espaço vazio para moldar o carma, controlá-lo ou solucioná-lo.

LIBERTANDO-SE

Como se sentirá no espaço vazio? Eu responderei com base em minha experiência. Há um ano vi-me sentado num avião num estado mental de perplexidade. Durante uma curta estada no Meio-Oeste fiquei sem nada para ler. Examinei a banca de jornais do aeroporto, mas não encontrei nada de interessante nas prateleiras. Quando embarquei no meu voo, disposto a passar o tempo escrevendo, descobri que meu notebook e o palmtop haviam sido embalados numa mala. Alguma coisa – destino, circunstância ou descuido – me deixou sozinho por quatro horas.

Sem advertência ou permissão, uma voz sutil mental começou a me guiar. Percebi, então, como minha mente trabalhava quando não havia distrações ao redor. Vi algo muito básico. Um pensamento surgia na mente e depois outro e assim por diante. Os pensamentos podiam prender a atenção ou passarem despercebidos; podiam ser fortes ou fracos, momentâneos ou casuais, frívolos ou sérios. A voz mostrou tudo isso em poucos segundos.

Agora, qual é a maneira adequada de relacionar-se com sua mente?, perguntou a voz. Você deve sempre obedecer a ela? É claro que não, pois temos todos os tipos de pensamentos irrelevantes ou fantasiosos. Devemos ignorar o que transmitem? Não, mais uma vez porque a mente nos oferece todos os desejos nos quais construímos nossa vida. *Não existe uma única maneira de relacionar-se com a mente.* Você não pode presumir que sempre tudo funcionará bem. Quando as pessoas decidem arbitrariamente ser otimistas, é possível que se enganem perante crises sérias, más ações, guerras, conflitos pessoais etc. Se decidirem por livre-arbítrio ser pessimistas, perderão as inúmeras oportunidades de alegria, realização, esperança e fé.

Meu guia mental revelou-me isso, e fiquei intrigado. O fato de ser espiritualizado era uma postura com bons resultados, mas havia situações em que ser espiritualizado – tolerante, afetivo, compreensivo e desligado do materialismo – não surtia efeito. Um pai não podia aceitar e amar um filho viciado em cocaína, por exemplo; era preciso haver uma intervenção efetiva. Milhares de outros exemplos me vieram à mente. O amor não derrotaria torturadores; a tolerância não reprimiria o excesso de fanáticos. Uma pessoa teria de encontrar uma maneira infinitamente flexível para relacionar-se com a mente, senão alguma coisa se perderia. O dom mais precioso da mente, sua total liberdade, é a fonte de nossa criatividade.

Agora, meu guia mental disse, olhe o mundo. Não é igual à mente? A mesma imprevisibilidade prevalece e, portanto, uma atitude rígida em relação ao mundo não funcionará. Pessoas que são genuinamente otimistas quanto ao futuro são tão míopes como pessoas pessimistas. Dê um passo à frente. O carma também é imprevisível e, por isso, não pode ser abordado sob um só enfoque. Lutar contra seu carma é tão frustrante como aceitá-lo.

Nesse momento o sol se pusera e a cabine do avião estava vazia e escura. Eu vi a última faixa de luz azul-alaranjada no horizonte. Meu guia mental não fora um acidente ou um sonho diurno. Percebi que há muito tempo eu queria saber *como tudo funciona*. A resposta é que a mente, o mundo e o Carma são a mesma coisa, espelhos perfeitos uns dos outros. A complexidade deles é impossível de penetrar. Suas conexões infinitas jamais poderão ser mapeadas e, mesmo se pudessem, o novo tique-taque do relógio traria um novo, igualmente infinito conjunto de possibilidades.

Essa percepção foi a sensação mais próxima que senti do espaço vazio, onde uma nova vida é escolhida. O vazio é pura liberdade e no momento em que você perceber que é livre, as escolhas mudam. Algumas almas querem um total desprendimento, então, escolhem Moksha, ou a liberação de um corpo físico e da influência do carma. Outras almas gostam de Moksha, mas querem usufruí-la enquanto possuem um corpo. Escolhem reencarnar com total autoconsciência e chamamos isso de iluminação. As pessoas restantes têm outros desejos. Gostamos de ser livres, porém também queremos novas experiências. Então deixamos o Carma tecer uma nova história para nós. Manteremos alguma autoconsciência e sacrificaremos outras percepções. Concordaremos em esquecer o "eu sou" em detrimento de ser uma pessoa isolada com simpatias e antipatias, desafios e oportunidades.

A nova vida que escolhermos terá sua medida singular de conexão e desprendimento. Isso não é a maneira perfeita de relacionar-se com a mente, com o Carma e o mundo. O modo perfeito é a liberdade. Mas em nossa maneira imperfeita faremos parte do mistério. Aceitaremos um papel nesse jogo fascinante de claro e escuro e, mais uma vez, o mundo físico se converterá em nossa realidade. Voltaremos à crença que a morte é algo temível, que a luta é necessária, que o prazer deve ser perseguido e a dor evitada. Esqueceremos o conhecimento que nossas almas têm, ou que tivemos quando estávamos no vazio. Reteremos só um pouco de verdade para ter alguma aspiração. Eu tenho o sentimento que também manteremos certa medida de tristeza por causa da decisão de deixar a verdade para trás. No entanto, nossa meia verdade tem uma virtude. Contanto que acreditemos nela, a alma nunca desistirá de nos ensinar o resto. Por isso, o sonho continua.

PARTE II
O ÔNUS DA PROVA

Até este século o ônus da prova em questões espirituais foi atribuído aos descrentes. A religião tinha um poder tão grande na imaginação humana que em culturas inteiras, como os antigos egípcios e cristãos medievais, o mundo material era muito menos real que o mundo dos deuses ou de Deus. A maioria das pessoas no mundo moderno não compartilha essa visão, porque estamos tão imersos no materialismo como eles estavam no idealismo – a crença que a natureza começa nos reinos sutis do espírito. No idealismo a terra é um mundo inferior, ao passo que o céu é superior. Assim, tudo na vida terrena – a natureza carnal, desejos, impulso sexual, doença, sofrimento e velhice – está mais distante de Deus ou do espírito que o céu.

A ciência não reverteu essa visão desaprovando-a. O idealismo foi simplesmente ultrapassado por uma nova concepção do mundo, o materialismo, que era mais prático. O materialismo trouxe a tecnologia, com seus confortos, e explicou muitos fenômenos que a religião preferia ver como um mistério conhecido só por Deus. Como qualquer concepção do mundo, a antiga excedeu seus limites ao alegar, por exemplo, que as doenças eram atos de Deus para punir os pecadores. Logo que os germes foram descobertos, essa explicação pareceu sem sentido e, por fim, irracional. Mas do mesmo modo a nova visão do mundo também superou seus limites quando a ciência alegou que sem uma prova física podemos abolir a noção de Deus, dos anjos, fantasmas, espírito, a alma e a vida após a morte. Assim como a religião não tem conhecimentos de física e química, a ciência não é versada em questões espirituais.

O ônus da prova mudou de enfoque e agora é o crente que tem de provar que Deus e a alma são reais. Para muitas pessoas o triunfo do materialismo é tão completo que mesmo expressar a *razão* pela qual devemos nos preocupar com Deus e a alma é um duro desafio.

Se o ceticismo impera hoje em alguns círculos, na cultura popular ainda é preciso provar que a vida após a morte *não* existe. Pesquisas de opinião revelam que 90 por cento das pessoas acreditam no céu e que quase todas pensam que irão para lá. A crença no inferno sofreu um grande declínio de 75 por cento e só 68 por cento das pessoas acreditam no diabo. Isso deixa a maioria das pessoas num dilema, dividindo sua fidelidade entre a fé quando se trata da espiritualidade e ciência no mundo material. Sir Isaac Newton foi um cristão devoto que lutou a vida inteira com a separação que via entre a ciência e a metafísica.

Porém existe outra maneira de abordar o tema. Neste livro tentei apresentar uma visão da vida após a morte baseada na consciência, e as questões a respeito da consciência podem ser definidas, pelo menos parcialmente, pela ciência. A evidência que estamos procurando não são fotografias de fenômenos sobrenaturais (já existem em abundância, mas levam ainda mais ao ceticismo). A evidência mais útil seriam as grandes reivindicações que permeiam o Vedanta, que é coerente com seus princípios. A primeira reivindicação é, claro, alegar que a realidade é criada pela consciência. Teremos nossa prova se conseguirmos responder às seguintes perguntas:

Akasha é real?
A mente estende-se além do cérebro?
O universo é consciente?
A consciência tem uma base fora do tempo e espaço?
Suas crenças podem moldar a realidade?

Essas são perguntas fundamentais que a ciência discutiu, embora poucos pesquisadores tivessem a vida após a morte em mente quando fizeram suas descobertas. Os físicos nunca se interessaram em provar que o universo é autoconsciente. Mas muitos mistérios permanecerão sem solução se o universo *não estiver* consciente que teorias de vanguarda já começaram a incluir essa ideia antes impensável.

Observar mistérios sem solução é nossa maior esperança, porque só fatos que a ciência não explicou oferecem espaço para uma mudança radical de pensamento. No momento, a neurologia desconhece como a memória funciona, ou como as células do cérebro transformam a informação bruta num pensamento complexo, ou onde se situa a identidade. Se soubéssemos essas coisas, não haveria necessidade de especular a respeito da "mente expandida", a noção que o pensamento pode ocorrer fora do cérebro. Felizmente ou não, nos deparamos com uma rica coleção de enigmas que abrem espaço para os rishis védicos e seu profundo conhecimento da consciência. Na fronteira dos muitos mistérios está a resposta de um mistério.

13

AKASHA É REAL?

O uso da palavra "Akasha" permaneceu à margem da física por pelo menos um século. A razão para isso é que uma crença antiga e supostamente obsoleta recusa-se a desaparecer, ou seja, a crença que o espaço vazio não é de modo algum vazio. Akasha, a palavra em sânscrito para espaço, tem um equivalente em inglês: o éter. Até há algumas gerações, se você tivesse cursado o colégio e perguntado o que preenchia o vácuo infinito entre as estrelas, lhe teriam dito que, tanto na antiga Grécia como na França medieval ou em Harvard na época de Abraham Lincoln, o vazio total é impossível. Um éter invisível que não pode ser visto ou medido permite que a luz viaje para as estrelas, assim como a superfície da água ondula quando uma pedra é jogada num lago. Sem um meio de comunicação para atravessar, as ondas da luz não conseguiriam mover-se do ponto A para o ponto B.

O éter sofreu um sério retrocesso na década de 1880, quando dois cientistas americanos, Albert Michelson e Edward Morley, provaram que a luz viajava na mesma velocidade em qualquer direção. Esse fato foi importante porque o chamado "vento etéreo" que se pensava que fornecia energia ao universo faria com que a luz viajasse mais devagar corrente acima que corrente abaixo. Quando Michelson e Morley provaram que isso era infundado, até mesmo Einstein convenceu-se que o espaço era um vácuo sem atividade, uma crença que também demonstrou ser errônea. Os físicos agora acreditam que o espaço é cheio de atividade na forma de flutuações invisíveis no campo quântico. Essas virtuais flutuantes são responsáveis pela matéria e energia, e também pelas distorções no tempo e no espaço. Assim, de uma forma curiosa a noção rejeitada do éter foi restaurada indiretamente.

A fim de descobrir a origem da matéria e da energia, os físicos concluíram que um campo universal envolve não só o que observamos, como também tudo que possa existir. A física moderna acha que é fácil fazer com que o mundo material desapareça no vácuo, porém isso é profundamente inquietante, tão perturbador como o desaparecimento de uma pessoa à morte. Veremos como o desaparecimento de uma rocha, árvore, planeta ou galáxia ocorre:

Primeiro, a rocha, árvore ou planeta desapareceram de vista quando cientistas perceberam que a matéria sólida é constituída de átomos que não podem ser detectados a olho nu.

Segundo, os átomos desapareceram quando foi descoberto que eram constituídos de energia, meras vibrações no vácuo.

Por fim, a energia desapareceu quando se descobriu que as vibrações são excitações temporárias em um campo e que o campo não vibra e sim mantém um "ponto zero" uniforme e constante.

Teoricamente, para atingir o ponto zero na natureza não se pode refrigerar o espaço vazio ao zero absoluto porque, no mesmo instante, tudo pararia de vibrar. No entanto, o ponto zero também existe aqui e agora; ele provê o ponto de partida do qual tudo surge no universo. Como a matéria e a energia estão constantemente surgindo e desaparecendo no vácuo, o ponto zero serve como estação de troca entre a existência e o nada. Newton afirmou que a matéria e a energia não podem ser destruídas, mas podem oscilar no rumo encoberto do nível subatômico, contanto que a soma total de matéria e energia não se altere.

O CAMPO DO PONTO ZERO

Não seria tão inquietante se o desaparecimento ocorresse só quando o cosmo morresse daqui a bilhões de anos com o resfriamento ao zero absoluto. Nem seria perturbador se a matéria só desaparecesse no vácuo teoricamente. Entretanto, esse não é o caso. A matéria e a energia *têm* de desaparecer. Se permanecessem estáveis, como rochas, árvores e planetas aos nossos olhos, o caos irromperia. A matéria só existiria como partículas aleatórias flutuando no espaço interestelar. Pedaços da explosão do Big Bang voariam dispersos a milhões de quilômetros por hora sem relação entre si. Não haveria formas, evolução, organização, em outras palavras, nem o universo que conhecemos. Na melhor das hipóteses, a gravidade poderia juntar grandes blocos de matéria, mas a gravidade é também uma função de onda que flutua ao redor do ponto zero.

O fato de que o caos não domina tudo permanece um enorme mistério, que só pode ser solucionado pelo Akasha. Nesse ponto, as premissas dos físicos e dos rishis védicos começam a convergir de maneira surpreendente. Os rishis enfocam a consciência como um princípio universal. Mas para existir um universo pensante eles precisam explicar como a mente cósmica funciona, como se mantém unida e organiza-se em pensamentos. Se o "campo da mente" fosse totalmente estável, seria uma zona morta, ou no máximo cheio de um zumbido constante e sem sentido. Os físicos também precisam saber como o universo mantém-se coeso e organiza-se de formas coerentes. De outro modo, a bola de fogo inconcebível que surgiu no momento do Big Bang teria explodido em fragmentos, como a dinamite explode, sem criar formas.

Os físicos ficaram atraídos, pouco a pouco, pelo vácuo porque nada no mundo visível era adequado para explicar o que precisava ser elucidado. O ponto zero tornou-se o "campo dos campos" que envolve todas as partículas ocultas ou virtuais do universo. Calculou-se que o ponto zero possuía um poder de 10 a 40 vezes mais energia que o universo visível, isto é, o número um seguido de 40 zeros. O vácuo revelou-se ser uma troca fervilhante de energia, não apenas entre fótons e elétrons, mas também em todos os acontecimentos quânticos concebíveis. De repente, o oculto tornou-se incrivelmente mais poderoso que o visível. Porém de que modo o "campo dos campos" como a mente é o pressuposto que os rishis procuram?

O pensamento, a operação básica da mente, organiza a realidade para dar-lhe sentido. O universo faz isso fisicamente. Forma sistemas complexos. O DNA é um exemplo, contudo os genes não geram a vida apenas pela cadeia de moléculas simples em torno de uma hélice dupla. Existem espaços entre cada segmento genético, e essa sequência é vital. Uma ameba difere de um ser humano na sequência de carbono, oxigênio, hidrogênio e nitrogênio junto com seus genes, não nos átomos. O fato de que espaços vazios, ou lacunas, entre o material genético seja tão importante nos traz de volta ao vácuo, onde *algo* organiza acontecimentos aleatórios para que tenham sentido.

Logo que a forma é criada, ela precisa ser lembrada a fim de permanecer coesa. O universo recorda-se do que criou e o mistura com sistemas mais antigos. O ecossistema da terra é um bom exemplo. As formas de vida relacionam-se constantemente umas com as outras num equilíbrio delicado. O oxigênio exalado pelas plantas durante a fotossíntese, por exemplo, ao final envenenará a atmosfera inteira, matando toda a vegetação que necessita de dióxido de carbono, mas não a evolução dos animais que consomem oxigênio e devolvem dióxido de carbono para as plantas. Esse equilíbrio extremamente complexo pode remontar ao vácuo, onde as flutuações de energia virtual são transmitidas e absorvidas por uma partícula virtual que necessita de energia. (Como observou um escritor popular, é como se o cosmo estivesse passando adiante um penny e, assim, cada vez que uma partícula ficasse um penny mais pobre, outra ficaria um penny mais rica.) O padrão básico é muito simples, mas, quando trilhões de trocas de energia estão envolvidas a cada segundo, como se estivessem vivas na terra, é impressionante a capacidade do ecossistema de manter uma forma separada da outra, porém em uma relação dinâmica.

Existem outras coisas que a mente pode fazer que são paralelas ao universo. A mente pode seguir a trajetória de dois acontecimentos separados no tempo, por isso, reconhecemos um rosto hoje que vimos anos atrás. Do mesmo modo, o universo segue o percurso de qualquer par de elétrons. Eles ficarão em dupla o tempo inteiro mesmo se viajarem milhões de anos-luz separados. Se um desses elétrons mudar de posição ou de rotação, seu gêmeo mudará simultaneamente sem enviar um sinal que precise viajar no espaço. O Campo do Ponto Zero comunica-se sem relação com o tempo, a distância ou à velocidade da luz.

O fato de usarmos uma palavra como "comunicar" indica como é difícil não ver paralelos entre nossa mente e a natureza no "exterior". Isso é uma armadilha perigosa. A mente e a matéria oferecem duas maneiras de descrever a mesma coisa, mas que não são, intrinsecamente, iguais. Se alguém pudesse demonstrar que o universo tem memória, por exemplo, isso não provaria que tem uma mente. Lembrar de um rosto é um ato mental. A capacidade de dois elétrons de igualar a rotação do outro a uma distância enorme é um feito material. A mesma armadilha funciona em sentido inverso. Se alguém conseguisse calcular cada vibração do arco de um violinista tocando uma sonata de Beethoven, isso não explicaria a música ou sua beleza. Esses são fenômenos mentais e não materiais. Tudo que podemos fazer é traçar paralelos entre dois modelos num esforço de colocá-los numa realidade.

Tenho falado como se o universo soubesse conscientemente o que faz quando o DNA cria uma ameba, por exemplo, em vez de um chimpanzé ou um ser humano. Isso pressupõe uma autoconsciência da parte das moléculas que, por sua vez, requer que o Campo do Ponto Zero atue como uma mente enquanto organiza todas as flutuações possíveis no cosmo. Não importa como aproximamos as paralelas, essa premissa não pode ser comprovada ou negada, porque o Campo do Ponto Zero, por conter tudo, contém a nós. Não podemos sair dele e, então, estamos na mesma posição de um peixe que tenta provar que o oceano é seco. A menos que o peixe pule para fora do oceano, a água está por toda parte; não existe contraste e, portanto, não existe secura que provoque umidade.

Não podemos provar que o universo tem uma mente, porque não somos irracionais. Ninguém vivenciou a ausência da mente; por isso, não temos nada em que nos basear. Os rishis védicos tiveram sorte quando começaram a acreditar que a consciência era real e que não precisava ser provada. Os físicos não consideram que a consciência seja um dom. A menção de um universo autoconsciente situa uma pessoa à margem do pensamento especulativo na física. Mas, para nosso propósito de procurar uma evidência da vida após a morte, é vital mostrar que a consciência está em toda parte, porque assim não haveria um lugar para ir após a morte que não *fosse* consciente.

MENTE E MATÉRIA

E se nossa mente fosse capaz de alterar o campo quântico? Então teríamos um vínculo entre dois modelos, mente e matéria. Esse vínculo foi estabelecido por Helmut Schmidt, um pesquisador que trabalhava no laboratório aeroespacial da Boeing em Seattle.[1] No início de meados da década de 1960, Schmidt montou máquinas que emitiam sinais aleatórios com o objetivo de verificar se pessoas comuns podiam alterar esses sinais só com a mente. A primeira máquina detectou um declínio de estrôncio 90; cada elétron emitido acendia uma luz vermelha, azul, amarela ou verde. Schmidt pediu às pessoas para adivinhar, pressionando um botão, que luz iria acender em seguida.

No início, as pessoas só conseguiram 25 por cento de resultados ao adivinhar uma das quatro cores. Schmidt teve então a ideia de usar médiuns como cobaias e os primeiros resultados foram encorajadores: os médiuns adivinharam a cor correta 27 por cento do tempo. Mas ele não soube se isso fora uma questão de clarividência – ver o resultado antes que acontecesse – ou algo mais ativo que mudava o padrão aleatório dos elétrons emitidos.

Então Schmidt construiu uma segunda máquina que gerava só dois sinais que ele chamou de positivo e negativo.

Montou um círculo de luz e cada vez que um sinal positivo ou negativo era emitido uma lâmpada acendia. Se dois sinais positivos fossem gerados um após outro, as luzes percorriam a direção do relógio. Com dois negativos, as luzes faziam o sentido inverso. Sozinha, a máquina acenderia um número igual de sinais positivos e negativos; mas Schmidt queria que suas cobaias só movessem as luzes no sentido do relógio. Por fim, duas cobaias tiveram um sucesso notável. Uma delas conseguiu que as luzes se movessem no sentido do relógio 52,5 por cento do tempo. Um aumento de 2,5 por cento na aleatoriedade não era um percentual expressivo, porém Schmidt calculou que a probabilidade era de 10 milhões contra um de ocorrer isso por acaso. A outra cobaia também foi bem-sucedida, mas estranhamente seus esforços para mover as luzes no sentido do relógio tiveram o resultado oposto: elas moveram-se só no sentido inverso. Experimentos posteriores com novas cobaias aumentaram a taxa de sucesso para 54 por cento, embora a estranha anomalia das luzes seguirem às vezes a direção errada persistisse. (Não se encontrou explicação para o problema.) Schmidt demonstrou que um observador pode mudar a atividade no campo quântico só com a mente, o que sustenta a suposição que em determinado nível profundo a mente e a matéria são uma só. A afirmativa dos rishis de que estamos imbuídos no campo Akasha parece mais plausível, o que torna também mais plausível o pressuposto de que não saímos do campo ao morrermos; se sairmos, seremos a única coisa na natureza que não faz parte desse campo.

Inspirado pelos resultados de Schmidt, um engenheiro de Princeton chamado Robert Jahn realizou experiências bem mais sofisticadas, com uma máquina que gerava os números zero e um cinco vezes por segundo. Nos experimentos em

Princeton, cada participante fazia três tipos de testes. Primeiro, ele faria com que a máquina produzisse mais números um que zero, depois mais zeros que um e, por fim, ele não mais influenciaria a máquina. Cada teste foi repetido até que se obteve entre 500 mil e um milhão de resultados, um número extraordinário que num único dia superou todas as experiências anteriores realizadas por Schmidt e todos os outros parapsicólogos antes dele.

Depois de 12 anos de estudo, descobriu-se que cerca de dois terços de pessoas comuns conseguiam influenciar os efeitos da máquina, ao contrário do estudo de Schmidt. Essas pessoas, como os médiuns, fizeram alterações materiais, gerando mais zeros que um, mais números um que zeros, em torno de 51 por cento a 52 por cento do tempo. Isso mais uma vez representou uma pequena margem, mas desafiou a casualidade numa proporção de um trilhão para um. A solidez do resultado foi crucial porque a aleatoriedade é o fundamento da física quântica, da evolução darwinista e de muitos outros campos. (Uma dúzia de estudos de acompanhamento de casos também apresentou resultados na faixa de 51 por cento a 52 por cento.)

Se aceitarmos que nossa mente está imbuída no campo quântico e pode mudá-lo, qual seria a extensão de nosso papel? Poderíamos influenciá-lo um pouco, não mais que ligeiras coincidências, como pensar no nome de um amigo e esse amigo nos telefonar de repente, ou em outro extremo, talvez tudo que chamamos de realidade manifestada pela consciência influencie o campo intencionalmente. Depois de examinar essa pesquisa em detalhes em seu excelente livro *O campo*, Lynne McTaggart vê a possibilidade de uma completa revolução na teoria da consciência: "No nível mais profundo, as pesquisas também levam a crer que a realidade é criada por cada um de nós *apenas pela nossa atenção*. No nível mais baixo da mente e da matéria, cada um de nós cria o mundo."[2]

Jahn e seus colegas, no entanto, mantiveram a visão técnica. Ficaram perplexos com os resultados obtidos, porque se pessoas comuns podiam influenciar uma máquina, que parte da complicada maquinaria eles afetavam? Diríamos que a mente altera o ritmo em que os elétrons são emitidos? Também muito importante é a pergunta: "E então?" Se uma pessoa comum pode fazer uma máquina gerar mais zeros que números um, esse fato tem impacto nas grandes questões da ciência? Na verdade sim, e de maneiras profundas.

AKASHA EXPLICA TUDO?

O Akasha pode ser interpretado como o campo pelo qual a mente funciona. Ervin Laszlo, um proeminente teórico húngaro especializado em ciência e consciência, teve a ousadia de introduzir o Akasha como a resposta unificadora para todas as questões. Após 40 anos de pesquisas sobre teorias de vanguarda acerca de filosofia, biologia, cibernética e física, Laszlo adotou a ideia obsoleta e desacreditada que já discutimos: o éter. A física provou que a luz, ao contrário das pequenas ondulações num lago, não precisa de um meio para viajar. Quando um fóton inicia-se no ponto A e desloca-se para o ponto B, a jornada pode ser realizada sem o ato de desaparecer discutido antes: o primeiro fóton desaparece da existência, muda para algum lugar na realidade virtual (o Campo do Ponto Zero) e reaparece intacto em um segundo lugar. Ele não diminui de velocidade devido à fricção como uma pedra deslizando na superfície da água. Além disso, no instante em que desaparece, o fóton pode "falar" com qualquer outro fóton no universo, coordenando sua atividade com todas as formas na criação. Estou apresentando o cenário sem jargão técnico, a fim de descrever por que a física rejeitou o éter – pela simples razão que ele não foi necessário em cálculos quânticos, por meio século ou mais, durante o período em que a física fez enormes progressos.

Assim, de acordo com Laszlo e outros analistas de sistemas, a física chegou a um impasse. Ela não pode explicar *como* o universo conseguiu coordenar-se de forma tão precisa. Quando a matéria e a energia desaparecem na realidade virtual, como fazem milhares de vezes por segundo, tudo acontece fora do campo visual de um modo misterioso. O tempo regula-se; os objetos no espaço comunicam sua posição e a matéria aleatória mantém-se em contato com eles. O Big Bang, que conteve tanta energia num espaço milhões de vezes menor que um átomo, que bilhões de galáxias ainda expressam só 4 por cento dessa energia, ocorreu dentro de um espaço minúsculo de possibilidade. Se o universo em expansão, movendo-se a milhões de quilômetros por minuto, tivesse sido de uma fração de um segundo, a formação das estrelas e das galáxias teria sido impossível, porque o momento da explosão teria excedido a capacidade da gravidade, a força mais fraca na natureza, para detê-lo. Só o equilíbrio mais delicado mantém o movimento de tração e impulso de duas forças tão unidas que conseguem atuar juntas, em vez de separarem-se.

A aleatoriedade é uma explicação frágil para essa precisão, diz Laszlo. (Nos experimentos em Princeton, todos que acreditavam na casualidade estariam corretos apenas uma vez em um trilhão de vezes.) Algo organizado com tanta precisão requer um princípio de unidade e um meio para levar a informação de uma extremidade da criação para outra. A antiga concepção do éter não basta, mas Akasha sim. Em seu livro publicado em 2004, *Science and the Akashic Field*, Laszlo explica que o Akasha é necessário, não só como um meio para a luz visível, como também como um meio para a luz e a energia invisíveis em geral. Pense numa corda presa a uma parede. À medida que a corda gira, vibrando a energia, siga a corda cada vez mais perto da parede. Cada fibra agora vibra num círculo cada vez menor, até que você alcança o ponto final onde a corda está presa. Esse ponto está imóvel; ele é o ponto zero, o começo e o fim da energia. Entretanto, o zero não é satisfatório porque os cálculos quânticos já demonstraram que o espaço vazio tem quantidades infinitas de energia virtual, mais por centímetro quadrado do que dentro de uma estrela.

Então pense de novo no ponto onde a corda prende-se à parede. Se você puser um estetoscópio supersensível na parede, a vibração da corda estará balançando a parede inteira e, em retorno, a parede transmite parte dessa vibração. Isso, segundo Laszlo, está acontecendo também no ponto zero. Cada vibração envia sinais através do campo e este retorna os sinais. O universo está constantemente sendo monitorado por uma coordenação das vibrações que ocorrem em qualquer parte no domínio visível e invisível.

Imagine dois fótons flutuando pelo vasto espaço interestelar. Por acaso colidem e repelem-se. Acontece algo diferente quando dois grãos de areia se chocam quando a onda bate na praia? Sim, diz Laszlo: eles trocam informações e começam a se relacionar. A teoria de sistemas, como resumida por Laszlo, ajuda a elucidar essa interação. Quando duas partículas se tocam, estão carregando informação e, ao se encontrarem, elas "falam" entre si: *Veja como sou rápida, quanto peso, onde estive e para onde estou indo.*

Essa conversa não acontece isolada. O campo a escuta e ao ouvi-la guarda a informação como referência, porque precisa de cada parcela de informação para controlar o cosmo. "Bit" é um termo técnico da teoria da informação, que se refere a uma única unidade matemática – zero ou um – pela qual qualquer informação pode ser expressa. Quando as duas partículas se separam, o futuro delas muda em razão da informação trocada.

Essa troca traz à mente a possibilidade de que esses fótons *sabem o que estão fazendo*. A maioria dos pensadores especulativos, inclusive Laszlo, não alega que o campo é consciente; em vez disso ele menciona "as raízes da consciência". Do ponto de vista de um físico, os átomos não precisam pensar, muito menos estar vivos. Eles se encontram, interagem, separam-se. Caso aconteçam situações complicadas, podem ser misteriosos, invisíveis e terrivelmente difíceis de calcular, necessitando de um processamento de dados mais sofisticado que todos os recursos dos computadores de grande porte no mundo. No entanto, contanto que os números expliquem o comportamento da matéria, não há necessidade de pôr algo estranho como a consciência na equação.

Mas excluir a mente não funciona, porque você estará excluindo-se. Imagine que alguém queira saber as regras do futebol americano e tenha uma fita de vídeo silenciosa para trabalhar. Sem conhecimento do jogo, ainda seria possível assistir a muitas partidas e tirar conclusões confiáveis sobre os jogos. Tudo que seria preciso fazer era observar o percurso da bola e como os jogadores interagiam. Sempre que o zagueiro caía no campo com a bola nas mãos, por exemplo, os dois times alinhavam-se para iniciar uma nova partida. Ao ver isso acontecer algumas vezes, um cientista concluiria que o zagueiro deveria arremessar a bola ou correr com ela.

No entanto, o jogo não faria sentido se você presumisse que os jogadores fossem objetos irracionais e inertes. Eles são muito coordenados, formam muitos padrões complexos, repetem e lembram esses padrões e o placar faz sentido, alguém vence, outro perde. Para ir além, seria um erro começar sua pesquisa dizendo que o futebol *ipso facto* não se baseia na existência da mente ou da consciência. Você chegaria a conclusões profundamente erradas se insistisse que, não importa o que a fita de vídeo exibe, o futebol não é um jogo e sim uma colisão casual de objetos.

Ao tentar descobrir a aparente atividade aleatória no campo quântico, veríamos que existe uma cronometragem, coordenação, memória, troca de informação e interação incríveis. Mas o que isso significa, afinal? O efeito observador acrescenta dados que faltam à cadeia. O efeito observador relaciona-se a um dos alicerces da física quântica chamada "complementaridade", que afirma que é impossível saber tudo sobre um acontecimento quântico. Quando um observador olha ou mede um elétron, qualquer coisa que esteja sendo observada é limitada. Cada um e todos os elétrons podem aparecer em qualquer lugar no universo.

Apenas sob observação um elétron passa da realidade virtual para o universo visível e assim que um observador para de examiná-lo, ele retorna ao campo. Erwin Schrödinger, o grande físico alemão, elaborou a equação de Schrödinger, um dos fundamentos da teoria quântica, que calcula com precisão quais são essas probabilidades, mas a noção que um elétron está por toda parte até que um observador atraia sua existência desafia a lógica. Para os leitores que desconhecem a história do gato de Schrödinger, um famoso paradoxo que se originou do efeito observador, eis o relato:[3]

Um gato foi colocado numa caixa fechada com um dispositivo letal dentro. O dispositivo soltaria cianureto se fosse acionado, e o gatilho era um bit de matéria radioativa. Se a matéria radioativa liberasse um elétron, isso seria suficiente para acionar o dispositivo, soltar o veneno e matar o gato.

Eis o paradoxo: segundo a física quântica, um elétron não possui realidade visível até ser observado. Ele ocupa uma "superposição", o que significa que pode estar em mais de um lugar ao mesmo tempo (um fato que foi verificado experimentalmente com partículas subatômicas que ocupam múltiplas posições ao mesmo tempo). Por estar fechado numa caixa, o gato está fora do campo de observação; ele pode estar morto ou vivo, ou então, de acordo com a teoria quântica, em ambos os casos. Só quando a caixa for aberta, o observador saberá a situação em que se encontra. Até então, a morte e a vida podem coexistir.

Muitos físicos esquivaram-se do paradoxo de o gato estar vivo ou morto ao mesmo tempo demonstrando que o verdadeiro no nível micro não é verdade no nível macro: a superposição é atribuída aos elétrons, mas não para objetos cotidianos como gatos. Porém isso suscita uma questão, visto que o efeito observador está vivo e presente nos experimentos de Schmidt e nos de Princeton, nos quais a mera atenção de um observador altera o campo quântico e o mundo material ao mesmo tempo. O ponto crucial do paradoxo é que não podemos saber qualquer resultado no mundo quântico até que o observamos (isto é, é impossível saber se o gato de Schrödinger está morto ou vivo até que o olhemos, e esse exame *definirá* seu estado).

Akasha soluciona esse problema ao fazer com que cada evento participe em todos os níveis. Todos os observadores estão dentro do campo Akasha e qualquer coisa que façam provocará a reação do campo inteiro. Portanto, não estamos mentindo a respeito do universo ao descrevê-lo como se seu comportamento fosse igual ao nosso. O previsível e imprevisível coexistem. Um gato pode estar morto e vivo ao mesmo tempo sem fazer uma mudança drástica no funcionamento usual do mundo. Na verdade, é por meio do universo imprevisível que nos conhecemos e vice-versa. Os rishis védicos perceberam que o tempo e a eternidade têm de se relacionar e concluíram que o tempo é uma ilusão, ao passo que a eternidade é real. Isso mudou a noção dos cinco sentidos que funcionam como se o tempo fosse real, porque todos os acontecimentos em que participamos ocorrem no tempo-espaço. Os rishis dizem que a morte nos permite ver a realidade eterna com clareza e dela participar em total plenitude. Na concepção de Laszlo, o campo Akasha faz exatamente o mesmo com a matéria, a energia e a informação. Suas interações no universo visível são reflexos muito mais importantes das relações invisíveis que acontecem nos bastidores.

Eis uma analogia. Imagine que você é um cientista que irá medir as minúsculas explosões de luz que ocorrem num campo; nesse caso, é a tela de uma televisão. Essas explosões acontecem no nível atômico, então, ao se aproximar, você se confronta com milhões de fótons deslocando-se aleatoriamente. Você descreveria a tela da televisão como um campo que estivesse passando por perturbações casuais, exatamente do mesmo modo como os físicos descrevem o campo eletromagnético. No entanto, se formos além, os fragmentos de vermelho, verde e azul começam a agrupar-se; passam a organizar-se. Ainda além, você começa a ver formas indefinidas. Sente-se como um astrônomo usando um radiotelescópio para determinar se o barulho do pano de fundo do cosmo pode conter padrões. Esses padrões são matemáticos e é preciso conhecimento para usar um código matemático.

Depois, você elabora uma explicação matemática para os padrões vistos na tela da televisão. Aprofundando-se mais no assunto, você vê por fim que esses padrões são na verdade cenas da vida humana e que a explosão aleatória dos fótons tem um objetivo. Isso o surpreenderia tanto que o faria rever sua teoria inteira; você teria de supor que essa aleatoriedade era uma ilusão encobrindo uma realidade mais profunda, ou seja, a cena. Só a consciência pode explicar plenamente o motivo pelo qual as explosões vermelhas, verdes e azuis estão sendo emitidas.

Chegamos a um ponto em que muitas explicações baseadas na aleatoriedade não mais satisfazem e que se deve fazer uma mudança para uma explicação mais consciente. Por que os fótons explodem em uma televisão? Porque transformam-se em uma cena. Por que os fótons explodem no cosmo? Pela mesma razão. Antecedendo a física quântica por séculos, os rishis védicos disseram que tempo e espaço são projeções da tela vazia da consciência, a tela do Akasha.

Em outras palavras, ao levantar-se pela manhã, dirigir para o trabalho e passar o dia no escritório, *nada aconteceu de fato*. O tempo não passou nem você deslocou-se no espaço. Essa conclusão confunde o bom-senso, mas é aceita na física. Deixe-me explicar. Se sonhar à noite que foi a Paris e está andando nas ruas da cidade, nada disso aconteceu; não só você não foi a lugar nenhum fisicamente nem seu cérebro reproduziu cenas que correspondessem a Paris. O sonho resultou da atividade cerebral que pode ser fragmentada em informações: minúsculos interruptores elétricos podem estar ligados ou não, as polaridades de certas moléculas são positivas ou negativas. Seu sonho e tudo que continha eram apenas um zero ou um jogo.

O mesmo aplica-se às pessoas que vemos na televisão. Um personagem vive numa casa e está cortando o gramado. Mas a casa é uma imagem na tela e os movimentos das pessoas são apenas fosforescências que surgem e desaparecem. Mais uma vez, um zero e um jogo. Nada se move na tela da televisão. Se alguém parece correr à esquerda, isso é só um padrão de sinais que se acendem à esquerda e apagam à direita, tal como as luzes de uma árvore de Natal que piscam intermitentemente e que parecem mover-se em um círculo quando, na verdade, as luzes descontínuas é que dão impressão de movimento.

Você desloca-se no tempo e no espaço do mesmo modo, como a Terra em sua órbita e as estrelas no céu. Os impulsos quânticos são intermitentes e uma mudança de posição ocorre porque a energia estimula-se um pouco para a esquerda ou para a direita a partir do último estímulo. Na realidade, nenhum quark ou fóton muda de posição no espaço-tempo. Porém, isso não tem o mesmo resultado? Se um objeto parece mover-se, por que não dizer que ele se move? Mas não podemos afirmar isso. A Terra parece mover-se ao redor do Sol, no entanto, se isso fosse real ela por fim mergulharia em espiral no Sol e seria destruída. Embora a Terra enfrente uma fricção em sua órbita – na forma de poeira interestelar e vento solar – nosso planeta nunca se aproxima do Sol ou diminui a velocidade, porque todos os átomos da Terra desaparecem e retornam com a mesma energia e massa. O ponto zero projeta a Terra, assim como a tela da televisão projeta suas imagens. (Um cético perguntaria como tudo muda, se o Campo do Ponto Zero reabastece constantemente o universo visível. Isso é um enigma, mas a resposta pode apoiar-se em dois fatores: a lenta degradação dos prótons, que leva bilhões de anos, e o universo em expansão, que causa a dispersão de energia, ou entropia, como o calor original do Big Bang dissipou-se. Entretanto, incorporar esses dois fatores à teoria quântica é uma questão que está muito longe de ser resolvida.)

Como tudo isso se relaciona à vida após a morte? Faça a si mesmo uma pergunta simples. Quando você assiste à televisão, o que é mais real, a imagem que vê ou a estação que envia o sinal? É claro que a estação é mais real, a cena exibida é só uma imagem. Do mesmo modo, Laszlo afirma que o Campo do Ponto Zero – Akasha – é mais real que o universo visível. Akasha organiza e coordena todas as projeções que chamamos de tempo, espaço, matéria e energia. Caso essa premissa seja correta, então estabelecemos uma base para diversos pressupostos-chave no Vedanta:

O mundo material é projetado de uma fonte imaterial.
O mundo invisível está em primeiro lugar. Ele contém as sementes do tempo e do espaço.
A realidade aumenta ao nos aproximarmos da fonte.

Em termos humanos, não devemos temer que a morte seja um ato de desaparecimento, porque a vida sempre foi. O que mais valorizamos em nós mesmos, nossa capacidade de pensar e sentir, não resulta do mundo físico. Essa aptidão é projetada para o mundo físico de uma fonte, o Campo do Ponto Zero, que é a raiz da consciência remontando a bilhões de anos e adiante do futuro previsível. Longe de ser uma visão religiosa, esse modelo explica o universo melhor do que qualquer outro e nos dá o que os rishis e os físicos atuais demandam: uma ponte entre a mente e a matéria.

14

PENSANDO ALÉM DO CÉREBRO

Se após minha morte a informação contida em meu cérebro sobreviver, isso quer dizer que sobreviverei? A sobrevivência significa permanecer intacto em algum nível – mente, personalidade, memória ou alma – isto é "eu". Para um materialista, o cérebro morre no momento da morte de uma pessoa. Felizmente, nas últimas décadas diversos experimentos engenhosos deram esperança de que a mente estende-se além do cérebro e que as qualidades que você e eu apreciamos, como amor e verdade, podem ficar permanentemente incorporadas ao campo.

Quanto mais conseguimos mostrar que o campo é inteligente, mais se evidencia que nossa inteligência pode sobreviver após a morte. Uma maneira de abordar essa questão parece estranha, mas é muito produtiva: telepatia animal. Diversos donos de animais de estimação comprovam a habilidade de um cachorro ou de um gato de captar o pensamento do dono. Alguns minutos antes de passear, um cachorro fica excitado e inquieto; no dia que um gato será levado ao veterinário, ele desaparece e ninguém consegue encontrá-lo. Essas observações casuais levaram o perspicaz pesquisador inglês, Rupert Sheldrake, um biólogo que se tornou um pensador especulativo, a realizar estudos controlados para descobrir se cachorros e gatos de fato leem a mente dos donos. Um estudo foi muito simples: Sheldrake telefonou para 65 veterinários em Londres e lhes perguntou se era comum que donos de gatos cancelassem consultas porque o gato havia desaparecido naquele dia. Sessenta e quatro veterinários responderam que era muito comum, e um deles desistira de marcar consultas para gatos em razão de não serem localizados no dia marcado.

Sheldrake decidiu fazer uma experiência com cachorros. O fato de um cachorro ficar agitado pouco antes do passeio não indica se o passeio é programado rotineiramente para a mesma hora todos os dias, ou se o cachorro tem indícios visuais de que o dono está preparando-se para sair. Então Sheldrake colocou os cachorros em locais isolados dos donos; depois pediu ao dono para pensar em alguns momentos aleatórios em passear com seus cachorros cinco minutos antes de pegá-los. Nesse ínterim, o cachorro estava sendo filmado no local isolado. Sheldrake descobriu que, quando os donos começavam a pensar em levá-los para passear, mais da metade dos cachorros corriam para a porta abanando a cauda, fazendo círculos agitados até os donos aparecerem. No entanto, nenhum cachorro demonstrou um comportamento diferente quando os donos não estavam pensando no passeio.

Isso sugere um fato intrigante, que a ligação de um animal de estimação com o dono cria uma conexão sutil no nível do pensamento. Pesquisas demonstraram que cerca de 60 por cento dos americanos acreditam que tiveram uma experiência telepática e, portanto, esse resultado não foi uma surpresa. Mas um acontecimento posterior foi bastante surpreendente. Depois que divulgou os resultados que obtivera com animais telepáticos, Sheldrake recebeu um e-mail de uma mulher de Nova York dizendo que seu papagaio-cinzento africano não só lia seus pensamentos, como também os respondia.[1] A mulher e o marido podiam estar sentados numa sala distante da ave, cujo nome era N'kisi, e se sentissem fome N'kisi diria de repente: "Vocês querem comer algo gostoso." Se pensassem em sair, N'kisi dizia: "Vocês vão sair, os vejo mais tarde."

Profundamente intrigado, Sheldrake contatou a dona, uma artista chamada Aimee Morgana. A situação com que se deparou foi extraordinária. Os papagaios-cinzentos africanos estão entre as aves mais talentosas do ponto de vista linguístico, e N'kisi tinha um enorme vocabulário de mais de 700 palavras. Ainda mais impressionante, ele as usava como um discurso de um ser humano, sem "imitar" uma palavra irracionalmente, e sim aplicando-a de modo apropriado; se visse algo vermelho, ele dizia "vermelho", e se o objeto fosse de outra cor, ele falava o nome da cor. Mas Aimee tinha histórias mais espantosas para contar a Sheldrake. Certo dia em que assistia a um filme de Jackie Chan na televisão, durante uma cena em que Chan andava perigosamente em cima de uma viga, N'kisi disse: "Não caia", apesar de sua gaiola estar atrás da televisão, fora do ângulo de visão. Quando apareceu a seguir um comercial de carros, N'kisi disse: "Esse é meu carro." Em outra ocasião no momento em que Aimee estava lendo a frase: "Quanto mais escura for a baga, mais doce é o suco", em um livro, o papagaio falou ao mesmo tempo de outro aposento: "A cor é preta."

Sheldrake queria confirmar pessoalmente os relatos. Em sua primeira visita, Aimee mostrou o dom telepático de N'kisi: olhou para uma foto de uma menina numa revista e com uma clareza notável o papagaio disse do quarto ao lado: "É uma menina." O próximo passo foi realizar um experimento formal. Se N'kisi entendia as palavras e tinha habilidades telepáticas, essas duas aptidões poderiam ser testadas juntas? Sheldrake propôs que Aimee olhasse imagens que correspondessem às palavras que o papagaio sabia. Ela se sentaria numa sala isolada de N'kisi. A ave teria dois minutos para pronunciar a "palavra-chave" apropriada à imagem. Se dissesse a palavra nesse tempo, contaria um ponto a favor. Se não falasse a palavra, ou se dissesse depois dos dois minutos, contaria como um erro.

Para assegurar a neutralidade, alguém além de Aimee escolhia as imagens e as palavras-chave que correspondiam a cada uma delas. (Esse procedimento foi injusto com a ave, visto que a pessoa neutra escolheu palavras como "tevê" que N'kisi só dissera uma ou duas vezes antes; o papagaio não falou essas palavras no tempo correto durante o experimento, ou não as disse.) Depois que as experiências terminaram, as gravações do que N'kisi dissera foram ouvidas por três peritos, que transcreveram o que ouviram; se N'kisi não dissesse com nitidez a palavra certa, como transcrita pelos três peritos, não contaria ponto a favor. Os resultados foram excepcionais. Por exemplo, quando Aimee olhou uma pintura de banhistas escassamente vestidos numa praia, N'kisi resmungou um pouco e depois os três peritos ouviram-no dizer: "Olhe meu corpo bonito e nu." Ele não disse outras palavras-chave entre as palavras corretas, e só assobiava e emitia sons. Quando Aimee olhou a foto de uma pessoa falando ao telefone, N'kisi disse: "O que está conversando ao telefone?" Talvez a resposta mais intrigante foi quando Aimee concentrou-se numa fotografia de flores. Em vez de mencionar simplesmente a palavra-chave "flor", N'kisi disse: "Isso é um buquê de flores."

Como ele se comportou em geral? Dos 71 experimentos N'kisi acertou 23 respostas, comparadas com 7,4 acertos esperados se os resultados tivessem sido aleatórios. Sheldrake observou que esse era um resultado bastante significativo, ainda mais porque N'kisi não sabia que estava sendo testado e quase sempre dizia a palavra-chave certa depois do tempo estipulado.

Em um pequeno apartamento em Manhattan, esse teste aumentou a crescente evidência que a mente não é só uma propriedade humana e que, de fato, existe além do cérebro. A comunicação entre o reino animal e os seres humanos pode parecer bizarra, mas animais de estimação não trapaceiam e não têm motivos ocultos para provar que possuem aptidões especiais. Os rishis védicos há muito tempo afirmam que o universo inteiro é inteligente, porque é permeado pela consciência. Veremos como explicitar esse pressuposto em termos atuais.

DENTRO DO CAMPO DA MENTE

A mente tem sido um enigma metafísico durante séculos, visto que habita o mundo físico como um fantasma. Porém, isso é uma perspectiva ocidental baseada na tendência de nos apegarmos a coisas sólidas e tangíveis. Insistimos que o cérebro é a fonte da mente, porque o cérebro é um objeto visível; corresponderia a dizer que um rádio é a fonte da música porque é um objeto visível do qual a música é emitida. Os rishis védicos adotam a perspectiva oposta, insistindo que objetos visíveis não podem ser a fonte da mente, pois o plano físico é o menor dos mundos conscientes. O cérebro é ativo durante o pensamento, mas um rádio é ativo durante uma transmissão e, sem dúvida, N'kisi (sem mencionar a telepatia entre os seres humanos) captou um pensamento que estava sendo transmitido.

O preconceito ocidental contra o invisível não é fácil de superar. A mente só pode provar sua existência além do cérebro se deixar alguma espécie de pegada, um sinal visível tão convincente como a ressonância magnética que fornece uma prova concreta da atividade neural. Uma dessas evidências é a informação, que já mencionamos antes. Se a informação permeia o campo quântico inteiro, ela pode ligar a mente à matéria em termos mais aceitáveis para um materialista. Nenhum cientista tem dificuldade em acreditar que a matéria e a energia não podem ser criadas ou destruídas, e as teorias de vanguarda na física também concordam que a informação não pode ser criada ou destruída. O universo está em constante transformação. Os átomos de hélio que liberam energia para o Sol enviam calor para a Terra e, pelo processo de fotossíntese, transformam-se em plantas e outras formas de vida. Pode-se dizer que a vida consiste nos átomos do Sol trocando informações com átomos na Terra. (A energia é informação no sentido em que todas as descargas químicas ou elétricas podem ser expressas como mais ou menos, positivas ou negativas, zero ou um.) Portanto, não importa se nosso corpo não se assemelhe a uma estrela faiscante. Ambos fazem parte do mesmo campo de informação, que sofre transformações infinitas. Ou como lorde Krishna disse no Bhagavad-Gita: "Envolvendo-me em mim mesmo, eu crio e recrio."

Amit Goswami, um proeminente físico com um trabalho prolífico sobre o universo autoconsciente, diz que a criatividade é apenas outra face da transformação. "O universo está sempre colocando vinho novo em garrafas velhas, ou vinho novo em novas garrafas."[2] A energia que contém a mesma informação é enviada indefinidamente para o Campo do Ponto Zero. Goswami aborda a reencarnação nesse mesmo contexto. As identidades passam pelo campo da informação, trocando dados com novas identidades que se sentem um novo "eu", mas que são na verdade transmutações de números zero e um indestrutíveis presos em longas cadeias de ideias e experiências.

Neste momento somos um conjunto de informações na mente e no corpo. Temos memórias únicas; nossas células sofreram mudanças químicas não compartilhadas por ninguém mais no mundo. Ao morrermos, nenhuma dessas informações desaparecerá pelo simples fato que não podem. Não existe um lugar para os mais e menos, os positivos e negativos irem, visto que o campo *só* contém informação. A única alternativa, portanto, é se reagruparem. Como fazem isso?

A resposta está na raiz da palavra informação, isto é, "forma". Habitamos num "universo formado", segundo Ervin Laszlo, no qual cadeias de átomos se unem com a dupla hélice do DNA, fragmentos de informações na forma física, assim como sequências de informações em formas não físicas como ideias. Isso é um passo à frente que nos aproxima da noção fascinante de que o mundo inteiro é a mente de Deus; ou seja, um campo dinâmico de informações infinitas passando por infinitas transformações. No entanto, só podemos dar esse passo se soubermos como as pequenas ideias e as ideias cósmicas sobrevivem.

Os rishis ensinam que as ideias sobrevivem no campo Akasha como lembranças. Você e eu acessamos constantemente a memória do Akasha quando presumimos que estamos acessando nosso cérebro. Em círculos esotéricos, a memória Akasha funciona para nos fornecer informações de espíritos falecidos e de vidas passadas. Na psicologia junguiana, a memória considera culturas que compartilham os mesmos mitos e arquétipos. Vênus e Marte são seres invisíveis, no entanto, estão presentes e vivos. O Akasha rememora todos os deuses criados pelos seres humanos e todas as batalhas épicas, todos os romances e buscas. Recorremos às lembranças o tempo inteiro à medida que a vida segue seu curso.

O cérebro tem um centro localizável de memória, mas a mente não se confina ao cérebro. Pense em uma experiência profundamente significativa em sua vida, o primeiro beijo ou a última vez que viu um avô querido. Essa lembrança é o traço reminiscente de um evento no tempo e espaço. A experiência ainda pode ser ativada em seu cérebro, porque milhões de moléculas que percorrem aleatoriamente seus neurônios *sabem* que devem permanecer juntas, a fim de que a memória continue, ano após ano, sem desaparecer. Como elas sabem isso, se as moléculas não são inteligentes? A base física da memória é uma questão totalmente desconhecida dos neurologistas e, portanto, só podemos especular.

De algum modo seu primeiro beijo tem uma vida após a morte. A vida após a morte não é física, porque não existe diferença entre o hidrogênio, oxigênio, nitrogênio e carbono num neurônio, e desses mesmos elementos em uma árvore, numa folha morta ou num solo em decomposição. Neurônios não são imortais. Eles morrem, assim como o resto do corpo, e os átomos movem-se interna e externamente neles a cada segundo. Então como uma memória transfere-se para um novo átomo ou para um novo neurônio quando chega o momento do antigo extinguir-se? Nenhum processo físico foi identificado, por isso, talvez a memória só persista em um nível imaterial. Os neurologistas defendem com veemência a ideia oposta, que a mente surge apenas no cérebro, utilizando a tomografia computadorizada e a ressonância magnética para provar a questão. Mas essas imagens são apenas mapas. Mostram o terreno do cérebro como se uma ideia ou uma emoção o cruzasse; elas não provam que o cérebro *é* a mente, não mais que uma pegada na areia seja o mesmo que um pé. Imagine se você pudesse mapear todas as vibrações das minúsculas extremidades nervosas no interior do ouvido. Se desenhadas em um gráfico, revelariam um padrão extremamente complicado para cada palavra e frase que o ouvido recebe, porém esse padrão é só o mapa de uma palavra e não o território em si. Uma frase poderosa como "eu amo você" significa mais que o mapa de suas vibrações, pois mesmo o mapa mais perfeito não contém o poder do amor, do significado, da importância e da intenção plena.

A memória parece ser um campo de efeito. Para pensarmos na palavra "rinoceronte" e visualizar esse animal, milhões de células cerebrais precisam agir ao mesmo tempo. (Temos de pôr de lado a pergunta mais difícil, por que escolhemos "rinoceronte" em meio a tantas outras palavras, visto que a escolha de uma palavra baseia-se na razão, emoção, no contrassenso ou em associações particulares na memória. Um computador pode ser treinado a selecionar uma determinada palavra, sem um motivo especial para executar o comando, ao contrário de nós.) Os neurônios que escolhem a palavra "rinoceronte" não percorrem o alfabeto até chegarem à letra "R"; não pronunciam uma sílaba de cada vez nem folheiam um arquivo de fotografias de animais para combinar a palavra à imagem certa. Em vez disso, a atividade correta do cérebro surge simultaneamente. O cérebro está agindo como um campo, coordenando diferentes acontecimentos ao mesmo tempo, exceto que sabemos que o cérebro não é um campo. É um objeto feito de químicas aparentemente sem vida.

A agulha de uma bússola move-se porque está reagindo ao campo magnético da Terra. Isso também se aplica à atividade cerebral? E se o campo mental estiver enviando sinais e bilhões de células cerebrais estiverem organizando padrões em resposta ao que o campo diz? Uma equipe de cientistas inovadores fez exatamente essa proposta. Henry Stapp, um físico teórico de Berkeley; Jeffrey Schwartz, um neuropsiquiatra da UCLA; e Mario Beauregard, um psicólogo da Universidade de

Montreal, interligaram disciplinas para formular uma teoria plausível da "mente quântica" que pode revolucionar a maneira com que a mente e o cérebro relacionam-se. No cerne dessa teoria encontra-se a "neuroplasticidade", a noção de que as células do cérebro são abertas à mudança, com reações flexíveis ao poder da vontade e da intenção.

Eles mencionam, para começar, a explicação científica habitual que "a mente é resultado das ações do cérebro", mas existem muitas imperfeições nessa explicação, como vimos. Eles sugerem, portanto, que o oposto é verdadeiro. A mente controla o cérebro. Nessa concepção, a mente é como uma nuvem de elétron rodeando o núcleo de um átomo. Até que um observador surja, os elétrons não possuem identidade física no mundo; eles são apenas nuvens amorfas. Do mesmo modo, imagine que existe uma nuvem de possibilidades aberta para o cérebro o tempo todo (que consiste em palavras, memórias, ideias e imagens à escolha). Quando a mente emite um sinal, uma dessas possibilidades emerge da nuvem e converte-se num pensamento no cérebro, tal como uma onda energética implode em um elétron. Da mesma maneira que um campo quântico gera partículas reais a partir de partículas virtuais, a mente gera uma atividade cerebral real a partir de uma atividade virtual.

O que torna essa inversão importante é sua adequação aos fatos. Os neurologistas verificaram que uma mera intenção ou um ato proposital altera o cérebro. Vítimas de AVC, por exemplo, podem com a ajuda de um terapeuta usar a mão direita se a paralisia tiver atingido esse lado do corpo. Esforçando-se dia após dia a exercitar a parte afetada, aos poucos conseguem curar as áreas danificadas do cérebro. Resultados similares ocorrem com o envelhecimento. Pessoas idosas que começam a mostrar sinais de demência senil, como perda de memória, podem minimizar o processo ou mesmo reverter os sintomas exercitando o cérebro (um fabricante de software produziu uma "ginástica cerebral", um programa que parece um videogame, mas na verdade consiste em exercícios que fortalecem áreas específicas do cérebro). Crianças que nascem com paralisia cerebral recuperaram recentemente o uso de seus membros paralíticos por meio de terapias semelhantes em que o braço não afetado, por exemplo, é mantido em uma tipoia, forçando a criança a usar o braço paralisado; com o tempo o cérebro cura-se. Ele demonstra uma neuroplasticidade.

O fato de pôr a mente antes do cérebro tem muitas consequências de longo alcance nas terapias médicas. Por exemplo, pacientes que sofrem de transtorno obsessivo-compulsivo (TOC) são tratados em geral com remédios psicotrópicos como Prozac. Os sintomas melhoram e as evidências físicas são comprovadas em tomografias do cérebro; as áreas do cérebro afetadas pelo TOC começam a se normalizar com medicamentos.

Mas os pacientes com transtorno obsessivo-compulsivo algumas vezes procuram ajuda em terapias. Esses pacientes com frequência melhoram, porém só há pouco tempo exames de ressonância magnética ou tomografia por emissão de pósitrons do cérebro revelaram uma descoberta surpreendente: as mesmas regiões debilitadas que ficaram mais normais com o Prozac também se normalizaram com terapias. (Jeffrey Schwartz é um especialista na síndrome de TOC e baseou sua nova teoria em parte nesses exames.)

Em outras palavras, o processo de reflexão e insight por meio da terapia alterou as células cerebrais dos pacientes. Isso é exatamente o que fora previsto pela nova teoria da mente quântica. No entanto, a resposta estava presente o tempo inteiro. A mente sempre foi capaz de mudar o cérebro. Se uma pessoa perder de repente um ser amado ou for despedida do trabalho, quase sempre uma profunda depressão surge. A depressão origina-se de uma absorção anormal de serotonina na química do cérebro. Esse desequilíbrio físico é, em geral, tratado com antidepressivos. Contudo, quando alguém perde um ser amado ou é despedido do emprego, não é óbvio que o desequilíbrio químico surgiu após as más notícias? A reação a más notícias é um acontecimento mental. Na verdade, o mundo de palavras e pensamentos que habitamos cria alterações cerebrais infinitas em todos nós o tempo inteiro.

Se a mente precede o cérebro, então a mente nos pertence? Eu posso dizer "meu cérebro", mas não posso dizer "meu campo quântico". Existe uma evidência crescente que compartilhamos o mesmo campo mental. Esse fato apoia a existência de céus, Bardo e a memória do Akasha, que se estende bem além do cérebro. Mas antes de tudo precisamos examinar os tipos de ideias que as pessoas compartilham como um grupo. O cérebro "me" pertence, porém se as ideias pertencem a "nós", estaremos participando juntos em um campo, algumas vezes de um modo bastante misterioso.

O CÉREBRO ALÉM DOS LIMITES

O cérebro humano processa só uma fração da informação disponível. Segundo certas estimativas, o cérebro recebe 6 bilhões de informações por segundo (como vibrações sonoras, fótons, raios X e radiação gama, além de diversos sinais químicos e elétricos do ambiente que o cerca de imediato), um clímax que se reduz diante da experiência que percebemos e à qual reagimos. Mas o que observamos não é o mesmo que sabemos. Por exemplo, alguns portadores da síndrome de savant com um QI muito baixo podem instantaneamente calcular longas cadeias de números, dizer o dia da semana de alguma data no futuro, lembrar de cada detalhe do passado ou aprender línguas difíceis com uma fluência incrível. (Um desses sábios aprendeu finlandês, árabe e mandarim muito jovem e só mais tarde seus acompanhantes perceberam que ele aprendera essas línguas sozinho, apesar de segurar os livros de cabeça para baixo.) Essas pessoas com frequência não têm nem mesmo uma aptidão básica em outras áreas. Existe um caso bastante conhecido de um savant que tocava música e pintava quadros com uma facilidade extraordinária, mas não sabia calcular o troco de uma compra ou amarrar os cordões dos sapatos sem ajuda.

Quando súbitas habilidades artísticas começaram a aparecer em um pequeno percentual de pessoas normais com tumores cerebrais e outras desordens neurológicas, os pesquisadores examinaram o cérebro dos savants e descobriram que eles também possuíam anormalidades cerebrais, em especial no lóbulo temporal direito. A explicação atual para "síndrome de savant"[3] agora enfoca essas anormalidades físicas. Assim, quando o sistema de filtragem do cérebro está prejudicado, a realidade expande-se em algumas áreas e contrai-se em outras. Todos os tipos de aptidões podem inexplicavelmente exceder a norma. Joseph Chilton Pearce, um especialista em desenvolvimento infantil, escreveu sobre a síndrome de savant em seu livro *The Biology of Transcendence*. Ele assinalou muitos pontos surpreendentes. O primeiro é que a maioria das crianças portadoras dessa síndrome não tem iniciativa própria e só reage ao serem solicitadas. O segundo é que elas não têm um interesse especial na área mais ampla de sua capacidade extraordinária. Se você perguntar a um savant em que dia da semana cairá o dia 12 de março de 2163, a sensação é de falar

Vida após a morte

com uma máquina. A criança reflete por alguns segundos e depois dá a resposta, porém é provável que tenha pouco interesse em questões simples de matemática. Alguns desses savants que sabem datas de calendários talvez não sejam capazes de multiplicar 12 por 12.

O cérebro normal filtra a informação por uma boa razão – é necessário pouca experiência para formar um eu, uma pessoa isolada com crenças, metas, lembranças, preferências e antipatias limitadas. Rejeitamos deliberadamente grandes quantidades de informações, mas um cérebro doente está exposto a qualquer coisa devido à sua incapacidade de selecionar e filtrar. Pearce interessa-se em particular com a capacidade de um "savant"[4] olhar para um estacionamento e dizer a fabricação, modelo e ano de todos os carros sem saber ler. Como ele sabe todos esses detalhes sem ler as revistas que mostram os últimos modelos, inclusive modelos europeus que não têm publicidade nos Estados Unidos? Aparentemente essas crianças savants estão acessando o campo mental.

O gênio é outra maneira de acessar o campo além das aptidões normais. Prodígios musicais como Mozart veem as notas de sinfonia inteira nas mentes. Um desses prodígios, agora matriculado no programa Juilliard[5] para compositores, conseguia trocar quatro canais de música em sua mente desde a mais tenra infância; ao ser solicitado a compor uma nova sonata para violino, ele simplesmente conectou o canal adequado e escreveu o que ouviu. Um elo direto para o campo da informação parece, portanto, possível e nos aproximamos mais da possibilidade de que o cérebro seja o receptor da mente, e não seu criador.

Essa premissa é importante para a vida após a morte porque ao morrer não possuímos mais cérebro, mas desejamos manter nossa mente. Se os videntes védicos estão certos, o cérebro humano nos conecta à consciência infinita. O fato de que restringimos tanto o campo mental não quer dizer que estejamos corretos. Os aborígenes não têm acesso à matemática elevada, raciocínio científico ou harmonias musicais avançadas, porém se um bebê for tirado de uma tribo da selva da Nova Guiné e levado para um ambiente de aprendizado adequado, sua mente terá o potencial de apreender todas essas aptidões. Nesta primeira década do século XXI, quando algumas tribos saíram das florestas da Nova Guiné e foram para cidades vizinhas, fizeram a transição de uma cultura que jamais descobrira o trabalho em metal para um mundo onde podiam dirigir um carro.

Por que não acessamos mais nosso campo mental? Na realidade, o fazemos. O cérebro adapta-se ao campo se desejar. Caso queira aprender ideogramas chineses, que são milhares, você pode aplicar-se e, aos poucos, um sistema de traços de tinta sem sentido transformam-se em uma área de conhecimento inteligível. Uma vez dominada, a língua chinesa incorpora-se a você; torna-se uma segunda natureza e você pode usá-la com objetivos criativos. Na essência você acessou o campo mental e provocou sua evolução. Você deu um salto quase tão significativo como quando o homem do período Paleolítico descobriu que os sons vocais incompreensíveis poderiam ser transformados numa linguagem falada.

Inteligência e significado não estão só "aqui" como uma criação subjetiva do cérebro ou "fora daqui" como um objeto livre. A troca de dar e receber com a qual o cérebro cria um significado é também a maneira como cria o mundo e cria a si mesmo. Todos esses processos pertencem a um processo, o eu "fazendo um ato de introspecção para criar sempre", como lorde Krishna diz. O campo é intrinsecamente criativo. Ele forma o cérebro humano, que é tão receptivo que dá o salto seguinte e aprende a criar novos pensamentos, aptidões e lembranças próprias. Nossos cérebros ainda agem fora da plena atividade do cosmo, mas dizemos que "eu penso" quando na verdade deveríamos dizer que "o campo mental está pensando por meu intermédio".

MEMES E O COMPORTAMENTO DAS CRENÇAS

Existe outro tipo de filtro que limita a percepção de nosso campo mental. Essa circunstância se deve às crenças criadas e à convicção que são reais. Uma crença é uma ideia à qual nos apegamos. Por exemplo, se você acreditar que Deus é bom, que as mulheres são misteriosas ou que a vida é injusta, incorporou gerações de experiências compartilhadas e as reduziu a uma conclusão. A conclusão pode estar certa ou errada; isso não é importante no momento. As crenças nos unem como uma sociedade. Essas crenças partilhadas nos dão um indício como a mente pode existir fora do corpo.

Todos nós carregamos em nossas mentes um grande banco de dados que consideramos fundamentais. Esse banco de dados contém tudo que julgamos importante em relação ao mundo. É nosso ponto de vista. Dependemos disso para sobrevivermos mesmo por um curto espaço de tempo. As crenças evoluem ao longo dos séculos e, por isso, alguns pesquisadores consideram as crenças como "genes virtuais", que se convertem em características fixas do cérebro. Esses genes mentais foram denominados "memes" pelo evolucionista britânico Richard Dawkins, que fundou uma nova teoria que se expandiu de modo considerável desde então.

Um meme é com frequência comparado a um vírus que se dissemina entre as pessoas até infectar uma sociedade inteira. Não seria benéfico para nossas espécies ficarem infectadas.

Se estivermos abertos a novas ideias, sem discriminação, não seríamos capazes de manter uma visão coerente do mundo. Imagine mudar nossa opinião a respeito do sexo oposto, por exemplo, sempre que conhecemos uma nova pessoa. A fim de evoluir, os seres humanos precisam pensar que só aceitam "bons" memes – ideias que promovem uma visão do mundo coerente e confiável – e rejeitam "maus" memes, ideias que levam a mente para a direção oposta.

O fato básico de que rastreamos a disseminação das crenças do mesmo modo como rastreamos a propagação do vírus da gripe aviária, oferece-nos outro indício para a natureza do campo da mente: ele é dinâmico, compartilhado, evolutivo e poderoso. É capaz de nos "infectar" com crenças boas ou más sem que a pessoa vivencie qualquer experiência. Nas sociedades que lutam e morrem defendendo um Deus, poucos tiveram experiências pessoais. Nietzsche previu os memes ao dizer que uma ideia errada "cresce de geração a geração, apenas porque as pessoas acreditam nela, até que aos poucos se corporifica. O que a princípio era uma aparência converte-se no final, quase sempre, numa essência eficaz".

CRIANDO UMA VISÃO DO MUNDO

Os rishis védicos dizem que tudo que vivenciamos no campo Akasha foi criado por nossa consciência. Os memes são uma evidência disso, por serem meios para criar a visão do mundo em que acreditamos. Talvez não seja muito estimulante adaptar novas ideias às nossas, mas quando duas concepções se chocam, como a cultura ocidental confronta-se com o islamismo radical, a pressão para nos apegarmos a uma visão ou a outra contra uma ameaça externa é inevitável. Nossa sobrevivência depende disso. (Lembro-me de uma entrevista na CNN com um operário cristão direitista de Indiana que disse: "Enquanto liberais e ateus nos desprezarem, nós nunca partiremos.")

Duas pessoas com visões diferentes do mundo podem ver o mesmo fato e dar interpretações totalmente divergentes dele, porque nenhum fato ou acontecimento é percebido por si só. Ao andar na rua, posso passar por uma mulher com um batom vermelho brilhante, um leve cheiro de vinho em seu hálito após o almoço num restaurante e sem chapéu. Na minha opinião, nenhum desses pormenores provoca uma emoção ou um julgamento em particular, então não passa de um encontro trivial que quase não registro. Portanto, você pode presumir que nada aconteceu em meu cérebro. A teoria do meme, no entanto, afirma que muita coisa implícita aconteceu. A visão dessa mulher foi captada em meu cérebro como um dado novo pelo nervo óptico, mas eu não pude "vê-la" até que essa informação passou pela minha visão do mundo. Imagine uma série de filtros marcando "memória", "crenças", "associações" e "julgamentos". Cada filtro altera o dado novo de alguma forma, invisível e instantaneamente.

Se uma pessoa com uma visão diferente do mundo encontrasse essa mesma mulher, ela a "veria" através de seus filtros. No caso de ser um muçulmano tradicional, um vitoriano ou um monge medieval, todas essas características inócuas que penetraram em meu cérebro – o batom, o cheiro de álcool, a falta de chapéu – poderiam causar uma reação violenta em seu cérebro e gerar um estresse considerável.

Infelizmente, uma visão do mundo fornece rotinas fixas no comportamento, o que é perigoso na maior parte do tempo. Peculiaridades como racismo ou a prática da guerra persistem como reflexos automáticos. Anatomicamente, o sistema nervoso do homem divide-se em duas partes: os sistemas nervosos somático e o autônomo. Todas as informações das quais você tem consciência vêm do sistema nervoso somático; as informações inconscientes provêm do sistema nervoso autônomo. Os memes ocupam um espaço intermediário fascinante, a terra da sombra. Quando não consegue tirar uma música da cabeça, um exemplo clássico do comportamento meme, você está consciente da música, porém não sabe por que não consegue livrar-se dela.

Isso é o que Bhagavad-Gita quer dizer com o efeito unificador do carma. Você pode ter total consciência que possui uma característica determinada, como a avareza, irritabilidade, lisonjear-se com facilidade ou se achar importante, mas não sabe por que mantém essas características, apesar de detestá-las.

As visões do mundo são construídas de símbolos que preenchem uma necessidade. Pense em algo charmoso no mundo, digamos, a falecida princesa Diana. Para que se mantenha em sua mente e lá perdure mais tempo que alguns momentos, ela precisa ser importante para você. Ou seja, ela é um símbolo de alguma coisa que você reconhece e de algo que você valoriza e deseja. Em uma escala global a princesa Diana simbolizou beleza, inocência, vulnerabilidade, maternidade, prestígio, sexualidade e ainda mais coisas. Como todos os melhores memes, seu lado negativo foi também profundamente simbólico. Em várias etapas ela representou inabilidade, doença, risco social, compulsão, ingenuidade, lascividade, infidelidade e masoquismo.

Porém, qualquer que seja o nome que lhe atribuirmos, os memes são os meios com os quais damos sentido a uma experiência. Eles introduzem significado aos blocos construídos da realidade. Como somos os criadores da realidade, usamos esses símbolos de blocos construídos como nosso material bruto. Eu acho o campo da teoria memética instigante porque, entre os cientistas que não aceitam a concepção de consciência inerente, a noção paralela de memes está ganhando uma credibilidade considerável. Uma lacuna está se fechando.

Os rishis védicos possuem sua visão do que acontece no campo da mente. Formas de pensamentos que nos dominam são samskaras, impressões transmitidas ao sistema nervoso pela experiência passada. Uma criança pequena fica apavorada quando a mãe distraída a deixa numa loja de departamentos, e a sensação dessa experiência, ou samskara, pode durar a vida inteira. Essas impressões não têm de ser sempre negativas, o primeiro beijo pode, como quase sempre acontece, ser um samskara duradouro. O conceito de samskara estende-se além dos memes porque se aplica a todas as experiências mentais. Caso sejam sensações, desejos ou pensamentos, as impressões aprofundam-se no campo como a alma. Constituem as qualidades do eu que dá a cada um de nós uma identidade que reconhecemos como "nossa".

Samskaras só podem ser destruídos ou alterados ao afetar o nível correto da mente. Uma mudança no nível mais sutil é a alteração mais poderosa. J. Krishnamurti exprimiu com grande delicadeza que "a forma mais elevada de inteligência humana é observar a si mesmo sem julgamento". Ou seja, se você mantiver um distanciamento do comportamento de suas crenças, de seus diversos impulsos de desejo ou rejeição, de como a "consciência armazenada" da memória influencia sua visão do mundo, será capaz de ver o campo. Essa é a verdadeira iluminação. Em muitas tradições espirituais, como o budismo, o meio para atingi-la é a imobilidade, afastando-se do diálogo interno cujos pensamentos e impulsos originam-se do passado. A observação nos permite ver e compreender com uma inteligência holística, sem uma orientação de ganho ou perda. Isso nos dá a chance de vivenciar o campo da mente, ou o que popularmente chamamos "ter uma mente aberta".

É POSSÍVEL ABRIRMOS A MENTE?

Por fim, a morte nos levará ao campo da mente, que vivenciaremos diretamente. No entanto, nossas crenças, por estarem armazenadas na consciência, nos seguirão. A questão de uma mente aberta implica a quantidade de bagagem que carregaremos. Lembro-me de uma pergunta feita por Krishnamurti. Quando alguém comentou que era bom ter uma mente aberta, ele disse: "Existe uma mente aberta?" Essa é uma pergunta tipicamente ambígua, mas se a mente for aprisionada por memes ou samskaras, ela não poderá se abrir, devido a antigas crenças, opiniões, julgamentos e outros "vírus" mentais. Ou existe alguma nova experiência além do reino de crenças enraizadas e impressões cármicas?

Uma das contradições mais profundas é que para se alcançar a iluminação, que é livre de impressões passadas, não temos escolha a não ser usar o cérebro, mas ele está preso aos hábitos de filtrar, escolher, preferir, rejeitar etc. Krishnamurti observou isso com elegância ao perguntar: "Uma mente fragmentada pode vivenciar a totalidade?" A resposta é que não pode, porém possuímos uma mente fragmentada. Uma mente constituída de memes e samskaras. Afirmar que você tem uma mente aberta enquanto a de outra pessoa é fechada, ou alegar que você vivencia a realidade em vez da ilusão, parece um pressuposto razoável, mas segundo os termos de Krishnamurti – que são puro Vedanta – é impossível fazer coisas como "tentar ser mais aberto" ou "tentar ser mais real". Você está apenas lutando com seu eu dividido.

Então, qual é a solução desse paradoxo? Existe uma maneira de abordar a questão complexa de abrir a mente.

1. Ter consciência de que irá identificar com sua visão do mundo todos os estágios do crescimento pessoal.
2. Aceitar que essas identificações são temporárias. Você nunca será de fato você até atingir a unidade.
3. Estar disposto a mudar sua identidade todos os dias. Assuma uma atitude flexível. Não defenda um "eu" que você sabe que é temporário.
4. Observe com tranquilidade e sem julgamento, a fim de substituir as ideias enraizadas que você pensa automaticamente.
5. Quando sentir o impulso de lutar, use isso como um sinal imediato para agir. Abra um espaço para que uma nova resposta se revele.
6. Quando não puder agir, perdoe-se e siga em frente.
7. Use todas as oportunidades para dizer a si mesmo que todas as opiniões são válidas, todas as experiências são valiosas, cada insight é um momento de liberdade.

Esses passos cultivam uma mente aberta ao expor você ao campo da mente, observando-o com imparcialidade. Eles o orientarão para que possa redefinir-se continuamente. Em outras palavras, aceite a transformação em vez de defender o *status quo*. Agora você está pronto para desmontar sua visão do mundo. Está preparado a não viver mais num mundo limitado aos confinamentos restritos do eu, mim e meu. A visão do mundo defendida pelo ego que você quer desmontar está organizada em três camadas:

1. Energia
2. Crenças
3. Estrutura

Essas três camadas aplicam-se tanto para o conjunto da perspectiva de vida quanto para seus fragmentos. Elas entrelaçam-se porque o campo contém todas as três. Isso significa que uma árvore ou uma nuvem é energia, informação e estrutura. Sua personalidade compõe-se dos mesmos três elementos, assim como as experiências de sua visão do mundo.

Energia: Quando uma experiência aprisiona-se em sua cabeça, você está ligado à sua energia. Cada experiência tem seu padrão energético que se reflete no cérebro como memória, emoção, sensação etc. No momento em que decide lembrar-se de algo de sua infância, o que lhe vem à mente? Imagens visuais, nomes e rostos, todos os tipos de emoções, detalhes físicos, associações, sensações diversas. Tudo isso existe no nível da energia. Sem a vibração do campo eletromagnético, as experiências específicas não existem.

Essa energia apreendida é liberada de muitas maneiras: por meio de sonhos, insight, imaginação, relaxamento emocional, recordações profundas, confissão, prece, redenção, meditação, amor etc.

Crenças: As crenças nos conduzem ao nível mais sutil da mente. Elas propiciam uma experiência, mas proíbem outra. São como juízes decidindo se uma experiência é positiva ou negativa, certa ou errada, desejável ou indesejável. O universo faz uma dança contínua com nossas crenças. O que acreditamos é reforçado pelo que vivenciamos, mas essa vivência também altera nossa crença. Qualquer pessoa que se debateu com a pergunta: "Ele (ou ela) me ama?", sabe que pequenas coisas como um olhar, uma palavra casual ou um telefonema não respondido confirmam ou destroem nossa crença em ser amado.

As crenças são liberadas pelo fato de termos consciência de seu sectarismo. As crenças não são estáticas; elas resultam do comportamento. Então, ao observar seu comportamento, você estará vendo suas crenças em jogo. Se uma pessoa negra, pobre e sem-teto lhe pedir uma esmola à noite e você decidir ignorá-la, pense nas crenças que o fizeram agir desse modo: "Os negros são perigosos, a noite é atemorizante, não podemos confiar em estranhos, qualquer resposta me embaraçaria, pessoas pobres são preguiçosas, loucas ou fracas, associar-se a elas significa que me tornarei uma delas um dia." Quando parar de defender o comportamento de suas crenças, elas tornam-se menos sectárias. Você recobra a liberdade de pensar e de acreditar de uma nova maneira.

Estrutura: A estrutura é a base da personalidade. Ela inclui sua visão da vida, o propósito de estar aqui, suas metas mais relevantes, a perspectiva da existência física, e sua atitude em relação ao prazer e à dor. Esses conceitos profundos são negligenciados porque as pessoas estão muito dominadas ou demasiadamente convencidas por suas crenças e energias. Só após começar a liberar energia e crenças você poderá examinar o "Por quê?", isto é, o fundamento de sua participação em Maya ou a aparência externa. Por que está vivo? Qual é seu objetivo total? Para quais valores mais elevados você demonstra seu compromisso? Essas são perguntas estruturais e, quando conseguir vê-las com clareza, elas darão suas respostas.

A estrutura não se libera da mesma forma que a energia apreendida e pode contestar as crenças. A estrutura é seu veículo para a vida. É o barco que usa para cruzar o oceano do espaço e do tempo. Sem ela você não teria identidade; seria uma nuvem de energia sem um centro. Tudo que você pode fazer com sua estrutura é "observá-la". Nesse período de observação você reduz o "eu" aos seus princípios básicos. Em outras palavras, você para na entrada onde a pessoa encontra a alma. Esse é um momento extremamente liberador do reconhecimento.

Ao construir uma nova estrutura em sua mente como, por exemplo, decidir ver sua vida em termos espirituais, aprender cuidados paternais ou maternais após o nascimento de um bebê ou substituir sua postura de vítima pela perspectiva de alguém que tem controle da situação, você está escolhendo evoluir. Está aproveitando certas qualidades sutis que pertencem às estruturas mentais reveladas pelos rishis:

- As estruturas da mente organizam energia para que ela sirva a um propósito mais elevado.
- Interagem esta vida com a experiência universal.
- Abrem caminho para o eu superior e suas transmissões.
- Expõem você à força da evolução.

Se trabalhar nos três níveis de energia, das crenças e da estrutura, você estará conectando-se ao campo diretamente e de modo consciente, que é a forma como atingimos uma mente aberta. Como poderá dizer que o trabalho valeu a pena e que ganhou uma mente aberta? Você se conhecerá em sua totalidade definitivamente.

15

A MECÂNICA DA CRIAÇÃO

Por mais que tentemos explicar, o que acontece após a morte continua a ser um milagre. Deslocamo-nos de um mundo para outro, nos libertamos de nossa antiga identidade para vivenciar "eu sou", a identidade da alma, e reunimos os ingredientes de uma vida totalmente diferente em nosso próximo corpo. A ciência apoia o pressuposto de que o campo é capaz de saltos criativos e transformações infinitas. Um átomo de oxigênio, se pudesse contar sua história, diria que um milagre aconteceu quando se ligou ao hidrogênio para formar a água. Sua antiga identidade era gasosa, e a nova, líquida. Seu mundo antigo ficava na atmosfera, o novo, nos oceanos, rios e nuvens. E se essa molécula de água tornar-se parte do cérebro humano? O oxigênio vivenciaria de repente sua consciência?

Essa pergunta é o último e o mais misterioso salto que teremos de explicar. O oxigênio, como qualquer outro átomo no cérebro, participa conscientemente em seu curso pelos neurônios. Contudo, dizer que o oxigênio tem consciência é um exagero. Então, como a consciência move-se em algum lugar entre os átomos de oxigênio e o córtex cerebral? Esse fato é crucial para determinar se a consciência sobrevive ou não após a morte. Como já mencionei, a resposta não está no cérebro. O cérebro é um objeto inerte constituído de químicas orgânicas. Essas substâncias químicas podem ser partidas em moléculas e átomos mais básicos. Esses átomos podem ser divididos em partículas subatômicas que, por sua vez, podem transformar-se em ondas de energia que se originam de um campo invisível.

Ao dar esses passos um de cada vez, nos *distanciamos* da consciência. O cérebro está ciente, mas não sabemos se as ondas de energia percebem esse movimento, apesar de o cérebro ser em última instância energia. Para solucionar esse enigma, os materialistas argumentam que a consciência não possui uma realidade intrínseca; é só uma artimanha do cérebro. Isso significa que, se fizéssemos um download da memória total de uma pessoa para um supercomputador, teríamos a vida após a morte? O eu vivo continuaria intacto, vivenciando o mundo como antes, mas dentro de uma máquina?

Esse é um exemplo perfeito de como podemos nos enganar com nossas explicações. A consciência não pode ser encontrada na informação. O fato de que um bilhão de zeros e uns são baixados num computador não faz com que adquiram consciência, a menos que cada zero e cada número um já sejam conscientes, o que leva à conclusão absurda de que os números impressos num livro de matemática têm pensamento próprio. Não é possível explicar a consciência em qualquer nível da natureza sem cair na mesma contradição. Então devemos abandonar as explicações científicas ou a ciência está preparada para fornecer insights que a forçarão a explicar a natureza de forma diferente?

SALTOS CRIATIVOS

Uma qualidade que apreciamos em nós mesmos é a capacidade de criar algo novo. Realizamos isso genuinamente. O surgimento da vida na Terra dependeu da súbita aptidão de uma molécula, o DNA, de reproduzir-se. Nenhuma molécula fizera isso antes. Podemos explicar a evolução do universo em termos desses saltos criativos ou "propriedades emergentes". Antes que o oxigênio e o hidrogênio descobrissem como se converter em água, o cosmo criou átomos que não estavam presentes no Big Bang, e átomos transformaram-se em gases, sólidos, metais, moléculas orgânicas e assim por diante. Nenhum desses acontecimentos foi uma simples combinação como derramar açúcar na água. O açúcar pode desaparecer, mas se a água evaporar veremos que o açúcar permaneceu intacto. Não há uma nova propriedade na água açucarada que já não estivesse presente nos dois componentes ao se separarem.

Uma propriedade emergente, por sua vez, é um salto criativo que produz algo inteiramente novo. Em termos espirituais, o ciclo do nascimento e do renascimento é um curso intensivo para fazer saltos criativos da alma. O natural e o sobrenatural não estão realizando coisas diferentes, mas estão envolvidos na transformação em níveis separados. No momento da morte, os ingredientes de seu antigo corpo e da antiga identidade desaparecem. Seu DNA e tudo que ele criou são restituídos às suas partes componentes. Suas memórias dissolvem-se em informação bruta. Esse material bruto não se recombina para produzir uma pessoa um pouco modificada. Para produzir um novo corpo capaz de ter novas memórias, a pessoa que surgirá precisa ser totalmente renovada. Não se adquire uma nova alma, porque a alma não tem conteúdo. Ela não é "você", mas sim o centro em torno do qual "você" se funde ao longo do tempo. É seu ponto zero.

Há pouco tempo, lembrei-me de como essa transformação é fantástica. Conheço um casal da Itália que sofreu uma terrível tragédia familiar há dois anos, quando o seu filho adolescente, Enrico, morreu. Ele se embriagara com uns amigos e um deles começou a brincar com a pistola do pai. A arma disparou e Enrico morreu. A família ficou arrasada, ainda mais porque foi sugerido, mas jamais provado, que o filho se matara jogando roleta-russa.

Uma semana depois de sua morte, a mãe entrou no quarto dele. Ela sentira um impulso de rezar para o filho e, ao ajoelhar-se ao lado da cama, ouviu um barulho. Um carro de controle remoto de Enrico caíra da prateleira sem uma razão aparente. Ele começou a correr pelo quarto e a mãe retirou suas baterias. No entanto, o carro não parou. Esse fenômeno estranho durou três dias, segundo ela me contou. Foi testemunhado pela família inteira, e a irmã mais velha de Enrico, de quem ele era mais próximo, insistiu que o irmão estava fazendo o carro funcionar. Ela fez perguntas, como num tabuleiro Ouija, e o carro ia para a esquerda ou para a direita em resposta ao sinal de sim ou não.

Meses depois o pai de Enrico foi à Índia e procurou um jyotishi, ou astrólogo. Alguns jyotishis não fazem um mapa astral específico, eles consultam mapas já escritos, muitos deles datados de séculos atrás, e os aplicam à pessoa que os consulta. (Essa decisão é tomada de acordo com a data de nascimento da pessoa e pela combinação de determinados dados pessoais com os mapas que o astrólogo tem em mãos.) Isso aconteceu com meu amigo, a quem o astrólogo contou a seguinte história: em sua vida anterior ele vivera na costa ocidental da Índia.

Ele tinha um enorme desejo de ter um filho, porém infelizmente sua mulher era estéril. O casal adotou um bebê, mas ela ficou grávida inesperadamente e deu à luz um menino.

Depois do nascimento do filho biológico, o pai começou a ignorar o menino adotado e o maltratava. Atormentado pelos maus-tratos o garoto suicidou-se na mesma idade de Enrico. O astrólogo disse ao meu amigo que havia uma conexão nesse fato. O antigo filho renasceu em Enrico, e ele suicidou-se de novo para mostrar ao pai como era doloroso perder um filho biológico. Naturalmente, meu amigo ficou muito abalado ao ouvir isso, mas ao me encontrar alguns meses mais tarde, ele disse que o resultado final foi uma sensação de paz. Resignara-se à morte trágica de Enrico e compreendeu o carma por trás desse acontecimento.

Eu não tenho a menor ideia se muitos leitores acharão essa história estranha, porém talvez verdadeira. Para mim, ela revela como a vida e a morte entrelaçam-se misteriosamente. São dois aspectos do mesmo ato criativo. Nosso cérebro é programado para funcionar no tempo e espaço. Não testemunhamos a mecânica da criação fora desse contexto. No entanto, a vida que vivenciamos agora, a que a precedeu e a que a seguirá não surgem do nada. Elas aparecem por meio da consciência em contínua evolução – o você real. Existe uma lacuna entre as vidas que não podemos ver, contudo sua alma o segue ao entrar nesse espaço e renascer. A consciência não perde seu rumo; o ponto zero da alma é tão capaz de correlacionar acontecimentos através do tempo e espaço como o Campo do Ponto Zero.

Nessa história, o pai e o filho permaneceram unidos no espaço entre nascimento e morte. Reconheceram-se inconscientemente, realizaram um propósito comum e trabalharam o carma juntos, todas as coisas que desafiam a morte. Ao mesmo tempo, o corpo físico, suas lembranças e o sentido de identidade foram transitórios e não sobreviveram à morte. A natureza é construída com as mesmas relações complexas. Os átomos de oxigênio fechados em uma molécula de água ou no cérebro permanecem os mesmos, porém aprenderam a relacionarem-se de uma maneira totalmente nova, fazendo com que cada átomo isolado desaparecesse, ou seja, morresse. Eu ressalto em especial que, se a ciência não explica o surgimento da umidade a partir da aridez, também não explica o aparecimento da consciência no cérebro. Os saltos criativos verdadeiros são sempre inexplicáveis e, portanto, milagrosos.

A FONTE DE TUDO

A ciência deveria examinar o milagre num microscópio para aproximar-se do local onde a criação ocorre. Existem tênues traços físicos a serem seguidos para um nível muito sutil. Há muito tempo sabe-se que o cérebro, bem como o corpo como um conjunto, é rodeado por um campo eletromagnético muito fraco. Com a emulsão fotográfica adequada, esse campo pode brilhar; a descarga elétrica minúscula emitida pelos neurônios ao explodirem é também mensurável. Se a consciência cria um campo energético, esse campo pode demonstrar consciência? Seria o caso de pensar que, como o cérebro depende de sinais elétricos, seria afetado pelo tumulto dos sinais eletromagnéticos emitidos por rádios, televisões, micro-ondas e de muitas outras fontes. Aparentemente, isso não é verdade. Pesquisadores parapsicólogos realizaram experimentos de isolar pessoas com aptidões psíquicas em gaiolas Faraday, que bloqueiam toda a energia eletromagnética sem alterar suas capacidades de ver a distância ou exibir outros fenômenos psíquicos. O caso da "observação remota" é especialmente intrigante devido ao trabalho tão sério efetuado nesse campo.

Muitos experimentos foram feitos com a observação remota, comumente chamada de clarividência, mas um dos mais notáveis foi realizado na Universidade de Stanford, onde cientistas construíram uma máquina chamada SQUID, ou um equipamento supercondutor de interferência quântica. Para nós, basta saber que esse equipamento, que mede a atividade de partículas subatômicas, sobretudo quarks, é muito bem protegido de forças magnéticas externas. Essa proteção começa com camadas de cobre e alumínio, no entanto, para assegurar plenamente que nenhuma força externa afete o mecanismo, metais raros envolvem o núcleo interno.

Em 1972 um SQUID foi instalado no porão de um laboratório em Stanford, aparentemente só para desenhar a mesma curva em S da colina e do vale num gráfico. Essa curva representava o campo magnético constante da Terra; se um quark passasse pelo campo, a máquina o registraria com as alterações no padrão que estava sendo desenhado. Um jovem físico especialista em aparelhos laser chamado Hal Puthoff (que mais tarde se tornou um renomado teórico quântico) decidiu que além de sua utilização principal, o SQUID seria um teste perfeito para poderes psíquicos. Poucas pessoas, inclusive os cientistas de Stanford, conheciam o funcionamento interno da máquina.

Puthoff escreveu uma carta à procura de um médium que aceitasse o desafio de demonstrar habilidades psíquicas e recebeu a resposta de Ingo Swann, um artista de Nova York com poderes psíquicos.[1] Swann foi para a Califórnia sem informações prévias a respeito do teste ou do SQUID. Ao ver o equipamento, ficou um pouco desconcertado. Mas concordou em "olhar" o interior da máquina e, ao examiná-lo, a curva em S do gráfico mudou de padrão – coisa que raramente acontecera – e só voltou ao funcionamento normal depois que Swann parou de observá-lo.

Puthoff, perplexo, lhe pediu para repetir a operação e durante 45 segundos Swann concentrou-se em examinar o interior da máquina e, nestes exatos segundos, o equipamento desenhou um novo padrão no papel, um longo planalto em vez de colinas e vales. Swann, então, esboçou um desenho do que havia visto em funcionamento no interior do SQUID e quando o checaram com um especialista, ele era uma descrição perfeita da construção atual. Swann deu uma explicação vaga de como havia alterado a informação magnética, que a máquina fora construída para medir. Na verdade, ele apenas pensou no SQUID, sem pretensões de mudá-lo, e o equipamento de gravação mostrou alterações no campo magnético circundante.

As pessoas que são céticas em relação a habilidades psíquicas ignoram inúmeros estudos que demonstram que o pensamento comum pode afetar o mundo. Isso é especialmente importante se a mente for um campo. Certa vez participei de um experimento controlado no qual uma pessoa sentada num quarto isolado (o emissor) olharia de forma intermitente para uma imagem visual, enquanto eu (o receptor) apertaria um botão todas as vezes em que sentisse que isso estava acontecendo.[2] Minha precisão, como da maioria das pessoas, era muito superior à média. (O biólogo inglês Rupert Sheldrake, que mais do que qualquer outra pessoa tentou explicar como a mente estende-se além do corpo, fez experimentos similares. Ele testou, por exemplo, se poderíamos sentir que alguém estava nos olhando atrás de nossas costas. Esses experimentos demonstraram resultados mais objetivos que aleatórios.)

Vida após a morte

Na década de 1960, em uma longa série de experimentos, um especialista do FBI chamado Cleve Backster introduziu plantas em polígrafos, pois sabia que os detectores de mentira funcionam medindo as mudanças de umidade da superfície da pele. Em suas palavras, isso foi o que aconteceu.

> Então, em 13 minutos e 55 segundos entrou em minha mente a imagem da folha em combustão que eu testava. Eu não falara nada, não tocara na planta nem no equipamento. O único fato novo que acontecera fora um estímulo que a planta recebera de uma imagem mental. No entanto, a planta enlouqueceu. A caneta pulou para cima do gráfico.[3]

Essa primeira observação surpreendente verificada em fevereiro de 1966 levou a uma série de experimentos de Backster para medir as reações à fumaça de cigarro, pensamentos negativos e emoções fortes; descobriu-se que plantas criadas no interior de ambientes registravam como as pessoas sentiam-se em torno delas. Mas talvez a descoberta mais notável foi quando Backster pegou duas plantas e feriu uma delas em uma sala separada, e a outra planta registrou a mesma perturbação na atividade elétrica como se houvesse também sido ferida. A agulha do polígrafo saltou, embora as duas plantas não tivessem uma conexão física, e continuou a saltar mesmo quando as plantas ficaram separadas por uma grande distância. Não podemos deixar de lembrar dos diversos estudos em que gêmeos idênticos sentiam o que acontecia com o outro a distância, a tal ponto que um gêmeo soube o momento em que o irmão fora eletrocutado ao subir num poste telefônico e sentiu a dor também. Os seres humanos gêmeos possuem a mesma complementaridade que une os elétrons no espaço profundo?

O fato de dizer que a consciência é um campo cria apenas um esboço de uma prova. Ninguém levou em consideração a lacuna e sem isso a consciência permanece um mistério, assim como os campos. A lacuna é o espaço vazio entre eventos; não contém nada além de si mesma e, no entanto, parece que tudo emana dela. Quando examinamos um DNA, os geneticistas nos dizem que a vida não surge da cadeia de aminoácidos da hélice dupla, mas do espaço entre eles. Esses espaços são mal compreendidos, porém exercem um papel misterioso na sequência dos genes. Em termos físicos o DNA dos gorilas e dos homens difere em menos de 1 por cento; mas as lacunas entre a matéria visível criam um abismo intransponível entre gorilas e seres humanos. A fonte da consciência deve ser revelada na lacuna.

SAT CHIT ANANDA

Os rishis védicos seguem a mente na lacuna e declaram que as três qualidades primárias são a base da existência: *Sat Chit Ananda*. Essa expressão é, em geral, traduzida em uma única frase, "eterna beatitude da consciência", ou individualmente como Sat (existência, verdade, realidade), Chit (mente, consciência), Ananda (bem-aventurança). Mas essas definições não ajudam muito, porque presumem o que entendemos em inglês por realidade, verdade, bem-aventurança e existência. Essa questão está longe de ser resolvida. Se você disser: "Foi uma bênção ir para Aruba no Natal. Mudou toda a minha realidade", suas palavras têm o significado do cotidiano, mas não descreveram Sat Chit Ananda.

Na verdade, os rishis referem-se a uma experiência que pode ser resumida assim: cada pensamento que tiver, bem como qualquer objeto que vir no mundo, é uma vibração do universo – o termo em sânscrito é *shubda*. Shubda cria a luz, o som, o toque, o gosto e o cheiro, porém essas vibrações são mais sutis. Elas não têm a mesma sensação da realidade concreta. Quando você se estende além das qualidades sutis da mente, shubda torna-se tão tênue que a mente perde toda a experiência da realidade externa, até mesmo fragmentos vagos da memória. Por fim, ela vivencia só a si mesma e não existem mais vibrações. Você é a fonte.

O limiar da fonte é o silêncio. Mas você pode atravessar esse limiar e entrar num quarto onde a realidade nasce. Lá verá que os materiais brutos são triplos. A criação origina-se da existência (Sat), da consciência (Chit) e do potencial das vibrações que surgirá (Ananda). Esses três elementos são os fatos mais reais do universo, porque tudo o mais que chamamos de real provém deles.

É essa experiência da fonte, um estado que começa além do silêncio, que os rishis védicos consideram o campo de todos os campos e que os físicos chamam de estado fundamental ou estado de vácuo. Embora tenha todas as possíveis vibrações do universo, o estado de vácuo ainda não é Sat Chit Ananda. Ele não tem mente nem bem-aventurança. Não pode ser vivenciado subjetivamente. Ao deixar esses fatores de lado, a física exclui o físico que declara não fazer parte do campo. John Wheeler, um físico proeminente de Princeton, assinalou há décadas esse erro: ele disse que, ao fazermos modelos do universo, agimos como alguém que pressiona o nariz na janela de uma padaria, olhando tudo que está exibido em seu interior. No entanto, não existe uma janela separando o observador do universo; não estamos do lado de fora do que vemos.

A sugestão de Wheeler de que devemos encontrar uma ciência que associe subjetividade à objetividade tem sido pouco investigada, porque os cientistas continuam a pensar com uma teimosia objetiva e essa postura não pode ser adotada ao realizar experimentos isolados. Por fim, entretanto, há um limite que não pode ser atravessado e estamos muito próximos dele. É possível constatarmos o limite do conhecimento observando um problema simples como a prece.

Mas agora as pessoas estão bem conscientes que a pesquisa referente à prece comprovou que ela funciona. Em um experimento típico com voluntários, em geral de grupos de igrejas, lhes pediram para rezar para pessoas doentes em um hospital. Não visitaram os doentes e quase sempre só tinham como referência um número em vez de um nome. A prece não era específica; deveriam apenas rezar pedindo ajuda de Deus. Os resultados desses experimentos foram extremamente positivos. Em um dos mais conhecidos realizado na Universidade Duke, na Carolina do Norte, pacientes que receberam as orações recuperaram-se mais rápido e com menos efeitos colaterais do que aqueles para quem não rezaram. Temos, assim, mais uma demonstração de que estamos conectados ao mesmo campo da consciência. As propriedades do campo funcionam aqui e agora:

O campo funciona como um conjunto.
Ele relaciona acontecimentos distantes instantaneamente.
Ele lembra de todos os eventos.
Ele existe além do tempo e do espaço.
Ele cria-se inteiramente em seu âmago.
Sua criação cresce e expande-se em uma direção evolucionária.
Ele é consciente.

Os rishis védicos consideram essas qualidades como seus primeiros princípios; a esse respeito eles são mais sábios que nós, devido à nossa relutância em admitir a consciência, a menos que sejamos forçados perante uma questão científica difícil. O campo da consciência é básico para todos os fenômenos da natureza, por causa do espaço que existe entre os elétrons, os pensamentos e todos os instantes do tempo. Esse espaço vazio é o ponto de referência, a tranquilidade no cerne da criação, onde o universo correlaciona todos os acontecimentos.

A ciência provou que os rishis estavam certos? Creio que o máximo que podemos dizer é que a ciência e os rishis são coerentes entre si. Eles se originam de mundos diferentes, mas têm quase a mesma visão. A ciência ainda está impregnada pelo materialismo espiritual e pela crença de que qualquer explicação de Deus, da alma ou da vida após a morte será válida apenas se a matéria contiver o segredo. Isso é como dizer que só entenderemos jazz depois de diagramar os átomos do trompete de Louis Armstrong.

Por fim, um livro sobre a vida após a morte não tem a pretensão de fazer com que nos reconciliemos plenamente com a inevitabilidade da morte. Ele só nos proporcionará uma forma de encontrar conforto pessoal. Você e eu somos pessoas únicas e, portanto, muito diferentes. Posso consolar-me com uma visão da eternidade que lhe é estranha ou atemorizante. Posso lamentar o envelhecimento de meu corpo com mais ou menos intensidade que você. Temos uma visão pessoal de Deus. Contudo, estamos unidos no campo da consciência e realizamos o mesmo trabalho lá.

Precisamos ver que estamos enredados na mesma realidade. O isolamento tornou-se obsoleto em todos os aspectos, da ecologia à internet. É necessário que lembremos que temos uma fonte comum. O espírito humano degrada-se quando nos limitamos ao breve período de vida e ao aprisionamento do corpo físico. Somos em primeiro lugar mente e espírito, e isso situa nossa casa além das estrelas.

O fato de saber que retornarei ao campo um dia para encontrar minha fonte faz com que eu sinta uma confiança incomensurável no objetivo da vida. Tão fervoroso como qualquer crente devoto, eu tenho fé nessa visão. Minha fé é renovada sempre que tenho um momento de reflexão, em que posso tocar o silêncio do meu ser. Então perco todo o medo da morte e, na verdade, toco a morte nesse momento com alegria. Tagore exprimiu isso de modo comovente:

Quando eu nasci e vi a luz
Deixei de ser um estranho neste mundo
Algo inescrutável, informe e sem palavras
Surgiu na forma de minha mãe.

Assim, quando eu morrer, o mesmo desconhecido surgirá
de novo
Como sempre o conheci,
E porque amo esta vida
Eu amarei também a morte.[4]

Sem a morte não existirá o momento atual, pois o último momento precisa morrer para tornar o próximo possível. Não haverá um amor atual, visto que a última emoção tem de morrer para que outra venha a existir. Não há uma vida presente, porque as antigas células do meu corpo necessitam morrer para que surjam novos tecidos. Esse é o milagre da criação, em que cada segundo significa apenas isso: a vida e a morte unem-se em uma dança eterna. Seria uma catástrofe excluir a morte da dança, porque excluiria a chance de renovação do universo. Felizmente, a criação não é estática. Vivemos em um universo que se recria sem cessar. Do outro lado de nossos medos e dúvidas, nossa prece mais profunda não deveria ser para a vida, que temos em abundância. Seria uma prece para conduzir a dança cósmica, porque, então, os anjos e os deuses teriam alguém para seguir.

Epílogo

MAHA SAMADHI

As chuvas das monções caíram na montanha durante a noite. Ramana as ouvia em seu sono como um trovão surdo e quente no telhado, ou o bater dos deuses. Era alto o suficiente para deixá-lo agitado, mas não para acordá-lo. Ele teve pensamentos vagos de fechar a janela ao lado da cama. Lembrou-se de um pequeno buraco no telhado que precisava de um balde embaixo para recolher a água. No entanto, por alguma razão ele não sentiu a água batendo no peitoril da janela nem ouviu o som de pingos no chão.

Estranho, pensou sonolento.

O barulho surdo do trovão continuou, hora após hora. Horas demais. Ramana abriu os olhos, fixando o olhar no peitoril da janela e no lugar embaixo do buraco do telhado. Ambos estavam secos. Onde estava a água? Por que ainda trovejava?

Então teve uma súbita percepção. *Eram* os deuses batendo. A morte chegara como as monções, a estação que Ramana mais gostava. Ele não se surpreendeu ao sentir ainda o corpo e ver que o quarto estava intacto. Seu antigo mestre que morrera havia 60 anos lhe contara como as coisas aconteceriam. Sessenta anos? Seria isso mesmo? Subitamente, Ramana não conseguiu lembrar sua idade. Setenta e cinco, 80? Essa confusão provocou uma mudança. Seu corpo começou a sentir-se mais leve, como se a idade estivesse desaparecendo. Ele estava levitando, o quarto inteiro levitava, e o trovão surdo começou a desvanecer-se.

Ramana pensou se estava prestes a desaparecer, mas o mundo poupou-lhe a preocupação extinguindo-se primeiro. Ele nunca acreditara muito no mundo, então isso não o surpreendeu. Neste último momento ele ainda estava na cama, olhando pela janela para um céu que passava de azul para um branco suave e, depois, só a brancura o envolveu e o quarto desapareceu. Olhou para baixo e seu corpo também desaparecera. Ele partira de um modo tão fácil que se lembrou de algo que seu mestre lhe dissera: "O corpo é como um manto. Para os iluminados, a morte é como deixar o manto cair no chão. Aos que não são iluminados, é como cortar um manto que está costurado."

O que desapareceria em seguida? Ramana ainda conseguia formular perguntas, porque sua mente ainda não o deixara. Ele se viu como um garoto de 12 anos, quando encontrou pela primeira vez seu mestre, que morava no mesmo abrigo da floresta que se tornaria seu depois da morte dele. O homem idoso sentado na posição de lótus num couro de veado gasto lhe dissera: "Você quer aprender comigo?" O menino fez um sinal afirmativo. "É porque seus pais pensam que seria uma boa coisa?" Mais uma vez o menino fez um aceno afirmativo. Então o mestre fez um sinal com a mão pedindo que os pais de Ramana saíssem do quarto.

Quando ficaram sozinhos o mestre disse:

– Venha me procurar quando tiver vontade de aprender e não por imposição de seus pais.

– Por quê? – perguntou Ramana. – Meus pais só querem meu bem.

– Isso não é suficiente – respondeu o mestre. – Você não pode ficar comigo e continuar a ser uma pessoa comum. Pessoas comuns precisam do apoio da família ou morreriam de solidão. Precisam do amparo da sociedade, para ter amigos e esposa. Necessitam do suporte do corpo ou morreriam de fome. E acima de tudo, precisam do auxílio da mente, senão enlouqueceriam.

– Eu não sei por que está me dizendo isso – disse o menino.

– Porque se perder a família, os amigos, seu corpo e sua mente, tudo que lhe é imprescindível, eu não quero que morra. Quero que seja livre.

O menino só voltou após 10 anos e, mesmo assim, o mestre riu e disse que retornara rápido.

– Depois do que lhe disse, a maioria das pessoas nunca mais volta.

Durante o período como seu discípulo, Ramana achou o ensinamento difícil. Ele tropeçou com frequência, mas nunca caiu. Tudo que o mestre previra aconteceu. Em dado momento o discípulo não precisou mais do apoio da família. Mas isso não foi uma perda, porque agora os via com grande compaixão. Não necessitava do amparo da sociedade, porém isso não foi uma perda, pois se sentia fazendo parte da humanidade inteira. Também não precisava do auxílio do corpo físico, no entanto, isso não foi uma perda porque seu corpo cuidava melhor de si mesmo depois que deixou de se preocupar com ele.

A única coisa que Ramana jamais prescindiu foi do apoio da mente.

– Ah, você teme que morrerá sem a mente – disse o mestre pacientemente.

Ramana adotou a mesma paciência. Ele aprendeu a atingir o *samadhi* para vivenciar o silêncio, e ao longo dos anos essa prática tornou-se um lar para ele, um lugar livre da atividade constante da mente.

No dia da morte do seu mestre, Ramana ajoelhou-se ao lado de sua cama e chorou.

– Você acha que eu o estou deixando – sussurrou o mestre.
– Sua mente ainda o domina. – Ele disse isso afetuosamente, sem recriminá-lo, e Ramana sentiu-se reconfortado. Uma hora depois o mestre entrou no mais profundo de todos os silêncios, *maha samadhi*.

Ramana lembrou todos esses fatos agora que ele também morrera. Olhou em torno. Não havia ninguém para acolhê-lo, nem família, nem seu mestre. Por um segundo, sentiu um arrepio de medo, depois a sensação desapareceu e com ela o poder de pensar. Ramana não precisava pensar. *Assim minha mente parte*. Deslizou sem esforço para onde a mente não mais era necessária. A brancura ao seu redor desvanecera-se, mas essa percepção durou só um instante, porque também não havia escuridão. Quando sua mente partiu levou consigo a luz e a escuridão.

Agora que estava envolvido no silêncio, sentiu um alívio indescritível. Como ladrões à noite, todos os mundos queriam penetrá-lo e roubar seu silêncio. Entretanto, tudo que podiam fazer era olhá-lo ligeiramente, como plumas num rochedo. Ele estava impenetrável. Não existiam universo nem Deus, nenhuma presença divina, nem amor.

Deixou-se ficar nesse estado, no útero do infinito, por certo tempo. Então Ramana sentiu uma respiração suave que o chamou de volta. Ele voltava à vida. Não porque queria viver na Terra, pois isso teria sido um pensamento. A respiração era a razão. Houve um segundo em que poderia escolher não retornar. A paz eterna era tão possível como outra vida.

Só nesse momento ele percebeu que estava por fim livre. A vida humana poderia ser sua de novo, mas agora ele teria além da vida a paz eterna. Ramana sorriu, se pudéssemos dizer que o cosmo sorri. A respiração aumentou. Ele relaxou e deixou que ela o levasse de volta à Terra. Um respiro, depois outro, sempre mais alto, até parecer como as monções caindo na montanha, ou o bater dos deuses. Ele não podia discernir em que família nasceria, porém Ramana sabia seu novo objetivo: mostrar a esses seres humanos sonhadores, a quem amava tanto, como despertar.

NOTAS DE LEITURA

Nunca existirá um livro definitivo sobre a vida após a morte, o que julgo positivo, porque um único livro jamais convencerá os céticos ou reconfortará quem já imaginou o que acontece após a morte. O que poderá mudar o medo e a dúvida da sociedade é um fluxo crescente de evidências. A seguir relacionei todos os livros e sites que me ajudaram a escrever este livro. Eles testemunham uma enorme evidência que a vida continua após a morte; ainda mais importante, cada um desses indícios é um sintoma da expansão da consciência. Há muito tempo a morte é um tema misterioso. O melhor que pude fazer foi iluminar um pouco a escuridão, porém não o teria conseguido sem inúmeras outras pessoas tentando lançar essa mesma luz.

CAPÍTULO 1: A MORTE À PORTA

Entramos em uma nova era na pesquisa em que a internet tornou-se um instrumento tão valioso como livros de referência padrões. Além da busca no Google sobre qualquer tópico geral (por exemplo, fantasmas, experiências de quase morte, céu) em www.google.com, temos também uma enciclopédia on-line sempre em expansão em www.wikipedia.com. O único defeito nas referências da Web é que tendem a ser extremamente numerosas, mas às vezes pobres em conteúdo. A grande virtude das referências on-line é que o leitor pode aprofundar-se mais que o autor em um tópico especial com um toque de um botão.

Abordei sucintamente as mudanças físicas causadas pela morte. Sherwin B. Nuland ganhou o National Book Award sobre esse assunto com *How We Die: Reflections on Life's Final Chapter* (Knopf, 1994). Nuland, um físico sênior de Yale, deu detalhes clínicos biológicos do processo da morte, falando a respeito de doenças cardíacas, câncer, Alzheimer e Aids, entre outros temas, em sua pesquisa de como a morte de cada pessoa é um fato único em sua vida.

As experiências espirituais também provocam mudanças físicas, tornando-as tão reais, se você for materialista, como as mudanças ocasionadas pela morte. Um dos primeiros livros populares sobre o assunto é o de Nona Coxhead, *Mindpower* (Penguin, 1976), que enfatiza a pesquisa sobre percepção extrassensorial (PES) e outras áreas da parapsicologia. Para um estudo contemporâneo de progressos na ciência cerebral que estão alterando nossa concepção de consciência, consultei Joseph Chilton Pearce, *The Biology of Transcendence: A Blueprint for the Human Spirit* (Park Street Press, 2002), que apresenta uma visão nova e de longo alcance. Pearce escreve para o leitor comum e entremeia neurologia com pequenas histórias intrigantes.

Tentei ser menos técnico possível ao discutir o amplo sistema filosófico conhecido como Vedanta. Os leitores que quiserem aprofundar-se no tema devem começar com *The Concise Yoga Vasistha* (State University of New York Press, 1984), com uma tradução clara e legível de Swami Venkatesananda. Esse grande trabalho descreve a educação de lorde Rama, uma encarnação de Deus numa forma humana, por um rishi imortal, Vasistha, que ensinou ao seu jovem pupilo todo o conhecimento Vedanta sobre a morte, reencarnação e a projeção dos mundos no eu. Mantive esse livro ao meu lado por muitos anos.

NOTA DO TEXTO:
1 Tentativas modernas de pesar a alma no momento da morte são discutidas on-line em http://www.snopes.com/religion/soulweight.asp.

Vida após a morte

CAPÍTULO 2: A CURA PARA A MORTE

A história da delog tibetana Dawa Drolma é contada por seu filho Chagdud Tulku na introdução do livro dela, *Delog: Journey into Realms Beyond Death* (Padma Publishing, 1995). Essa é a melhor descrição de experiências pessoais do Bardo que encontrei. A obra clássica sobre a morte e moribundos na tradição tibetana é o agora famoso *O livro tibetano dos mortos*. Esse livro teve um grande impacto em muitos ocidentais em razão dos detalhes dos rituais tibetanos muito exóticos, que são o produto de vários séculos de prática religiosa. Mais acessível é o livro de Sogyal Rinpoche, *The Tibetan Book of Living and Dying* (HarperSanFrancisco, 1993), que trata do mesmo tema.

As experiências de quase morte foram apresentadas ao público na década de 1970 com a publicação de vários bestsellers, um deles o extremamente popular *Life After Life* de Raymond Moody (Mockingbird Books, 1975), uma leitura breve que relata o entusiasmo de um físico que descobrira um fenômeno extraordinário. Desde então a literatura sobre EQM cresceu muitíssimo. Diversas informações a esse respeito estão resumidas e atualizadas no site www.near-death.com. Esse site fornece detalhes de algumas experiências mais relevantes e divulgadas, porém se estende também em quase todos os aspectos da morte e da vida após a morte.

As experiências de quase morte de crianças são particularmente fascinantes, porque são consideradas inocentes e não tendenciosas. Entre os diversos livros sobre o assunto, consultei o livro de um físico, Melvin Morse, *Closer to the Light: Learning from the Near-Death Experiences of Children* (Ivy Books, 1990). Dr. Morse tem muitas outras obras no campo da experiência de quase morte. Outra escritora notável é P. M. H. Atwater; li seu livro *Beyond the Light: The Mysteries and Revelations of Near-Death Experiences* (Avon Books, 1994). O enfoque principal desses livros são histórias reais relatadas por pessoas que retornaram da morte clínica.

O melhor estudo clínico sobre EQM foi realizado na Holanda pelo dr. Pim van Lommel. Foi muito bem descrito por Mary Roach, *Spook: Science Tackles the Afterlife* (W. W. Norton, 2005), um livro contado a partir da perspectiva de uma jornalista atônita. Um relato ainda mais detalhado descrito sem perplexidade pode ser encontrado on-line em www.odemagazine.com/article.php?aID=4207&l=en.

NOTAS DO TEXTO:

1   O percentual dos americanos que diz a especialistas de sondagem de opinião pública que tiveram uma experiência de quase morte está citado no artigo on-line "Religious Interpretations of Near-Death Experiences" de David San Filippo: http://www.lutz-sanfilippo.com/library/counseling/lsfnde.html. O ensaio doutoral contém também muitas outras referências acadêmicas ao fenômeno da EQM.
2   O relato da delog histórica Lingza Chokyi é descrito em http://www.inference.phy.cam.ac.uk/mackay/info-theory/course.html.
3   Citado em "What Was God Thinking? Science Can't Tell" de Eric Cornell (*Time*, 14 de novembro de 2005, p. 100).
4   Citado de uma entrevista on-line com van Lommel em http://www.odemagazine.com/article.php?aID=4207&l=en.

CAPÍTULO 3: A MORTE CONCEDE TRÊS DESEJOS

A crença religiosa é um tópico amplo, mas para um esboço resumido sobre religião nos Estados Unidos atualmente consultei uma ótima pesquisa de opinião pública, *The Next American Spirituality: Finding God in the Twenty-First Century*, de George Gallup Jr. (Cook Communications, 2000). A organização Gallup dedica-se a documentar as crenças atuais de qualquer fé no mundo, em especial no mundo islâmico, onde informações confiáveis são raras, mesmo nos anos mais recentes. Você pode fazer sua pesquisa no Google, com frases como "frequência dos fiéis à igreja" ou "acredito que irão para o céu".

NOTA DO TEXTO:
1   Cifras em relação à frequência à igreja nos Estados Unidos originam-se de um artigo on-line: http://www.religioustolerance.org/rel_rate.htm.

CAPÍTULO 4: A FUGA DA ARMADILHA

Não confio em nenhum livro específico sobre a concepção cristã do céu, mas para obter respostas teológicas oficiais consultei *The Catholic Encyclopedia* que "propõe oferecer aos leitores uma informação completa e oficial a respeito do ciclo inteiro dos interesses católicos, ação e doutrina". A home page da enciclopédia é http://www.newadvent.org/cathen/. Não investiguei as crenças contrastantes da teologia protestante, embora haja verbetes úteis na Wikipedia.

Quem quiser pesquisar a paisagem religiosa, a maneira mais fácil é começar com uma pergunta como: "Onde é o céu?" ou "Como é o céu", e o Google dará inúmeros resultados. Pode-se pesquisar as crenças de várias denominações on-line em http://www.religioustolerance.org/heav_hel.htm.

As fantasias do Antigo Testamento, com seus muitos personagens e mudanças de humor são amplamente abordadas em Jack Miles, *God: A Biography* (Vintage, 1996). O livro não é religioso e usa o Antigo Testamento como fonte para descrever a vida da pessoa fascinante, capciosa e volátil que é Deus.

Quando argumento que Jesus parece com frequência com um rishi védico, tenho em mente o Evangelho de Tomé e outros evangelhos gnósticos. A história extraordinária de como esses escritos seminais cristãos foram encontrados acidentalmente por um pastor egípcio em 1945, e sua subsequente repressão pela Igreja, foi relatada com grande acuidade por Elaine Pagels em *The Gnostic Gospels* (Vintage, 1989). Seu livro é uma dessas obras excepcionais sobre religião, que tiveram uma enorme influência na opinião pública; revelou que a tradição cristã tinha uma antiga, autêntica e mística tradição, que concedia um status pleno às mulheres e relatou uma história alternativa em que Cristo não sofre e morre na cruz.

Quem quiser ler todas as palavras atribuídas a Cristo nos evangelhos, oficiais ou não oficiais, uma fonte valiosa é Ricky Alan Mayotte em *The Complete Jesus* (Steerforth Press, 1997). É organizado de forma útil em tópicos como mandamentos, parábolas, Jesus falando de si mesmo etc.

CAPÍTULO 5: O CAMINHO DO INFERNO

Um dos pontos básicos que enfatizo ao longo do livro é que a vida após a morte evolui, assim como a vida está sempre evoluindo. Isso se aplica também ao inferno tal como descrito por Alice K. Turner em *The History of Hell* (Harvest, 1995), uma pesquisa de leitura agradável compilada por uma jornalista freelance. Pesquisas similares sobre o céu e o inferno têm aparecido com regularidade, porém uma referência mais detalhada é Elaine Pagels, *The Origin of Satan* (Vintage, 1996). Sua abordagem de Satanás não o caracteriza como um personagem real e sim como um conceito cujo fundamento pode ser encontrado na antropologia, psicologia e análise literária. Essa abordagem humana me atrai, porque mostra com clareza e em detalhes como o diabo pode ser considerado nossa própria criação.

Uma abordagem semelhante de Cristo descrita com audácia em termos míticos por Timothy Freke e Peter Gandy, *Jesus and the Lost Goddess: The Secret Teachings of the Original Christians* (Harmony Books, 2001), insere Jesus no contexto do mundo antigo e sua crença em deuses. Nesse livro, ele observa como os primeiros cristãos usaram Jesus como um arquétipo, com o objetivo de preencher o mito de Deus humano que existiu em todas as culturas antigas.

CAPÍTULO 6: FANTASMAS

Akasha é o mais sutil dos cinco Mahabhutas, os cinco elementos a partir dos quais surgiu a criação (os outros são terra, ar, fogo e água). Leitores interessados em estudar o sistema dos Mahabhutas devem consultar o site http://ignca.nic.in/ps_04012.htm. Para crenças tradicionais dos indianos referentes ao Akasha e como afetaram a espiritualidade ocidental, ver uma discussão em http://www.saragrahi.org/.

Existem, é claro, muitos livros populares sobre fantasmas e a comunicação com os mortos. O livro *Spook,* de Mary Roach, é uma boa pesquisa sobre esses temas, abordados com um ponto de vista cético e divertido que atrairá ou irritará o leitor imediatamente. Entre os livros populares de médiuns que atingiram milhões de leitores estão o de

James Van Praagh, *Talking to Heaven: A Medium's Message of Life After Death* (Signet, 1999), e o de Allison DuBois, *Don't Kiss Them Good-Bye* (Fireside, 2005).

O fenômeno da comunicação mediúnica foi pesquisado em nível universitário pelo psiquiatra Gary Schwartz, de cujos experimentos eu participei. A mesma pesquisa revelou Allison DuBois e resultou num seriado de televisão na NBC, como relatado por Gary E. Schwartz e William L. Simon em *The Truth About "Medium"* (Hampton Roads Publishing, 2005). Schwartz faz uma descrição minuciosa de sua pesquisa acadêmica e das descobertas mais importantes nesse campo, em *The Afterlife Experiments: Break-through Scientific Evidence of Life After Death* (Atria, 2003), no qual escrevi a introdução.

CAPÍTULO 7: O FIO INVISÍVEL

Os leitores interessados na perspectiva histórica da vida após a morte devem consultar a pesquisa de Harold Coward, editor, *Life After Death in World Religions* (Orbis, 1997), que reúne ensaios de diversos especialistas sobre as diferentes fés. Eu elaborei minha síntese, com base precípua em uma obra clássica, de Huston Smith, *The World's Religions: Our Great Wisdom Traditions* (HarperSanFrancisco, 1991), que ainda é um modelo de imparcialidade e tolerância ecumênica, além de uma escrita elegante e insights valiosos. Esse é o livro de iniciação de todas as pessoas interessadas em religião.

NOTA DO TEXTO:
1   Uma citação da entrevista de Mel Gibson mencionada on-line em http://www.msnbc.msn.com/id/4224452/.

CAPÍTULO 8: VENDO A ALMA

O tema do materialismo espiritual é extremamente importante porque muitas pessoas, sobretudo no Ocidente, são impelidas pelas necessidades do ego mesmo quando se trata de espiritualidade. Usamos a espiritualidade para obter coisas no mundo que de outra forma só conseguiríamos pelo trabalho e luta e, assim, transformamos o trabalho e a luta em um processo espiritual. O livro que me fez pensar pela primeira vez com esse enfoque foi o de Chogyam Trungpa, *Cutting Through Spiritual Materialism* (Shambhala, 2002), que tem uma perspectiva budista, mas é voltado para o público ocidental.

CAPÍTULO 9: DUAS PALAVRAS MÁGICAS

É evidente que a eternidade é indescritível, porém os rishis védicos vivem sem problemas com uma consciência livre. Portanto, suas descrições são as mais confiáveis que possuímos acerca das tradições de sabedoria do mundo. É reconfortante saber que alguém continua a ter experiências similares. Refiro-me a Nisargadatta Maharaj, um humilde fazendeiro indiano, que se tornou um guru famoso em Mumbai após a iluminação. Seu livro, *I Am That* (Acorn Press, 1990), é um dos testemunhos espirituais mais puros que temos nos dias atuais. Não só é completamente desprovido de qualquer traço da prática dos gurus exercida na Índia durante séculos, como Sri Nisargadatta vivencia um estado de consciência muito expandido, comparável ao dos antigos rishis. Esse é outro dos poucos livros que mantenho ao meu lado há anos.

NOTAS DO TEXTO:
1 Meu relato da jornada de Mellen-Thomas Benedict na vida após a morte pode ser acessado em http://www.near-death.com/experiences/reincarnation04.html.
2 A história de Dawn J., a mulher que curava com um óleo milagroso, é contada por Cheri Lomonte, *The Healing Touch of Mary* (Divine Impressions, 2005), que contém outros relatos semelhantes.

CAPÍTULO 10: SOBREVIVENDO À TEMPESTADE

Leitores interessados em teorias da consciência deparam-se com inúmeras escolhas desconcertantes e, no contexto da ciência, quase todas essas escolhas são materialistas. Ou seja, presumem que a mente surge da matéria. Como discordo dessa premissa, sinto pouco entusiasmo em recomendar até mesmo uma boa pesquisa como a de Susan Blackmore, *Consciousness: An Introduction* (Oxford University Press, 2004), que aborda muitos questionamentos filosóficos suscitados pelas teorias atuais. Os autores mais elogiados nesse campo foram céticos que acreditavam que a mente é uma ilusão criada pela atividade neural e pelo pensamento obsoleto sobre o cérebro. Ver Daniel Dennett, *Consciousness Explained* (Back Bay Books, 1992), que argumenta com veemência que a consciência é apenas um fenômeno materialista. Sendo assim, a consciência humana poderia ser (e será algum dia) reproduzida por um computador.

Para uma discussão mais pluralista e imparcial, ver Susan Blackmore, editora, *Conversations on Consciousness: What the Best Minds Think About the Brain, Free Will, and What It Means to Be Human* (Oxford University Press, 2006), no qual 21 pensadores falam em entrevistas coloquiais sobre o problema de relacionar a mente ao cérebro. Por fim, para uma perspectiva mais neurológica, li as fascinantes especulações de Humberto R. Maturana e Francisco J. Varela, *The Tree of Knowledge: The Biological Roots of Human Understanding* (Shambhala, 1998), que apresentam uma teoria abrangente que segue a evolução da mente a partir de uma base de químicas orgânicas. Cabe ao leitor decidir se o Vedanta, cuja teoria começa com consciência em vez de químicas, permanece coerente perante o ceticismo moderno como aleguei.

A discussão dos cinco koshas é minha síntese das ideias tradicionais védicas. Essas ideias são fáceis de acessar on-line em sites como http://swamij.com/koshas.htm.

CAPÍTULO 11: GUIAS E MENSAGEIROS

A literatura acerca de anjos é ampla, mas o que eu quis exprimir não envolve as numerosas pesquisas históricas que descrevem como os anjos aparecem nas diversas religiões do mundo. No entanto, existem muitos relatos fascinantes de pessoas que aprenderam a cooperar com os devas, agentes criativos que são o paralelismo indiano dos anjos. Esses relatos estão descritos nos livros da New Age centrados em Findhorn, uma comunidade escocesa famosa que alegava usar devas para cultivar solos áridos, entre outras coisas notáveis. Ver Dorothy MacLean, *To Hear the Angels Sing: An Odyssey of Co-Creation with the Devic Kingdom* (Lindisfarne Books, 1994), e Machaelle Small Wright, *Behaving As if the God in All Life Mattered* (Perelandra, 1997), que menciona duas histórias agradáveis de mulheres que subitamente descobrem que conseguem falar com os devas e usá-los para manifestar desejos. Ambas são polos opostos do ceticismo e do materialismo.

CAPÍTULO 12: O SONHO CONTINUA

A literatura acerca da reencarnação é incontrolável porque se estende a todas as religiões e movimentos espirituais. A principal fonte da crença popular na reencarnação é provavelmente a teosofia, movimento que surgiu do espiritualismo no século XIX, mas que também incorporou uma gama ampla de ideias da Índia. Ver James S. Perkins, *Experiencing Reincarnation* (Theosophical Publishing House, 1977), para uma introdução prazerosa ao tema. Fiquei fascinado ao descobrir a quantidade de noções espirituais que eu absorvi quando criança e que foram incorporadas pelos teosofistas e a New Age.

Para uma prova científica da reencarnação, agradeço a um excelente artigo, "Death, Rebirth, and Everything in Between: A Scientific and Philosophical Exploration", de Carter Phipps, publicado no periódico *What Is Enlightenment?* (nº 32, março-maio de 2006, p. 60-90). O endereço eletrônico é http://www.wie.org/, no qual os assinantes podem ler o artigo na íntegra.

Esse fato levou-me a uma importante pesquisa do psiquiatra Ian Stevenson, da Universidade de Virginia, realizada em crianças que diziam lembrar-se de vidas passadas. Seu site é http://www.healthsystem.virginia.edu/internet/personalitystudies/. Sobre o mesmo tema consultar o valioso livro de Carol Bowman, *Children's Past Lives: How Past Life Memories Affect Your Child* (Bantam, 1998), no qual uma mãe descobre que o medo irracional de seus filhos de barulhos altos e incêndios em casas foi curado com uma regressão a vidas passadas, o que a motivou a explorar esse campo em profundidade. O site dedicado a processos de regressão de crianças a vidas passadas pode ser acessado em http://www.childpastlives.org/.

NOTAS DO TEXTO:
1. Tomei ciência pela primeira vez da história de um menino que lembrava ter morrido numa batalha aérea na Segunda Guerra Mundial em um relatório da ABC News: http://www.reversespins.com/proofofreincarnation.html.
2. As histórias de crianças que se lembram de suas vidas passadas originam-se na maioria da base de dados de Ian Stevenson, descritas em Phipps, p. 63-70 (ver anteriormente).
3. As citações de crianças relatadas pelos pais são do site de Ian Stevenson http://www.healthsystem.virginia.edu/internet/personalitystudies/.
4. A fonte da pesquisa acerca de vivências fora do corpo realizada no Monroe Institute pode ser acessada em http://www.monroeinstitute.org/. Outro bom artigo que associa experiências fora do corpo às EQMs pode ser acessado em http://www.paradigm-sys.com/cttart/sci-docs/ctt97-ssooo.html.

CAPÍTULO 13: AKASHA É REAL?

Eu já havia começado a escrever a respeito do Akasha antes de descobrir o livro de Ervin Laszlo, *Science and the Akashic Field: An Integral Theory of Everything* (Inner Traditions, 2004), a discussão mais abrangente quanto a incorporar consciência e ciência. Visto que meu tema era acerca da vida após a morte, não pude incluir os inúmeros mistérios da teoria quântica avançada, cosmologia, biologia e neurociência que, segundo Laszlo, não serão solucionados até que se considere a consciência. Leitores que desejarem investigar esses enigmas devem começar aqui.

Laszlo discute o Campo do Ponto Zero, porém existe um livro totalmente dedicado ao assunto. Ver Lynne McTaggart, *O campo: Em busca da força secreta do universo* (Editora Rocco, 2008), que descreve muitos experimentos e dá detalhes de histórias peculiares de diversas descobertas, em contraste com o método de Laszlo que delineia e faz levantamento de teorias predominantes com um mínimo de narrativa.

NOTAS DO TEXTO:
1. Os experimentos de Helmut Schmidt seguidos pelas experiências da equipe de Princeton são relatados por McTaggart em *O campo*, p. 139-68.
2. Citado por McTaggart em *O campo*, p. 167.
3. Uma apresentação muito acessível do paradoxo conhecido como o gato de Schrödinger pode ser acessado em http://whatis.techtarget.com.definition/ 0„sid9_gci341236,00.html.

CAPÍTULO 14: PENSANDO ALÉM DO CÉREBRO

As especulações atuais sobre a "mente expandida" – a possibilidade de inteligência além do cérebro – abrangem uma ampla gama da ciência. Uma boa visão geral é dada na Parte 2 do livro de McTaggart, *O campo*, p. 139-216, expressa em grande parte a partir da perspectiva do campo teórico na física. Para uma pesquisa em fonte original e um pensamento minucioso, a melhor fonte é Rupert Sheldrake, que se destacou pela primeira vez com seu marcante livro sobre evolução, *The Presence of the Past: Morphic Resonance and the Habits of Nature* (Park Street Press, 1995), em que especula brilhantemente como a vida evoluiu e continua a evoluir, por meio de sua inteligência interativa.

Sem temer a afronta que sua teoria não materialista causaria entre os darwinianos, Sheldrake desafiou-os a reproduzir seus experimentos. Sua pesquisa acerca do papagaio telepático e de outros animais de estimação com dons mediúnicos foi relatada em *The Sense of Being Stared At: And Other Unexplained Powers of the Human Mind* (Three Rivers Press, 2004) e *Seven Experiments That Could Change the World: A Do-It-Yourself Guide to Revolutionary Science* (Park Street Press, 2002). Seu trabalho influenciou-me muito e não consigo imaginar uma pessoa com uma mente aberta a novas ideias que não fique profundamente intrigada com seus livros.

Eu fiz apenas um resumo do campo em pleno desenvolvimento da teoria da informação, que é fascinante, porém ainda não se expandiu o suficiente para abranger um tema tão específico como a vida após a morte. Minha introdução ao assunto origina-se de Hans Christian von Baeyer, *Information: The New Language of Science* (Weidenfeld and

Nicolson, 2003), que é uma leitura acessível e sem abordagem de matemática elevada.

A síndrome de savant tornou-se um fenômeno amplamente divulgado. Tomei conhecimento pela primeira vez do assunto com o livro de Oliver Sacks, *The Man Who Mistook His Wife for a Hat: And Other Clinical Tales* (Touchstone, 1998), que faz um relatoneurológico de encontros com crianças autistas com aptidões extraordinárias. O interesse de Sacks em pessoas com "cérebro especial" não se estende a especulações espirituais, como Joseph Chilton Pearce fez em *Evolution's End: Claiming the Full Potencial of Our Intelligence* (HarperCollins, 1992). O longo primeiro capítulo do livro sobre a síndrome de savant a associa a um campo não material da inteligência que todos nós exploramos em nosso benefício. Um bom artigo sobre a síndrome de savant e sua conexão com a genialidade, "The Key to Genius", pode ser acessado em http://www.wired.com/wired/archive/11.12/genius_pr.html.

Comecei a me interessar por memes com a leitura on-line. A internet possui discussões abundantes a respeito desses "genes mentais". Para a definição de memes ver http://www.intelegen.com/meme/meme.htm. Exemplos de memes podem ser encontrados em http://memetics.chielens.net/examples.html. O evolucionista Richard Dawkins, que inventou o termo, o discute em *The Selfish Gene* (Oxford University Press, 1990). No entanto, apesar de meu fascínio pela teoria memética, discordo dele.

NOTAS DO TEXTO:

1 Um relato completo de N'kisi, o papagaio telepático, está em Sheldrake, *The Sense of Being Stared At*, p. 24-27; a análise estatística dos resultados da pesquisa encontra-se nas p. 300-305.
2 Essa frase de Amit Goswami é uma citação de uma conversa pessoal.
3 A extraordinária história de um savant musical chamado Rex pode ser acessada em http://www.cbsnews.com/stories/2005/10/20/60minutes/main957718.shtml.
4 A história do "sábio" é relatada por Pearce em *The Biology of Transcendence*, p. 82 (ver anteriormente).

5   A história da criança prodígio matriculada em Juilliard foi contada na CBS News e pode ser lida em http://www.cbsnews.com/stories/2004/11/24/60minutes/main657713.shtml.

CAPÍTULO 15: A MECÂNICA DA CRIAÇÃO

O tema da emergência – o surgimento de um novo fenômeno na natureza – é discutido com clareza para o leitor comum na Wikipedia (ver http://en.wikipedia.org/wiki/Emergence). Também me beneficiei muito com o trabalho do físico Amit Goswami, que escreveu extensamente sobre saltos criativos na natureza – ver *The Self-Aware Universe* (Tarcher, 1995). Uma das tentativas mais audaciosas de aliar o mundo físico à espiritualidade foi feita por Ervin Laszlo em *Science and the Reenchantment of the Cosmos: The Rise of the Integral Vision of Reality* (Inner Traditions, 2006). Os dois autores são cientistas que se recusam a aceitar a dissidência entre as visões científicas e espirituais do mundo.

A visão remota, a expressão preferida no momento em substituição à clarividência, surgiu de determinados grupos dissidentes. Os leitores podem acessar um site específico http://www.farsight.org/ que contém uma abundante informação sobre o assunto. Existe também um livro recente com uma extensa pesquisa, *Remote Viewing: The Science and Theory of Nonphysical Perception* (Farsight Press, 2005). Um veterano do programa militar secreto de visão remota, Project Stargate, escreveu a respeito de suas experiências e descreve como alguém pode aprender essa habilidade com bastante autodisciplina e dedicação – ver Joseph McMoneagle, *Remote Viewing Secrets: A Handbook* (Hampton Roads, 2000).

NOTAS DO TEXTO:
1   A história de um médium que conseguia ver dentro do SQUID origina-se de McTaggart, *O campo*, p. 190-94.
2   O experimento de visão remota do qual participei foi realizado por Marilyn Schlitz, diretora de pesquisa do Institute of Noetic Sciences. Ver seu site em http://www.noetic.org/. Esse site contém um rico material sobre todos os

aspectos da ciência, espiritualidade e paranormalidade. Esse instituto é o mais completo e com a maior abrangência de ação nesse campo, e o trabalho que realiza tem me inspirado há 20 anos.

3   É uma citação de uma entrevista on-line com Cleve Backster na qual ele discute sua surpreendente pesquisa de telepatia em plantas – ver http://www.derrickjensen.org/backster.html.

4   Todos os poemas de Tagore estão em Deepak Chopra, *On the Shores of Eternity: Poems from Tagore on Immortality and Beyond* (Harmony, 1999).

Impressão e Acabamento:
EDITORA JPA LTDA.